आत्मविश्वास सफलता का आधार

राम कैलाश गुप्ता

डायमंड बुक्स

प्रकाशक : डायमंड पॉकेट बुक्स (प्रा.) लि.
X-30, ओखला इंडस्ट्रियल एरिया, फेज-II
नई दिल्ली-110020
फोन : 011-40712200
ई-मेल : sales@dpb.in
वेबसाइट : www.diamondbook.in

Aatmvishwas Safalta Ka Aadhar
by : Ramkailash Gupta

भूमिका

आत्मविश्वास सफलता का आधार है, यह बात सौ फीसदी सच है। अगर इंसान के अंदर आत्मविश्वास है तो वह सफल होकर दिखाता ही नहीं, बल्कि दूसरों के लिए प्रेरणास्रोत भी बन जाता है। इंसान जो सोच सकता है और जिसमें यकीन करता है, वह उसे हासिल भी कर सकता है, लेकिन इसके लिए उसके अंदर आत्मविश्वास होना बहुत जरूरी है। जब इंसान के पास आत्मविश्वास हो तो उसे अवसर भी मिलता है, लेकिन यह अवसर मिलता कैसे है, किसे मिलता है, क्यों मिलता है? इन सारे सवालों के बारे में गंभीरता से विचार करना होगा। हम अवसर की पहचान भी नहीं कर पाते और यह कहते रहते हैं कि हमें अवसर ही नहीं मिला तो हम क्या करें, लेकिन जब अवसर मिला है तो उस समय कितना कर पाते हैं, यह बड़ा विचारणीय प्रश्न है।

दुनिया में बहुत से ऐसे लोग हैं, जो ऊँचे-ऊँचे पदों पर बैठे हैं और उनकी पहुंच भी ऊँची है, लेकिन वे कई बार यह कहते हुए मिल जाते हैं कि अगर हम यह बन जाते, तो यह काम कर देते। सवाल यह है कि आप जो हैं, जैसे हैं, उसी में कुछ करके दिखाइए। इसके लिए बस आपके पास आत्मविश्वास का होना बहुत जरूरी है। जैसे एक विद्यार्थी यह कहता है कि अगर उसके पास कुर्सी-मेज होती, तो वह अच्छे ढंग से पढ़ाई कर सकता है। अगर ये चीजें उपलब्ध हों तो वह कहेगा कि अगर उसके पास कंप्यूटर हो तो वह अपना काम और तेजी से कर सकता है। जब कंप्यूटर भी मिल जाएगा तो वह कहेगा कि अगर लैपटॉप होता तो वह अपने काम को और भी सरलता और तेजी से कर सकता है, लेकिन अगर ये चीजें उसे नहीं मिलीं तो वह काम कैसे करेगा? यह भी उसके दुःखी होने का कारण बन जाता है।

सवाल यह है कि अगर आपके पास पूरे संसाधन हो जाएं तो फिर सोचना किस बात का है? परन्तु यदि किसी के अंदर आत्मविश्वास नहीं है तो वह अपने आत्मविश्वास को कमजोर कर अवसर को कोसता है, लेकिन जब अवसर मिलता है, उसका उपयोग ही सही से नहीं हो पाता इसलिए यह कहना कि मुझे अवसर नहीं मिला, उसे मिल गया। मेरा भाग्य ठीक नहीं है, उसका भाग्य अच्छा

है, ये सब बेकार की बातें हैं। आपके पास जो संसाधन हैं, उपलब्धियां हैं, उन्हीं को अवसर समझकर कार्य कीजिए, वही आपका आत्मविश्वास है, आगे बढ़िए, सफलता आपके कदम चूमेगी। केवल रोने से अवसर नहीं मिलता।

भगवान ने दुनिया में हर इंसान को कुछ-न-कुछ करने के लिए भेजा है। हर इंसान की अपनी भूमिका है, उसका अपना महत्त्व है। हर कोई देश का प्रधनमंत्री या राष्ट्रपति नहीं बन सकता, लेकिन अगर इच्छाएं प्रबल हों तो वह अपने क्षेत्र में ही शोहरत की बुलंदियों पर पहुंच सकता है। मैं आपको दिल्ली के एक ऑटो रिक्शाचालक का उदाहरण सुनाता हूँ, जिसने अपने ऑटो को खूब साफ-सुथरा रखा और उसमें सवारियों की सुविधा के लिए पीने के पानी का भी प्रबंध किया। वह सवारियों से बड़ी विनम्रता के साथ पेश आता और जितना वाजिब किराया होता, उतना ही लेता। जब दिल्ली सरकार को उसकी उपलब्धियों के बारे में पता चला, तो सरकार द्वारा उसे सम्मानित किया गया, ताकि दूसरे ऑटोचालक भी इससे सीख ले सकें, लेकिन दूसरे ऑटोचालक उसकी तरह नहीं बन पाए। वह तो बस भाग्य को ही कोसते रहते हैं कि उनकी किस्मत में ऑटो चलाना ही लिखा है। इससे जीवन थोड़े ही बदल जाएगा, लेकिन वहीं एक व्यक्ति उसी में खुश है। वह ऑटो चलाता है। लोगों से विनम्रता से पेश आता है और आगे बढ़ने के बारे में सोचता है। उसके अंदर इतना आत्मविश्वास भरा है कि उसी को वह अपनी सफलता का आधार मानता है। दूसरे की नजरों में भले ही वह ऑटोचालक है, लेकिन उसके चेहरे की खुशी बताती है कि वह एक रोजगार कर रहा है और उसी में आगे बढ़ने के लिए दिन-रात मेहनत करता है। कहने का तात्पर्य यह है कि कोई भी काम छोटा या बड़ा नहीं होता, बल्कि हर काम की अपनी उपलब्धि होती है। एक ही घर में पाँच बच्चे होते हैं, लेकिन पांचों समान नहीं होते। पाँचों को पढ़ने-लिखने के समान अवसर मिलते हैं, लेकिन उनमें कोई ज्यादा सफल होता है तो कोई कम। ऐसा क्यों होता है? ऐसा इसलिए होता है कि समान अवसर के बावजूद एक ने समय और मेहनत के महत्त्व को समझा और ज्यादा सफल हुआ।

अवसर हर किसी के जीवन में है, लेकिन आत्मविश्वास हर किसी के पास नहीं होता, इसलिए आत्मविश्वास के साथ अगर आप आगे बढ़ते हैं तो केवल आपकी सफलता ही आपके कदम नहीं चूमेगी, बल्कि दुनिया में आप नाम भी कमाएंगे और दाम भी। 'आत्मविश्वास सफलता का आधार' पुस्तक में अवसर के साथ-साथ आत्मविश्वास कैसे, जगाएं इसके बारे में विस्तार से चर्चा की गई है कि किस प्रकार से आप संघर्ष करके जीवन को सफल बना सकते हैं और अपनी अलग पहचान कायम कर सकते हैं।

राम कैलाश गुप्ता

विषय सूची

1

आत्मविश्वास सफलता का आधार

'आत्मविश्वास क्या है और यह कैसे जगता है? अगर आपने यह जान लिया तो आपको काम करने के अवसर भी मिलेंगे और सफलता भी आपके कदम चूमेगी।'

महात्मा गांधी कहते थे, "यदि तुमने राई के दाने के बाराबर भी आत्मविश्वास है, तो तुम्हारे लिए कोई भी कार्य असंभव नहीं है। बात सौ फीसदी सही भी है। अगर मनुष्य अपनी शक्तियों को पहचान ले और इतना आत्मविश्वास पैदा कर ले कि जो काम वह कर रहा है उसमें सफलता अवश्य मिलेगी, तो उसे सफल होने से कोई नहीं रोक सकता इसलिए विश्वास का मनोविज्ञान समझ लेना आवश्यक है। बहुत से सैनिक युद्ध में पीठ दिखाकर भाग खड़े होते हैं, लेकिन कुछ आत्मविश्वास से इतने भरपूर होते हैं कि वे अंतिम सांस तक पराजय स्वीकार नहीं करते हैं और जब तक उनमें शक्ति होती है, तब तक मैदान में डटे रहते हैं। रणक्षेत्र में विजय ऐसे ही वीरों को मिलती है। युद्धों में इतिहास में ऐसे उदाहरण मिलते हैं जिनमें केवल आत्मविश्वास के सहारे वीरतापूर्वक लड़कर जीत हासिल की गई, जिन्होंने इस तरह का साहसपूर्वक कारनामा किया, उनका नाम आज भी आदर के साथ लिया जाता है, क्योंकि उन्होंने पूरे विश्वास के साथ लड़ाई लड़ी और दुश्मनों के मंसूबों पर पानी फेर दिया।

यह विश्वास की ही शक्ति है कि डेविड नाम के एक इज़रायली वीर युवक ने निहत्थे ही फिलिस्तीन के भीमकाय योद्धा गीलिथ को

परास्त कर दिया था। डेविड को हथियार चलाना भी नहीं आता था। उसने एक पत्थर उठाकर उस हथियारबंद शक्तिशाली योद्धा के माथे पर ऐसा खींचकर मारा कि वह वहीं मर गया। यह पुरानी बात है, लेकिन आज भी इज़रायल का बच्चा-बच्चा वहां की पुस्तकों में डेविड के आत्मविश्वास की कहानी पढ़ता है। विश्वास किसी भी तरह की लड़ाई में जीत के लिए बड़ा जरूरी है। विजय की चाभी विश्वास है। आत्मविश्वास जाग उठे तो मनुष्य की भीतर सोई हुई सारी शक्तियां जाग उठती हैं।

विश्व महायुद्ध के शूरवीर सैनिकों के विषय में ब्रांडस ने लिखा है कि हम जिन नवयुवकों को अत्यंत साधारण समझ रहे थे, युद्ध में उनके अद्वितीय कारनामे सुनकर बड़ा अचरज हुआ। उदाहरणत: एक नवयुवक ने, जो स्कूल में बड़ा ढीला-ढाला था और क्लास में प्राय: अनुपस्थित रहता था, उसने नौसेना में भर्ती होने का प्रयत्न किया, पर वह मेडिकल परीक्षा में अयोग्य घोषित कर दिया गया। उसने बहुत प्रयत्न किया, परंतु वह सफल न हो सका। पता नहीं कैसे, कुछ दिनों बाद वह सेना में स्थान पाने में सफल हो गया। यह समाचार सुनकर उसके सभी परिचितों को आशंका होने लगी कि वह कुछ ही दिनों में रणक्षेत्र से वापस आ जाएगा, परंतु उसने भयानक युद्ध क्षेत्र में ऐसे विकट साहस का प्रदर्शन किया कि उसे सुनकर मैं अचंभे में पड़ जाता था। वही नवयुवक जो कुछ दिनों पहले अयोग्य एवं अकर्मण्य माना जाता था, उसने एक बार जलते हुए एक बम को उठाकर खाई में फेंक दिया और दूसरी बार भीषण गोली-बारी में जान पर खेलकर अपने एक साथी की प्राण रक्षा की। ऐसे कई नवयुवक जो जीवन में बड़े ही शिथिल और निष्क्रिय से दिखाई देते हैं, वे अकस्मात् ही किसी कार्य में अद्वितीय रूप से सफल होकर लोगों को चकित कर देते हैं। भले ही वे दूसरों से कम योग्यता रखते हों, परंतु उनका आत्मविश्वास

> **"आत्मविश्वास वह पक्षी है जो सूर्योदय से पहले, अंधेरी रात में ही प्रकाश का अनुभव कर लेता है और गाने लगता है।"**
> **—गुरुदेव रवीन्द्रनाथ ठाकुर**

आत्मविश्वास सफलता का आधार

उन्हें दूसरों से अधिक सफल बना देता है। सफलता की ऊँची चोटी पर चढ़ने में उनका आत्मविश्वास ही उनका सच्चा सहायक सिद्ध होता है। यदि आप किसी भी विजेता की विजय गाथा पढ़ेंगे, तो पता चलेगा कि उसकी जीत का रहस्य उसका अटल विश्वास ही है। जब तक आपके मन में विश्वास पैदा नहीं होगा, तब तक आप किसी भी काम को लग्नपूर्वक कर ही नहीं सकते। ऐसी स्थिति में आवश्यक है कि आप आत्मविश्वास को अपना आधार बनाएं और सफलता का रास्ता तय करें। इसके लिए नीचे दिए कुछ बिन्दुओं पर ग़ौर करने की जरूरत है–

1. जब तक आपके मन में यह विश्वास न हो जाए कि आप जो काम करने जा रहे हैं, उसमें अवश्य ही सफल होंगे, तब तक आप काम की शुरुआत न करें।

2. अगर आपका मन दृढ़ निश्चयी हो चुका है, तो आप काम की शुरुआत कर दें।

3. काम को लेकर आप बीच में हतोत्साहित भी हो सकते हैं, लेकिन काम जब तक अंजाम पर न पहुंच जाए, तब तक आप उस काम को उसी तेजी के साथ करते रहिए, जिस तेजी के साथ आपने काम की शुरुआत की थी।

4. भय के दुष्प्रभाव से बचिए।

5. यह प्रकृति का नियम है कि जिस वस्तु से हम भय खाते हैं, वह स्वयं हमारी ओर बढ़ती है इसलिए भय मत करिए।

6. मन की दशा को ठीक रखिए, ताकि किसी प्रकार का संशय न हो।

7. आशंका करना मूर्खता है इसलिए आशंकित मत होइए।

8. चिंताएं निराधार और मूर्खतापूर्ण होती हैं इसलिए इस ओर बिल्कुल भी ध्यान मत दीजिए।

9. अपने को भाग्यहीन मत समझिए।

10. निश्चितता, प्रसन्नता एवं उत्साह को बनाए रखिए, सफलता आपके कदम चूमेगी।

2

जीवन में सफलता का महत्व

हम सबको जीवन में सफलता का महत्त्व पाता है, क्योंकि हम सब बहुत बार विफल रहे हैं। ज्यादातर जब हम जीवन में असफल होते हैं, तो हमें सफलता के महत्त्व का अहसास होता है, क्योंकि जीवन में सफल रहना महत्त्वपूर्ण होता है। किसी भी व्यक्ति के लिए जीवन में हर बार जीतना असंभव है। यद्यपि हम आसानी से लगातार स्वयं में सुधार लाकर अपनी सफलता की दर को बढ़ा सकते हैं। सफलता बहुत महत्त्वपूर्ण है, क्योंकि यह हमारे सामने कई अवसरों को खोलती है और हम नई रोमांचक चुनौती के रूप में जीवन को देखने लगते हैं।

सफलता एक व्यक्ति के विश्वास को बढ़ाने के लिए महत्त्वपूर्ण है और सफलता उसके जीवन में महत्त्वपूर्ण अहसास भी कराती है। हालांकि, हम केवल सफलता का उचित महत्त्व समझ सकते हैं, जब हम पहले कुछ असफलताओं के माध्यम से गुजर चुके होते हैं। तो हमें अहसास होता है कि कैसे कुछ अवसरों को हमसे दूर ले जाकर कुछ अन्य लोगों को दे दिया गया, जो वास्तव में जीत गए। हमें यह भी अहसास होता है कि दुनिया केवल सफल लोगों का सम्मान करती है और यहां असफलता के लिए कोई जगह नहीं है। अधिकतर लोग जो अपने जीवन में असफलताओं से सीखते हैं और जीवन में सकारात्मक परिवर्तन लाते हैं निकट भविष्य में सफल हो जाते हैं। यह भी समझने के लिए महत्त्वपूर्ण है कि कोई भी व्यक्ति पूर्ण व्यक्ति के रूप में इस धरती

पर नहीं पैदा हुआ है, लेकिन सब पूर्णता के सबक सीखते हुए जीवन जीना चाहते हैं। दूसरा यह याद रखना जरूरी है कि जीवन में सफल बनने के लिए कई अवसर खुलते हैं, लेकिन हमें उस अवसर को पहचानने भर की देर होती है। जब अवसर हमसे दूर हो जाता है, तब हम पहचानते हैं कि अरे वह अवसर तो हमें मिला था, लेकिन हमें पहचान ही नहीं मिली।

हम केवल पुरानी परंपराओं को चुनौती देने की ही नहीं, अपने जीवन में कुछ परिवर्तन करने के लिए भी कुछ पहल अवश्य करते हैं। जीवन में सफलता के महत्त्व को समझने के बाद हम सभी कठिन प्रयासों द्वारा सफल हो सकते हैं और अंतत: अपने जीवन के उचित अवसरों का आनंद ले सकते हैं।

युवाओं को उपन्यास पढ़कर समय व्यर्थ करने के बजाय लोगों के संघर्ष तथा सुझाए गए सफलता के गुणों पर आधारित पुस्तकें पढ़ने की आदत डालनी चाहिए, क्योंकि उपन्यास कोरी कल्पनाओं का एक कोलाज मात्र है।

टाइम मैंनेजमेंट और लक्ष्य निर्धारण सफलता का मूल मंत्र है। समस्याओं से कभी न घबराएं, क्योंकि जहां समस्याएं होती हैं, वहां समाधान भी होता है। दिल से डर का कांटा निकाल दें।

बहुत कम लोग जानते हैं कि 'रे क्राक' जो मैकडोनाल्ड के मालिक थे, उन्होंने 59 साल की उम्र में मैकडोनाल्ड की शुरुआत की। क्राक ने यह शुरुआत उस समय की जब वह अपनी नौकरी से रिटायर हो गए थे। उन्होंने अपने पूरे जीवन की नौकरी करने के बाद पाया कि उनके पास न तो पर्याप्त धन है और न रुतबा और न ही किसी प्रकार की सुरक्षा। उन्होंने जब चारों तरफ नजरें दौड़ाईं, तो सफल व्यापारी पाल गेट्टी की सफलता की कहानी अखबारों में छपी थी। क्राक ने गेट्टी से मिलने का समय मांगा। गेट्टी ने छह माह बाद क्राक को पांच मिनट के लिए मिलने का समय दिया। क्राक ने गेट्टी से अमीर होने का रहस्य पूछा। गेट्टी ने अमीर होने के तीन रहस्य बताए—

1. खुद का व्यापार
2. आय के स्रोतों में विविधता

3. दूसरों की मदद करो अमीर बनो

बैठक के बाद क्राक ने मैकडोनाल्ड बर्गर का आउटलेट शुरू किया। जो कि पहला सिद्धान्त खुद का व्यापार के अनुसार था और जब यह लोकप्रिय बन गया, तब एक-एक करके चार और आउटलेट खोल दिए, जो कि दूसरा सिद्धान्त (आय के विभिन्न स्रोत) के अनुसार था। अब एक समस्या थी कि अगर क्राक एक आउटलेट पर 8 घंटे बैठता है, तो चार के लिए उसे 32 घंटे चाहिए, पर उसके पास केवल 24 घंटे का समय था। इसमें से वह 16 से 18 घंटे तक काम कर सकता था। उसने अपनी बहन नैंसी को बुलाया और कहा कि मैं तुम्हें अपना ब्रांड नाम और तकनीकी जानकारी दूंगा, बदले में तुम अगर 100 रुपये कमाओ तो 4 रुपये मुझे देना। नैंसी को यह पेशकश पसंद आई और यह पेशकश एक-एक कर 60 हजार से ज्यादा लोगों ने अपनाई। यह एक नयी सोच की शुरुआत थी, जिसमें बिना समय और धन लगाए मुनाफा कमाने का साधन बन गया। आज मैकडोनाल्ड 60 हजार आउटलेट से 4 फीसदी मुनाफ़ा के रूप में कमाते हुए दुनिया की नंबर एक आउटलेट कंपनी बन गई है।

आत्मविश्वास सफलता का आधार

3

आत्मविश्वास को बनाएं अवसर
पाने का आधार

'अवसर अवश्य मिलता है लेकिन सफलता के साथ-साथ विफलता का सामना करने के लिए भी तैयार रहें। ऐसे में आपको अपने कार्य को सही तरीके से अंजाम देना चाहिए।'

जो अवसर मिला है उसमें सफल भी हुआ जा सकता है और असफल भी इसलिए दोनों अवसरों के लिए तैयार होना चाहिए। किसी भी कार्य में सफल और विफल होने के अवसर कई बार देखने को मिलते हैं। ऐसा क्यों होता है? इसके पीछे कारण यही है कि अगर किसी काम में असफलता मिलती है, तो एक बात तो निश्चित है कि उस काम को मन लगाकर नहीं किया गया है। अगर आप थोड़ा-सा भी धैर्य के साथ उस काम को करें, तो उसमें विफल होने के चांस न के बराबर होते हैं इसलिए अगर किसी काम को मन लगाकर किया गया है, तो उसमें विफलता कम ही देखने को मिलती है जैसे, परीक्षा के समय छात्र मन लगाकर पढ़ने लगते हैं, लेकिन अगर वह पढ़ाई पर शुरू से ही ध्यान देते, तो शायद उनके विफल होने का अवसर कम होता, लेकिन जब परीक्षा सर पर आ जाती है, तो वह पढ़ना शुरू कर देते हैं। ऐसे में सफलता के चांस कम हो जाते हैं। जो छात्र पूरे साल मेहनत के साथ पढ़ाई करते हैं उनके अच्छे नंबर भी आते हैं और वह अपने काम में सफल भी होते हैं।

कई बार ऐसा होता है कि इंसान जब कोई काम करने जाता है, तो वह आशंकित हो उठता है इसलिए जरूरी यह है कि आप सफल होना चाहते हैं, तो असफलता के बारे में मत सोचिए क्योंकि असफलताओं का भय ही असफलता लाता है। आप अपना संबंध सफलता के स्रोत से जोड़िए। हम स्वयं को सीमित, संकीर्ण और सफलता अलग बनाए रखते हैं, तभी तो भयग्रस्त हैं और सफलता से हमारा संबंध नहीं रह जाता। अपनी दिव्य शक्तियों और संभावनाओं का पता हो, उनका हमें ज्ञान हो, तो हम भयग्रस्त हो ही नहीं सकते। भय उस सर्वशक्तिमान परमेश्वर से बड़ा नहीं है। भय के भूत को आप व्यर्थ में पालते हैं। वहमी, अंधविश्वासी मनुष्य भले ही भूत-प्रेत को न मानते हों, पर वे अपने भीतर के भय से ग्रस्त रहते हैं। कोई किसी तारीख या दिन को अशुभ मानता है, तो कोई किसी स्थान को। मन में वहम घुस जाता है कि अमुक दिन, तारीख या समय अशुभ है। कोई भी काम वे लोग उस दिन, तारीख या समय पर शुरू नहीं करते। यह अपना पाला हुआ भय ही तो है।

बहुत से लोग ऐसे हैं, जो रात्रि में किसी को भुगतान नहीं करते। ऐसे लोग तो आम हैं, जो सुबह के समय अपनी दुकान पर उधार सामान नहीं बेचते। यह भी तो वहम है। यह भी तो अकारण का डर है, किंतु आज संसार में अधिकांश लोगों के मन में भारी भय बैठा हुआ है। इस भय से लोग मुक्त नहीं हैं। आप भी अपने मन को टटोलें। कोई-न-कोई वहम या भय आपने भी तो नहीं पाल रखा है, कोई मिथ्या विश्वास आपके मन में भी तो नहीं है। यदि ऐसा भय, ऐसा अंधविश्वास आपने भी पाल रखा हो तो उसे मन से निकाल दीजिए।

किसी भी प्रकार की आशंका मत प्रकट कीजिए कि ऐसा न हो जाए, या वैसा न हो जाए। अपने आत्मविश्वास और ईश्वर पर विश्वास कीजिए। अपने गुणों और मानसिक शक्तियों पर भरोसा कीजिए।

किसी खेल प्रतियोगिता, परीक्षा, इंटरव्यू आदि कार्यक्रम से पूर्व आपका मन परेशान हो जाता है। तरह-तरह की आशंकाएं घेरती हैं। आप सोचते हैं कि आप असफल न हो जाएं, प्रश्नों के उत्तर गलत न हो जाएं।

यह सब आशंकाएं मन में जन्म लेती हैं और आप जितना भी उन्हें निकालना चाहते हैं, वह उतनी ही आपको घेरती हैं। यह मन का विज्ञान

है। मनोवैज्ञानिक सिद्धांत के अनुसार मन को जबरदस्ती किसी वस्तु, स्थान या विचार से हटाना चाहते हैं, तो हटता नहीं है और उसी में उलझता है। इस प्रकार यह एक भय बन जाता है। आशंका मजबूत हो जाती है। इसे जन्म आप ही देते हैं। इस प्रकार आप अपने द्वारा ही निर्मित जाल में फंसे रहते हैं और कष्ट पाते रहते हैं।

एक-सी ही परिस्थितियों में दो आदमियों में से एक कहीं पहुंच जाता है और दूसरा वहीं-का-वहीं पड़ा रहता है। ऐसा क्यों होता है। इसका कारण एक यह भी है कि सभी लोग अपनी आत्मा की आवाज़ को नहीं सुनते।

प्रत्येक व्यक्ति के शरीर में आत्मा का वास है और आत्मा परमात्मा का अंश है। प्रत्येक आत्मा ईश्वरीय गुणों से ओत-प्रोत है। यह निरंतर प्रेरित होती है। ईश्वर से उसे निरंतर अंदर से सत्कार्य की प्रेरणा मिलती है।

प्रख्यात मैनेजमेंट गुरु शिव खेड़ा अवसर के बारे में कहते हैं कि जिस तरह मृग कस्तूरी की खुशबू की तलाश में इधर-उधर भटकता रहता है, जबकि वह उसके अंदर से ही आ रही होती है। वैसे ही बहुत से व्यक्ति जिंदगी में आने वाले अवसर को पहचान नहीं पाते। वह पैरों तले आए मौके पर ध्यान नहीं देते, फिर उसी मृग की तरह इधर-उधर भागते रहते हैं।

> जो व्यक्ति आत्मविश्वासी व आत्मनिर्भर होता है, वह प्रतिकूल परिस्थितियों में भी अपना हौसला नहीं खोता और अपने उसूलों व सिद्धान्तों पर टिका रहकर अपने लक्ष्य की तरफ सूझबूझ के साथ बढ़ता रहता है।
>
> - अज्ञात

बहुत बार देखते हैं कि जब मौका हाथ से छूटने लगता है, तो लोग उसके पीछे भागते हैं। जब आता है, तब उसका स्वागत नहीं करते इसलिए सही वक्त पर सही फैसला ही कामयाबी का मार्ग प्रशस्त करता है। 150 साल पहले की एक छोटी-सी कहानी है। एक बुद्धिमान व्यक्ति ने एक किसान से पूछा- 'क्या आपको हीरे की अहमियत मालूम है?' किसान बोला, 'नहीं।' व्यक्ति ने बताया

हीरा बहुत बेशकीमती चीज होती है। दूसरे दिन किसान अपनी जमीन जायदाद बेचकर हीरे की खोज में चल पड़ा। समय के साथ वह शारीरिक और आर्थिक रूप से काफी कमजोर हो गया, पर हीरे उसे नहीं मिले। निराश होकर उसने आत्महत्या कर ली। एक दिन जिस जमींदार ने उसका खेत खरीदा था, उसने उन्हीं खेतों में सूर्य की रोशनी में चमकते हुए कुछ पत्थर देखे। अगले दिन वह बुद्धिमान व्यक्ति वहां आया और चमचमाते हुए पत्थर को देखकर पूछा, क्या वह किसान वापस आ गया है? जमींदार बोला नहीं, तब बुद्धिमान व्यक्ति ने बताया कि उस खेत में मिले पत्थर हीरे हैं। इस कहानी का निचोड़ यह है कि अवसर हमारे पांव तले दबे होते हैं, लेकिन हम उन्हें पहचान नहीं पाते और वक्त निकल जाता है। मौका जब व्यक्ति के किस्मत के दरवाजे खटखटाता है, तो व्यक्ति उसे शोर समझ बैठता है। उसे मौके की खटखटाहट सुनाई नहीं देती। ऐसा इसलिए होता है कि उस व्यक्ति में सही चीज, सही मौके को पहचानने की योग्यता नहीं है।

4

स्वजनों से मिलता आत्मविश्वास

जिसने भी फिल्म थ्री इडियट देखी होगी उसमें आमिर खान की भूमिका को देखकर यह लगता है कि आमिर के अंदर जो आत्मविश्वास है वह संस्कार की ही उपज है। भले ही फिल्म में आमिर के रोल को कुछ हद तक नकारा जा सकता है कि लेकिन इस बात को कतई इंकार नहीं किया जा सकता कि आमिर का जो आत्मविश्वास है वह बिल्कुल ही पारिवारिक, दोस्तों और उसके आसपास के माहौल के कारण ही बना। स्वजनों से मिला आत्मविश्वास इस कदर आमिर के अंदर भरा हुआ था कि वह आखिरकार सफल होकर एक दिन बड़ा आदमी बन गया। कहने का आशय यह है कि अगर आपको जिन्दगी में कुछ करना है। बड़ा आदमी बनना है तो उसमें संस्कारों का बड़ा ही महत्व है। यह संस्कार परिवार से मिलता है। किसी ने सच ही कहा है कि घर तो वह होता है, जहां चहल-पहल होती है, जहां सुख का साम्राज्य होता है, बच्चों की किलकारियां हैं। हंसी है-मुस्कान है। वहां है घर संसार और वहीं है आत्मविश्वास।

स्वजनों से मिले आत्मविश्वास में सबसे बड़ा आत्मविश्वास अपनी अर्धांगिनी अर्थात पत्नी का होता है। जिसके बारे में विद्वानों ने भी कहा है कि किसी भी परिवार की प्रसन्नता का आदर्श रुप है, चूल्हे के आस-पास बिखरती मुस्कराहटें। विवाह के बारे में जैनेंद्र कुमार का कहना है कि विवाह की भूमिका ही भोग से यज्ञ में परिणत हो जाती है। प्रीत की सुबह सुहानी है तो शाम भी रंगीन होती है। आमोद-प्रमोद

से भरी यादें बुढ़ापे में आनंद देती हैं। उसके इंद्रधनुष का एक छोर गगन पर और दूसरा धरती पर होता है। अनेक महापुरुषों ने अपनी सफलता का रहस्य अपनी पत्नी का सहयोग बताया है। महात्मा गांधी ने लिखा है, "पत्नी पति की अर्द्धांगिनी और परम मित्र है। संसार में जिसका कोई सहायक न हो, उसको पत्नी जीवन-यात्रा में साथ देती है। सम्राट हेनरी के स्वभाव की विशेषताओं में एक मात्र कारण श्रीमती मार्गरेट थी। जस्टीनियन ने स्वयं स्वीकार किया है कि उसके रचित कानूनों के पीछे उसकी अर्द्धांगिनी थियोडोरा की बुद्धि काम करती थी। महात्मा गांधी की शक्ति सामर्थ्य उसकी सरल पत्नी से प्राप्त हुई थी। वांशिगटन ने चालीस वर्ष पत्नी के चित्र वाली चेन पहनी थी। इसी प्रकार पेरीकल्स ने भी अपनी योग्यता और सफलता का स्रोत अपनी पत्नी को ही माना है। राबर्ट बर्न्स ने एक किसान लड़की से शादी की और दोनों साथ-साथ खेत में काम करते थे। मिल्टन ने एक देहाती धनवान व्यक्ति की पुत्री से विवाह किया, मिल्टन एकांतप्रिय था और पत्नी गुलाब सी मचलने वाली फुदकने वाली लड़की। वे अलग हो गये थे, परंतु वह फिर लौट आयी और वे सुखी जीवन व्यतीत करते रहे। महान साहित्यकार शेक्सपियर ने एक किसान की बेटी से विवाह किया था। हम्बोल्ट दरिद्र घर की लड़की से प्रेम विवाह किया और सफल रहा। बिजली के महान अन्वेषक एडीसन को काम से अवकाश ही नहीं था कि विवाह करते। मित्रों ने यह प्रस्ताव रखा। उन्होंने अपनी सहायिका कर्मचारी को जीवनसाथी के लिए चुना।

आत्मविश्वास के लिए परिवार का ऐसा महत्व है जिसके बिना इंसान आगे नहीं बढ़ सकता। यही नहीं पत्नी के अलावा भाई, बहन, दोस्त या अन्य निकट संबंधियों का भी काफी योगदान रहता है। अगर इनमें से किसी एक का भी साथ किसी के साथ है तो उसे यह लगता है कि उसके पीछे कोई खड़ा है। इसी पीछे खड़े होने के अहसास से

आत्मविश्वास सफलता का आधार

इंसान आत्मविश्वासी हो जाता है और कुछ न कुछ करने की भावना उसके मन में सदैव बनी रहती है। दूसरा एक कारण यह भी है कि अगर इंसान अकेलापन महसूस करने लगे और उसे यह लगने लगे कि उसका साथ देने वाला कोई नहीं है तब भी वह निराश हो जाता है। जिसके कारण वह जो करना चाहता है वह नहीं कर पाता है। थ्री इडियट का आमिर खान केवल इसलिए आत्मविश्वासी होता है कि उसके साथ उसके पीछे उसके दोस्त खड़े हैं जो उसकी बात मानते हैं और मिलजुल कर काम करते है। उनमें से सब अलग-अलग क्षेत्रों में सफलता का पायदान चढ़ते हैं और कुछ न कुछ करने के लिए प्रेरित होते हैं। कई ऐसी रोचक कहानियां भी है जिसके कारण इंसान सफलता की सीढ़िया चढ़ता है। प्रसन्नचित होना और आशावान होना यह सब परिवार और उसके आसपास के माहौल की देन है। तभी व्यक्ति सफल होता है। परिवार के सहयोग के कारण ही किसी भी पुरुष के अंदर काम को आरंभ करते समय जो मुस्कान खिलती है और जिस प्रकार का चेहरा दमकता है उसी के कारण वे अवसर का लाभ उठाते गये और सफलता प्राप्त करते गये।

पुस्तक में कुछ संदर्भ ऐसे लिये गए हैं जिसमें यह बताया गया है कि संसार में दो प्रकार के मनुष्य पाये जाते हैं एक आशावादी और दूसरे निराशावादी। आशावाद और निराशावाद परिवार और संस्कारों से ही मिलता है। बच्चा जब पैदा होता है तो अगर उसको शुरु से ही हंसने, खिलखिलाने और काम करने की आजादी दी जाए तो उसके अंदर आत्मविश्वास पैदा होता है लेकिन जब उस पर बंदिशे लगाकर काम करवाया जाता है वह हंसता है तो उसे रोका जाता है, इससे उसके मन में खिन्नता पैदा होती है। यह खिन्नता का भाव भी निराशा पैदा करता है। यह खिन्नता ही इंसान के अंदर संदेहशील और आशंका भी पैदा करता है। जो आत्मविश्वासी व्यक्ति होता है उसके अंदर अजेय भावना होती है और वह हर क्षेत्र में विजयी होता है। कई ऐसे प्रकरण है जिनके बारे में सुना, जाना और देखा गया है। परिवार के अलावा मित्रों का सहयोग भी आत्मविश्वास पैदा करने में महत्ती भूमिका अदा करता है। कोई अच्छा मित्र है और वह प्रेरणा देने वाला है तो वह इंसान के अंदर सोई शक्तियों

को जगाती है और वे स्वयं ही आगे बढ़ते हैं। अपने प्रयत्नों से वे ऊंचा उठते हैं। संस्कार, परिवार और दोस्त जो आत्मविश्वास पैदा करते हैं वह वास्तव में अलग ही तरह की अनुभूति पैदा करता है। एक अच्छा मित्र आत्मविश्वास बढ़ाने में काफी सहायक होता है। मित्र आपको हमेशा आपके आदर्शों और लक्ष्यों की याद भी दिलाता रहता है। इससे आप ज्यों-ज्यों स्वयं को पहचानते जाएंगे, आपकी सोयी शक्तियां जागती जाएगी और आप ऊंचे उठते चले जाएंगे। आपके अंदर जो योग्यताएं छुपी हैं वे निखरती चली जाएंगी।

आत्मविश्वास सफलता का आधार

5

संस्कारों और नैतिक मूल्यों का महत्त्व

जीवन में धन-मान और पद-प्रतिष्ठा प्राप्त करना सफलता का सूचक है, लेकिन यदि यह सफलता अपने संस्कारों और नैतिक मूल्यों को भंग करते हुए प्राप्त की जाए तो इसका कोई महत्त्व नहीं रह जाता। यह कहना अतिशयोक्तिपूर्ण न होगा कि जीवन में सफलता प्राप्त करने से भी अधिक महत्त्वपूर्ण है अपने संस्कारों और नैतिक मूल्यों को बनाए रखना।

प्रश्न उठता है कि सफलता से भी अधिक महत्त्वपूर्ण कहे जाने वाले संस्कार और नैतिक मूल्य क्या हैं?

प्राचीन काल में हमारे ऋषि-महर्षियों और विद्वान पूर्वजों ने जीवन को सुचारू रूप से चलाने के लिए कुछ नियम-विनियम बनाए थे। इन नियम-विनियमों का पालन करने में अपना, अपने देश और समाज का कल्याण निहित होता था। इन्हीं नियमों-विनियमों में से कुछ को हमने अपने संस्कार में समाहित कर लिया, जबकि कुछ को नैतिक मूल्यों के रूप में स्वीकार किया। इन संस्कारों और नैतिक मूल्यों में कल्याणकारी भावना से भी बढ़कर जो तत्व निहित था, वह यह था कि इनका पालन करने से अपना कल्याण होने के साथ ही देश और समाज के अन्य लोगों को किसी प्रकार की हानि नहीं होती थी। पुराकाल के राजा-महाराजाओं से लेकर सामंतों और सामान्य जनों तक सभी ने जीवन में नीतिगत रूप से इन संस्कारों और नैतिक मूल्यों

> हमारी संस्कृति की जड़ें अमरता के स्रोतों में अत्यंत दृढ़ता से एवं गहराई तक जमी हुई हैं, जो सरलता से सूख नहीं सकती।
> —मा.स. गोलवलकर

का पालन किया। ये संस्कार और नैतिक मूल्य बाद में धीरे-धीरे परम्परागत रूप से देश और समाज की नीति का एक अभिन्न अंग बन गए। इनके अनुसार किए जाने वाले कार्य संस्कारवान एवं नैतिक और इनके विपरीत किए जाने वाले कार्य संस्कारहीन एवं अनैतिक कहलाए।

महापुरुषों ने संस्कारवान एवं नैतिक कार्यों को सत्य, सदाचार और धर्म के साथ जोड़ा, जबकि संस्कारहीन एवं अनैतिक कार्यों को असत्य, दुराचार और अधर्म माना। संस्कारवान एवं नैतिकता की अवधारणा को पुण्य और संस्कारहीन एवं अनैतिकता की अवधारणा को पाप से भी परिभाषित किया गया। वास्तव में इस प्रकार की व्याख्या करने का तात्पर्य यह था कि जीवन में संस्कारों एवं नैतिक मूल्यों का स्थान सर्वोपरि बना रहे। हालांकि संस्कारहीन एवं अनैतिक कार्य करने वालों को देश और समाज की ओर से दंड की व्यवस्था की गई थी, लेकिन साथ ही उन्हें 'पापात्मा' कहकर पुकारे जाने का दंड बहुत बड़ा था। इससे संस्कारहीन एवं अनैतिक कार्य करने वाला स्वयं अपनी ही नजरों में गिर जाता था। इस परिपाटी ने समाज में संस्कारों और नैतिक मूल्यों की स्थापना करने में महत्त्वपूर्ण योगदान दिया।

विश्व-कल्याण की भावना को अंगीकार करने वाले सभी धर्म-सम्प्रदायों ने लगभग एक समान संस्कारों और नैतिक मूल्यों को अपनाने पर जोर दिया है। सत्य बोलने, ईमानदार रहने, चोरी न करने, हिंसा से बचने, अकूत सम्पदा एकत्र न करने, आचरण पवित्र रखने, नारी का सम्मान करने और निर्बलों पर दया करने जैसे संस्कारवान और नैतिक मूल्यों का सभी धर्म ग्रंथों में उल्लेख किया गया है।

यह वास्तविकता है कि संस्कारों और नैतिक मूल्यों को अपनाते हुए जो सफलता मिलती है, उसका सुख अद्भुत होता है। संस्कारों और नैतिक मूल्यों को बिसराकर भी सफलता प्राप्त की जा सकती है, लेकिन वह सुखकर नहीं, बल्कि नाश करने वाली होती है।

महाभारत के रण में द्रोणाचार्य ने चक्रव्यूह रचकर पांडवों को युद्ध के लिए आमंत्रित किया। भयंकर युद्ध करता हुआ अर्जुन-पुत्र अभिमन्यु जब चक्रव्यूह को छिन्न-भिन्न करके कौरवों का संहार करने लगा तो युद्ध की नैतिक परिपाटी त्याग दुर्योधन ने अपने सभी महारथियों को ललकारा। उन्होंने मिलकर अकेले और निहत्थे अभिमन्यु का वध कर दिया। उस दिन कौरव पक्ष विजयी रहा, लेकिन यह विजय, यह सफलता कौरव पक्ष के ही बहुत से वीरों को सुखकर

नहीं लग रही थी। स्वयं द्रोणाचार्य भी क्षुब्ध थे और इस अनैतिक सफलता का परिणाम अंतत: जयद्रथ वध ही नहीं, कौरव पक्ष के एक-एक योद्धा को प्राण गंवाने के रूप में प्रकट हुआ।

रावण के अतुलनीय ज्ञान और बल को कौन नहीं जानता! संस्कारहीन एवं अनैतिक कार्यों में रुचि लेने के कारण ही अमरता प्राप्त कर चुके शिव के उस परम भक्त को भी काल का ग्रास बनना पड़ा।

संस्कारों और नैतिक मूल्यों को बनाए रखकर किए जाने वाले कार्य अपना और अपने देश का कल्याण करते हैं। यह बात हर देश और हर काल में लागू होती है। इतिहास इस प्रकार के उदाहरणों से भर पड़ा है कि जिन शासकों ने अपने जीवन में संस्कारों और नैतिक मूल्यों को महत्त्व दिया, उन्हें लोग आज भी सम्मान के साथ याद करते हैं। सम्राट चंद्रगुप्त मौर्य, अशोक महान, राजा भोज, अकबर, शेरशाह सूरी, महाराजा रणजीत सिंह और टीपू सुल्तान आदि भारत के ऐसे महान शासक हैं जिन्होंने नैतिक मूल्यों की स्थापना में महत्त्वपूर्ण योगदान दिया। इनके विपरीत नैतिक मूल्यों की धज्जियां उड़ाने वाले स्वार्थी शासकों में गांधार नरेश आम्भि, कन्नौज नरेश जयचंद और अंग्रेजों के पिट्ठू मीरजाफर को देश और समाज कल भी घृणा करता था और आज भी घृणा करता है।

जीवन में सफलता से तात्पर्य किसी भी प्रकार से लक्ष्य प्राप्त करना नहीं है, बल्कि लक्ष्य प्राप्त करने में किसी भी प्रकार की संस्कारहीनता और अनैतिकता न हो, इसका भी ध्यान रखना जरूरी है। शार्टकट अपनाते हुए चोरी, डकैती, रिश्वतखोरी, भ्रष्टाचार और लूट से धन-सम्पदा तो एकत्र की

> **जीवन में सफलता से तात्पर्य किसी भी प्रकार से लक्ष्य प्राप्त करना नहीं है, बल्कि लक्ष्य प्राप्त करने में किसी भी प्रकार की संस्कारहीनता और अनैतिकता न हो, इसका भी ध्यान रखना जरूरी है।**

जा सकती है, लेकिन मानसिक तृप्ति और आनंद कभी नहीं मिल सकता। इस प्रकार के अपराध सदैव आनंद की जगह आशंका को जन्म देते हैं। स्पष्ट है कि संस्कारहीन और अनैतिक कार्य भय, भ्रम और भटकाव के दुष्चक्र में परिणत हो जाते हैं। इनसे लक्ष्यसिद्धि नहीं, बल्कि शोक, क्षोभ और विनाश की प्राप्ति होती है।

हम जो कार्य एवं विचार अपने लिए श्रेष्ठ समझते हैं, वही हमें दूसरों के लिए अपनाने चाहिए और जो कार्य एवं विचार हम अपने लिए अपनाने में संकोच करते हैं, उन्हें किसी भी स्थिति में हमें दूसरों के लिए नहीं अपनाने चाहिए। इस एक वाक्य में हमारे उच्च संस्कारों और नैतिक मूल्यों का सार समाहित है। यदि ऐसा विचार करके कार्य करेंगे तो निश्चय ही हम अपने संस्कारों और नैतिक मूल्यों के प्रोत्साहन में योगदान देंगे।

आत्मविश्वास सफलता का आधार

6

वास्तव में अवसर है क्या

'अवसर क्या है? जब तक आप यह नहीं जान पाते, तब तक आप सफल नहीं हो सकते इसलिए पहले यह जानना जरूरी है कि अवसर क्या है? तभी आप सफलता प्राप्त कर सकते हैं।'

अवसर क्या है यह एक बड़ा ही गूढ़ सवाल है, जिसको लेकर हर इंसान बार-बार एक ही चीज सोचता है कि उसे अवसर नहीं मिला। अगर उसे अवसर मिलता, तो वह यह कर देता, वह कर देता लेकिन जो अवसर उसे मिला है उसमें वह कुछ नहीं कर पाता। बस अवसर को कोसता रहता है

> अवसर बार-बार हमारा द्वार नहीं खटखटाते! यदि आप अवसरों के लिये तैयार नहीं है तो वह आपकी प्रतीक्षा नहीं करते।
>
> – अज्ञात

इसलिए पहले अवसर को समझना चाहिए कि अवसर है क्या? दुनिया का कोई भी इंसान ऐसा नहीं है, जिसे अवसर नहीं मिला। बस अंतर इतना है कि किसी को बड़ा अवसर मिलता है, तो किसी को छोटा लेकिन अवसर मिलता सबको है। हर इंसान अपने से बड़े की ओर देखता है कि अगर उसे भी उसकी तरह अवसर मिल जाए तो वह भी बेहतर करके दिखा सकता है लेकिन वह उसके अतीत को नहीं जानना चाहता कि आखिर उसे यह अवसर कैसे मिला? वह तो केवल उसकी सफलता को देखता है। उसकी सफलता के पीछे की कहानी से उसे कोई दिलचस्पी नहीं है। हमारे सामने महत्त्वपूर्ण प्रश्न यह है कि हम

किसे सफल मानते हैं? उसे, जिसके पास बहुत पैसा है या फिर उसे जो दूसरों से बेहतर है। प्रत्येक व्यक्ति के लिए सफलता के अलग-अलग मायने हैं इसलिए सफल व्यक्ति के बारे में कोई भी धारणा रखने से पहले यह जान लेना जरूरी है कि वह कितना सफल है और वह सफलता को किस नजरिये से देखता है। आइए कहानी के तौर पर इस तथ्य को समझें।

एक कस्बे में एक धनी व्यक्ति रहता था। उसके पास लंबी-लंबी गाड़ियां और ढेरों नौकर-चाकर थे। जब भी वह रास्ते से गुजरता, लोग उसे देखते और उसी की तरह शानो-शौकत पाने की चेष्टा करते। उस व्यक्ति को यह संपत्ति विरासत में मिली थी। उसके पिता काफी धनवान थे जिनका काफी बड़ा व्यवसाय था। पिता की मृत्यु के बाद बेटे ने पिता के रोजगार को बंद कर दिया और जमा धन से मौज-भरी जिंदगी जीने लगा। उसकी सोच यही थी कि उसके पास जो भी है, उससे जिंदगी को जीने का लुत्फ उठाए। कस्बे के लोग उसे समझाते थे कि बेटा रोजगार बंद करके तुमने सैकड़ों परिवारों की रोजी-रोटी छीन ली लेकिन उसे इतनी समझ कहाँ थी, वह तो बस अपनी अकड़ में था कि लोगों को रोजगार देने से उसे क्या फायदा है। जितना पैसा है उससे तो वह अपना जीवन जी लेगा। उसने किसी व्यवसाय में पैर जमाने की जगह महंगे-महंगे शौक पालना शुरू कर दिये और अपनी शान का दिखावा करने लगा। कस्बे के लोग उससे कहते थे कि बंद रोजगार को फिर से शुरू करे, ताकि लोगों को रोजगार मिल सके क्योंकि रोजगार शुरू करेगा तो वहां के लोगों को तो रोजगार मिलेगा ही, उसकी भी आमदनी बढ़ेगी और रोजगार का साधन होने पर कस्बे के लोगों को दूर-दराज नहीं जाना पड़ेगा, लेकिन उस व्यक्ति को तो पैसे का नाज़ था और वह सोचता था कि वह बहुत सफल है। उसकी इसी शान-शौकत को देखकर उसकी उम्र के लोग कहने लगे कि काश! उनके पास भी पैसा होता तो वह भी उसी के जैसा जीवन जीते लेकिन ऐसा धन किसी काम का नहीं।

कस्बे के बाहर छोटा-सा व्यापार करने वाले एक व्यापारी ने देखा कि रईस व्यक्ति के बेटे ने रोजगार बंद कर दिया और काम करने वाले लोगों को फैक्टरी से बाहर कर दिया, तो उसने सभी कामगारों को

आत्मविश्वास सफलता का आधार

इकट्ठा किया और एक फैक्टरी बनाने का निर्णय लिया। सभी कामगार तैयार हो गए क्योंकि उनके पास और कोई रोजगार तो था नहीं लेकिन व्यापारी ने कहा "मेरे पास उतना पैसा नहीं है, जितना पहले आप लोगों को मिलता था। एक काम यह हो सकता है कि जितना पैसा मेरे पास है, उससे पहले फैक्ट्री बना ली जाए और जब आमदनी होने लगेगी, तो उसका 50 फीसदी हिस्सा सभी कर्मचारियों में बांट दिया जाएगा। व्यापारी की बात का सभी कामगारों ने समर्थन किया और नई फैक्टरी लगा ली। सभी कामगार अपने काम में निपुण थे। कुछ ही दिन में फैक्टरी काफी अच्छी चलने लगी और कामगारों की आमदनी भी बढ़ गई। छोटा व्यापारी अब बड़ा व्यापारी बन गया। व्यवसाय बढ़ने से कस्बे ही नहीं, बल्कि कस्बे से बाहर के व्यक्ति भी रोजगार के लिए उसके यहां आने लगे। जब आमदनी बढ़ गई, तब उसने अपने ऐशो-आराम के साधन जुटाने शुरू किए। कहने का तात्पर्य यह है कि व्यवसायी ने अवसर को भांप कर अपना रोजगार बढ़ाया। लोगों को जब काम मिलना शुरू हुआ तो लोग भी ईमानदारी से काम करने लगे और व्यापार चल निकला इसीलिए कभी भी अवसर को हाथ से मत जाने दो। एक तरफ एक व्यक्ति के पास बनी बनाई फैक्टरी थी यानी उसके पास एक अवसर था कि उसे और आगे बढ़ा सकता था, लेकिन उसने ऐसा नहीं किया। वहीं दूसरी तरफ एक व्यक्ति के पास कुछ नहीं था, पर उसने अवसर को भांपा और आगे बढ़ता चला गया।

इसी तरह का अवसर हर किसी की जिंदगी में कभी-न-कभी कहीं-न-कहीं आता है। बस उसे जानने, समझने और परखने की देर है। अगर व्यापारी ने यह नहीं समझा होता कि फैक्टरी बंद होने के बाद जो कामगार बेरोजगार हो गये हैं, अगर उन्हें रोजगार दिया जाए तो वह कम वेतन पर भी खुशी-खुशी काम करेंगे, तब शायद यह अवसर उसके हाथ से निकल जाता और उसका रोजगार सफल नहीं हो पाता।

इंसान की प्रकृति होती है कि वह हमेशा अपने से बड़े की ओर ही देखता है और वह उसी तरह का अवसर अपने लिए भी चाहता है। वह चाहता है कि उस सफल व्यक्ति की तरह उसके पास भी सबकुछ हो। वह अपने भाग्य को कोसता है कि अगर उसका जन्म भी समृद्ध परिवार

में हुआ होता तो वह भी पैसे वाला होता फिर उस पैसे से वह जो चाहता सो करता। उसके लिए अवसर के कोई मायने नहीं हैं, पर इसके विपरीत यदि व्यक्ति यह सोचे कि उसको जो भी जीवन मिला है उसे अपने उसी जीवन को सार्थक करना है, उसी में आगे बढ़ना है और उसी जीवन को बेहतर बनाना है, तो सफलता उसके कदम चूमेगी। ऐसी सोच वाले व्यक्तियों के पास अवसर भी आते हैं और वह सफल होकर भी दिखाते हैं।

दो छात्र जो कि सिविल सेवा की तैयारी कर रहे थे, दोनों ही लगातार परीक्षा के बाद इंटरव्यू तक पहुंचते, लेकिन सफल नहीं हो पाते थे। चार-पांच बार की लगातार असफलता के बाद उनमें से एक ने सोचा कि लगता है इस क्षेत्र में उसे कामयाबी नहीं मिलेगी। उसने अपने मित्र से कहा कि चलो मिलकर एक कोंचिंग संस्थान शुरू करते हैं, लेकिन दूसरे मित्र ने कहा कि जब हम सफल नहीं हो पाए, तो दूसरे छात्रों को सफल बनाने के गुण भला कैसे बता पाएंगे। इस पर पहला मित्र बोला कि देखो हम भले ही सफल न हो पाए हों, लेकिन हम दूसरों से अपने अनुभव साझा करेंगे, जिससे उनकी क्षमता और बढ़ेगी। हमारी जितनी क्षमता थी हमने उतनी लगा ली, लेकिन हमें सफलता नहीं मिल रही। अपने साथी की बात सुनकर दूसरा बोला, "देखो मैं तो हार मानने वाला नहीं हूँ, मैं अभी और तैयारी करूंगा।" इस पर पहले मित्र ने कहा कि देखो हमने अपनी पूरी क्षमता का उपयोग कर लिया। अभी भी समय है मेरी बात मान लो, संस्थान शुरू कर लेते हैं, लेकिन दूसरे मित्र ने बात नहीं मानी।

पहले साथी ने अकेले ही अपना शिक्षण संस्थान शुरू कर लिया और उसके संस्थान के पहले बैच में 20 छात्रों ने दाखिला ले लिया। जिसमें से 10 छात्रों का चयन हो गया। धीरे-धीरे उसका संस्थान नामी-गिरामी संस्थान बन गया और काफी संख्या में छात्र उसके पास आने लगे, लेकिन उसके दूसरे साथी का चयन अभी भी नहीं हो पाया था। एक दिन उसके मन में विचार आया कि चलो अपने साथी से पूछता हूँ कि वह कैसे छात्रों को पढ़ाता है कि उसके पढ़ाए छात्र सफल हो जाते हैं। एक दिन वह उसके पास पहुंच गया और उसे बताया, "यार मैं तो अभी भी परीक्षा की तैयारी ही कर रहा हूँ और तू तो अपने पैरों पर खड़ा होकर

सफल व्यवसायी बन चुका है। मेरी समझ में यह नहीं आ रहा कि प्रतियोगी परीक्षाओं में एक असफल व्यक्ति द्वारा सफलता के गुण बताए जाने पर छात्र कैसे सफल हो रहे हैं? तब उसके मित्र ने बताया कि देखो मित्र, जब चार-पांच बार इंटरव्यू देने के बाद भी मेरा चयन नहीं हुआ, तो मेरी समझ में एक बात आ गई कि जितनी मेरी क्षमता थी मैंने पूरा प्रयास किया। अब इससे ज्यादा अपनी क्षमता को मैं नहीं बढ़ा सकता। तभी मैंने तुमसे कहा था कि चलो कोचिंग संस्थान शुरू करते हैं। इससे ये हुआ कि आने वाले नए छात्र जो कि प्रतिभावान थे, उन्हें हमने इंटरव्यू के तौर-तरीके बताए और यह बताया कि इंटरव्यू में किस प्रकार के सवाल पूछे जाते हैं तथा उनका उत्तर कैसे देना है। इससे उनकी क्षमता में और निखार आ गया और वह सफल हो गए। दूसरा मित्र उसकी बात बहुत ध्यानपूर्वक सुन रहा था। उसने सोचा कि अब तो उसके पास केवल एक या दो मौके और हैं, पता नहीं इनमें भी सफलता मिलेगी कि नहीं? इसी निराशा में वह अपने बाकी दो मौके भी गंवा बैठा और बेरोजगार हो गया। कहने का तात्पर्य यह है कि अगर आप अपनी क्षमता को भांपकर सही दिशा में प्रयास करेंगे, तो सफलता आपके कदम चूमेंगी। पहले मित्र ने अपनी क्षमता को भांपकर समय को बर्बाद किए बिना अपना लक्ष्य बदल दिया, परिणामस्वरूप बहुत जल्द उसका संस्थान एक बड़ा संस्थान बन गया। दूसरे मित्र ने अपनी क्षमता को नहीं पहचाना और अपने मित्र के साथ मिलकर कार्य शुरू करने के अवसर को भी गंवा दिया।

इसी तरह एक और छात्र की कहानी है जो कि लगातार इंटरव्यू दे रहा था, लेकिन सफल नहीं हो पाता था और निराश होकर अपने भाग्य को कोसता। फिर वह अपने से सफल उस व्यक्ति को देखता है, जो उसके साथ ही रहता था और वह अधिकारी बन चुका है। अधिकारी बनने के बाद उसका जीवन ही बदल गया, उसका बड़ा नाम हो गया और सफल अधिकारियों में उसकी गिनती होने लगी। असफल व्यक्ति उसके बदले जीवन स्तर को देखकर हीन भावना से ग्रसित होकर कहने लगा कि उसे अवसर नहीं मिला, नहीं तो वह भी अधिकारी बनकर नाम कमा सकता था। कहने का तात्पर्य यह है कि असफल छात्र यह नहीं कह सकता कि उसे अवसर नहीं मिला। अवसर तो उसे भी मिला था लेकिन वह सफल नहीं हुआ।

एक छोटा-सा उदाहरण और देना चाहूंगा कि एक किसान का बेटा था, जो बड़ी ही घमंडी प्रवृत्ति का था। वह अपने पिता को बार-बार कोसता था कि अगर उसे शहर भेज दिया जाता, तो वह भी पढ़-लिखकर बड़ा आदमी बन जाता। वह अपने पिता को बार-बार यही कहकर परेशान करता कि उसे भी पढ़ने का अवसर दिया जाए। गरीब किसान के पास इतना पैसा नहीं था कि वह उसे शहर भेज सके। वह उसे समझाता कि बेटा जितना पैसा तू शहर जाकर खर्च करेगा, अगर उस पैसे से तू अच्छी किताबें खरिद ले और गांव में ही पढ़ाई करे तो शायद ज्यादा बेहतर सफलता अर्जित कर सकेगा। वैसे भी शहर में तुझे अकेले रहना पड़ेगा। खाने-पीने का सुख भी ठीक से नहीं मिल पाएगा इसलिए जो काम तू शहर में रहकर कर सकता है, वह यहां रहकर भी कर सकता है, लेकिन बेटा तो घमंडी था उसे इस बात की तनिक भी चिंता नहीं थी कि उसका पिता कहाँ से पैसे लाएगा? उसे तो बस एक ही बात का घमंड था कि वह बड़ा होशियार है, पढ़ने में तेज है और पिता कहीं-न-कहीं से पैसा जुटाकर उसे भेज ही देगा, लेकिन उसका पिता उसे शहर नहीं भेज पाया और वह गांव में ही रह गया। उम्र बीत गई और वह कुछ नहीं कर पाया। कहने का तात्पर्य यह है कि जो भी अवसर मिले उसका भरपूर उपयोग करना चाहिए। जो सुविधाएं मौजूद हों उनका पूरा-पूरा लाभ उठाइए, लेकिन किसान के बेटे ने न तो समय को भांपा और न ही उसका सदुपयोग किया।

जीवन में कई ऐसे क्षण आते हैं, जो अवसर के रूप में हमारे पास मौजूद रहते हैं, लेकिन हम उन्हें पहचान नहीं पाते। ऐसी स्थिति में जब समय निकल जाता है तब हमारे पास सिवाय हाथ मलने के कुछ नहीं रह जाता इसलिए अपनी प्रतिभा को पहचानें और स्वयं आत्म-मंथन करें कि इन परिस्थितियों में क्या करना चाहिए? जिसने अवसर को पहचाना वह आज सफल है और सफलता के कई प्रतिमान गढ़ने में लगा हुआ है।

आत्मपरिचय

भगवान महावीर का कहना था कि सर्वोत्तम गुरु वह है जो आपको आत्मपरिचय कराने में आपका पथ-प्रदर्शन कर सके। स्वयं पर नियंत्रण

ही सच्चा सुख देता है। आप स्वयं सदैव अपने विकास के अवसर खोजते रहें। जब भी आपको अवसर मिले। सीखने की कोशिश करें। समय का लाभ उठाएं। अपनी आत्मा को अपना योग्य शिक्षक मानें। उसी के निर्देशन में कार्य करें। अपनी राह बनाएं। इसी में आपका कल्याण है। अगर आप ऐसा नहीं करते हैं तो आप अपने समय को व्यर्थ ही गंवा रहे हैं और आप बहुत कुछ पाने की लालसा में कुछ भी नहीं पाते हैं। जो अवसर मिला है उसी में प्रगति करने के बारे में सोचें, क्योंकि प्रगति तभी प्रगति है जब वह निरंतर हो। निरंतर प्रगति करते रहना चाहिए। प्रयास के बिना आप सफलता के द्वार पर नहीं जा सकते। किसी भी भय, चिंता, लोभ आदि के कारण अपने कदमों को न रोकें। अविरल अपने पथ पर चलते रहें। नये-से-नया ज्ञान प्राप्त करते रहना भी अपने आपमें एक सफलता है। अपनी आत्मा की शक्तियों को निरंतर विकसित करते जाना भी सफलता को निकट लाना है।

आत्म-परिचय और आत्मज्ञान द्वारा ही आप अपने को पहचान सकते हैं। अपने को पहचानने का अर्थ है अपनी शक्तियों को पहचानना। जब आप स्वयं को समझ लेंगे, तो प्रत्येक मार्ग आपके लिए सरल हो जाएगा। आदिम युग से लेकर आज तक की मानव सभ्यता की कहानी हमें यही संदेश देती है कि अपनी उन्नति के मार्ग पर निरंतर बढ़ते चलो। एक इंसान केवल इसलिए आगे नहीं बढ़ पाता, क्योंकि उसे यह नहीं मालूम कि उसकी शक्तियां क्या हैं? वह किस हद तक आगे आकर कार्य कर सकता है? कैसे सफल हो सकता है। याद रखिए मनुष्य की शक्ति असीम है। उसकी कोई सीमा नहीं है। अपने आपको पहचान कर ही हम विकास, ऐश्वर्य और अनंत ऊँचाइयों को छू सकते हैं। केवल आपको अपना संकल्प दृढ़ करना है और पूरे मन से निर्णय लेना है। आपके भीतर अनंत शक्ति है। अगर आप अपनी उन शक्तियों को पहचान कर काम करना शुरू करते हैं, तो आपके सामने सफलता का परचम लहराना तय है।

अवसर के द्वारा पूर्ण सफलता पाने के लिए अदम्य शक्ति और कार्य को पूर्ण किए बिना न छोड़ने का धैर्य, वे ठोस गुण हैं जिनके द्वारा सफलता निश्चित तौर पर प्राप्त की जा सकती है। सफलता प्राप्ति के लिए जिन गुणों की आवश्यकता होती है, उनका उल्लेख करते हुए

ऑस्टिन फिलिप्स का कहना है कि मनुष्य को सतर्क रहते हुए अवसर की ताक में रहना चाहिए। यदि साहस हो तो सुअवसर भी मिलता है और अगर साहस नहीं हो तो अवसर भी पीछे छूट जाते हैं और आदमी के पास हाथ मलने के सिवा कुछ नहीं रह जाता।

नए संदर्भों में देखा जाए तो काम के अनेकानेक अवसर मौजूद हैं, लेकिन इसके बावजूद कई नौजवान अपने आपको पूरी तरह से तिरस्कृत समझकर पलायनवादी बन जाते हैं या हिंसा का सहारा ले बैठते हैं। सिर्फ इसलिए कि उन्हें इंजीनियर या चिकित्सा जैसे अपने मनपसंद पाठ्यक्रम में दाखिला नहीं मिल पाता।

एक युवक की कहानी आपको बताता हूं, जिसने 12वीं कक्षा में 82 फीसदी अंक प्राप्त किए और तब भी उसे मेडिकल कॉलेज में दाखिला नहीं मिला। इससे वह इतना दुःखी हुआ कि हफ्ते-भर तक उसने कुछ नहीं खाया और न ही वह अपने कमरे से बाहर निकला। आज वह डिस्पोज़ेबल (सिर्फ एक बार के इस्तेमाल के बाद नष्ट कर दिए जाने वाले) सिरिंजों का निर्माण कर रहा है। आज न सिर्फ वह अपने काम से संतुष्ट है, बल्कि कई बड़े डॉक्टरों से कई गुना ज्यादा उसकी आमदनी है।

हमेशा याद ररिखए कि, स्कूल कॉलेज में होने वाली परीक्षाओं से केवल विद्यार्थियों की इस योग्यता का अंदाज़ा लगाया जाता है कि प्रश्न पत्र में पूछे गए कितने सवालों के जवाब वे पुस्तक में देखे बिना दे सकते हैं। हम किसी चीज को तभी सीख पाते हैं, जब वह हमें पसंद हो या जो व्यक्ति उसे हमें सिखा रहा है, वह हमें पसंद हो। अगर कोई बच्चा अपने अध्यापक को पसंद नहीं करता, तो शायद वह उससे कुछ सीखने की स्थिति में न रहे। इसके अलावा अगर कक्षा में बच्चे को कोई चीज सीखने के लिए प्रेरित न किया जाए, तो भी वह उस चीज या विषय को अच्छी तरह नहीं सीख पाता।

7

अवसर को पहचानें

'अवसर को पहचानना भी एक कला है, जब तक आप अवसर को नहीं पहचानते तब तक आप सफल होने की कला से पूर्ण रूप से वाकिफ नहीं हो सकते'

अक्सर हम यह कहते हैं कि हमें पता ही नहीं चलता कि अवसर कब आता है। यह सच है कि अवसर कब आता है और चला जाता है। बहुतों को पता ही नहीं चलता, लेकिन अवसर आता हर किसी के जीवन में है, अवसर को पहचानना बहुत जरूरी है, क्योंकि कई बार व्यक्ति बिना किसी अवसर के काम की शुरुआत कर देता है और वह फ्लॉप हो जाता है, परंतु कार्यों में योग्य व्यक्तियों को कभी अवसरों का अभाव नहीं होता। ऐसे व्यक्तियों को अवसर हमेशा तलाशता रहता है और ऐसे व्यक्ति भी हमेशा अवसरों की तलाश में रहते हैं। इसीलिए आवश्यक है कि आप अपने क्षेत्र में आत्मविश्वास से भरपूर होकर कार्य करें। आपको अवसर जरूर मिलेगा।

संसार में अवसरों की कमी नहीं है हर समय कोई-न-कोई अवसर आपके द्वार पर खड़ा आपका दरवाजा खटखटा रहा होता है, परंतु अवसर का लाभ उठाने के लिए अपने को पूर्ण रूप से तैयार करना होगा, प्रशिक्षित करना होगा, लेकिन उसके लिए अवसर को देखने में सतर्कता, अवसर को पकड़ने में व्यवहार कुशलता तथा साहस का होना आवश्यक है। अवसर के द्वारा पूर्ण सफलता प्राप्त करने के लिए अदम्य शक्ति और कार्य को पूरा किए बिना न छोड़ने का धैर्य, यही है, वे ठोस गुण

हैं जिनके द्वारा सफलता अवश्य प्राप्त की जा सकती है। 'गोस्वामी तुलसीदास का कहना है खेती के शुष्क हो जाने पर वर्षा से क्या लाभ? समय चुक जाने पर पश्चात्ताप से क्या लाभ? इसलिए अवसर के लिए हमेशा तैयार खड़े रहें, जब अवसर आए उसे पकड़ लें। आलसी व्यक्ति को सुनहरा अवसर भी हास्यापद बना देगा, अगर वह उस अवसर को पकड़ने के लिए तैयार नहीं है। यदि कोई व्यक्ति किसी अच्छे पद पर आसीन है तो उसका कारण है कि उसने कई वर्ष कड़ी तैयारी की। केवल इसलिए नहीं कि उसे परिस्थतियों का लाभ मिला है। भाग्य हमेशा उसकी सेवा में हाजिर रहता है जो उसके योग्य हो।

जवानी का कोई भी क्षण ऐसा नहीं है, जो आपके लिए मूल्यवान न हो इसलिए इस समय का भरपूर उपयोग करना चाहिए और जहां तक हो सके कार्य को ईमानदारी के साथ करना चाहिए। जब लोहा ठंडा हो जाए तो उस पर चोट का क्या अर्थ।

अवसर तो मानव समाज की नीवों में ही प्रस्तुत रूप से विद्यमान है। अवसर तो हमारे पास सब जगह है हां, इसका अधिक-से-अधिक लाभ उठाने के लिए आवश्यक है कि प्रत्येक व्यक्ति इसे स्वयं देखे और उपयोग में लाए। प्रत्येक व्यक्ति को इसे अपने लिए बनाना होगा, खुद बनाना पड़ेगा वरना यह कभी नहीं बनेगा।

अवसर को बिगुल की आवाज कहा जा सकता है। यह सेना को लड़ने के लिए तो बुला सकता है, परंतु सेना को युद्ध जिताने का साधन नहीं बन सकता। यह स्मरण रखना चाहिए कि हम किसी भी क्षेत्र में अपनी शक्तियों का विकास करें तथा जीवन में विविध अवसरों के लिए अपने को प्रशिक्षित करें। प्रत्येक व्यक्ति जानता है कि कुछ क्षण ऐसे होते हैं, जिन पर सदियों का भाग्य निर्भर होता है। हमें यह भी हमेशा ध्यान में रखना चाहिए कि अनुकूल अवसर केवल कुछ क्षणों के लिए आता है, यदि हम उस क्षण में चूक

जाते हैं, तो हम न जाने कितने वर्ष और महीने खो देते हैं। किसी काम को करना वैसे तो केवल बीज बोना है, यदि वह सही समय पर नहीं बोया गया तो अंकुर नहीं फूटेंगे। जिस नौजवान का मन कर्मशील है, उसके लिए अवसर-पर-अवसर होता है। कोई अवसर आखिरी समय पर पकड़ने के लिए उसे दौड़ना नहीं पड़ता। जीवन में फैसला करने का क्षण अत्यंत छोटा होता है, यदि हम सतर्क रहेंगे तो सफल अवश्य होंगे, क्योंकि सफलता और असफलता के मध्य बहुत थोड़ा अंतर होता है।

प्रसिद्ध फिल्मी गायक मुकेश एक बार विदेश में अपना लाइव कार्यक्रम दे रहे थे। अचानक मंच पर ही उन्हें दिल का दौरा पड़ा। उनकी आवाज डूबने लगी और उन्होंने मंच पर ही अपने प्राण त्याग दिए। उनके पुत्र नितिन मुकेश उनके पास ही थे। उन्होंने उस अवसर पर घबराने के बजाय रोते-रोते अपने पिता के गायन का छोर पकड़ लिया और गाना पूर्ण करके ही दम लिया। उनके पास वह अवसर था स्वयं को सिद्ध करने का। उन्होंने अपने गायन से श्रोताओं को प्रभावित किया और अपने पिता की विरासत को आगे बढ़ाते हुए प्रसिद्ध गायक बने।

व्यक्तित्व कैसे निखारें

किसी भी व्यक्ति का व्यक्तित्व उसके चरित्र की विशेषताओं व व्यवहार के मेल से बनता है, जो उसके सभी कामों में झलकता है। इस व्यवहार में चेतन और अवचेतन दोनों प्रकार के व्यवहार शामिल हैं। हमारा व्यवहार पूरे जीवन में कई तथ्यों के प्रभाव-वश समय-समय पर बदलता रहता है। हमारे जीने और काम करने के तरीके में लगातार बदलाव आता रहता है। यद्यपि, बदलावों के बावजूद व्यवहार की जो छाप पहले-पहल पड़ती है, वह आसानी से मिट नहीं पाती।

व्यक्तित्व को निखारने से व्यक्ति न केवल स्वयं बेहतर प्रदर्शन करता है, बल्कि अपनी टीम से भी बेहतर प्रदर्शन करवा सकता है। एक अच्छे व्यक्तित्व में नेतृत्व की सारी विशेषताएं होती हैं, जो आज के समय बहुत जरूरी है। आपके व्यक्तित्व से ही झलक मिलती है कि आप में नेतृत्व की क्षमता है कि नहीं। इसी सीमा तक आकर व्यक्तित्व व नेतृत्व की

क्षमताएं मिलकर किसी व्यक्ति को क्षेत्र विशेष में सफल बनाती हैं। व्यक्तित्व की इन्हीं छिपी प्रतिभाओं को निखारने के लिए यहाँ कुछ सुझाव दिए गए हैं, लेकिन वे अंतिम सत्य नहीं है। आप अपनी इच्छानुसार इसमें कुछ भी घटा या बढ़ा सकते हैं, लेकिन एक बात तो निश्चित ही है कि व्यक्तित्व विकास कोई एक दिन में पूरा किया जाने वाला पाठ्यक्रम नहीं है। इसमें संपूर्ण जीवन रहन-सहन और काम करने का तौर-तरीका सभी कुछ शामिल है। इसके लिए सबसे ज्यादा जरूरी है कि आप जो भी कार्य करें, उसमें श्रेष्ठ प्रदर्शन करें। आत्मविश्वास से भरपूर एक संपूर्ण व्यक्तित्व का सफलता से गहरा संबंध होता है। यह सफलता पाने के अवसरों को कई गुना बढ़ा सकता है।

हमें कभी नहीं भूलना चाहिए कि हम इस संसार में अद्वितीय क्षमताओं के साथ आए हैं। हमारे जैसा कोई नहीं है। हमारा व्यवहार, आचरण और भाषा हमारे परिवार, स्कूल, मित्र, अध्यापकों व वातावरण की छाप होती है। आप बस इतना करें कि सहज व प्राकृतिक बने रहें। लोग दिखावटी चेहरों व बनावटी व्यवहार को आसानी से पहचान लेते हैं। हम सबके पास कोई-न-कोई प्राकृतिक हुनर है, यदि आप अपने व्यक्तित्व को निखारना चाहते हैं, तो अपने भीतर छिपे उसी हुनर या प्रतिभा को पहचान कर उभारें। हर कोई एक अच्छा गायक या वक्ता नहीं बन सकता। यदि राहुल गांधी ने एक प्रेरणास्पद नेता बनने के बजाय गायक बनने की कोशिश की होती, तो शायद वह कभी उसमें सफल नहीं हो पाते। इसी तरह महात्मा गांधी एक अच्छे व्यवसायी नहीं बन सकते थे। हम सब हालात के प्रति अलग-अलग तरह से प्रतिक्रिया व्यक्त करते हैं। किसी दूसरे की नकल करने की बजाय वही रहें, जो आप हैं। हर कोई मिस्टर या मिस यूनिवर्स तो नहीं बन सकता, लेकिन दूसरों के अनुभवों से सीखकर अपने में सुधार तो ला सकता है। जीवन में थम कर बैठने के बजाय बेहतरी का कोई-न-कोई उपाय आजमाते रहना चाहिए। व्यक्तित्व का उपलब्धियों व प्रदर्शन से गहरा संबंध होता है। इस दिशा में पहला कदम यही होगा कि आप तय करें कि आप क्या बनना चाहते हैं और आप उसके लिए क्या करने जा रहे हैं। आपकी योजना व्यावहारिक व स्पष्ट होनी चाहिए। सफलता की सभी योजनाएं

  आत्मविश्वास सफलता का आधार

कल्पना से ही प्रारंभ होती हैं। योजना को हकीकत में बदलने के लिए कल्पना शक्ति का प्रयोग करें, योजनाबद्ध कार्य, धैर्य, दृढ़ संकल्प किसी भी सपने को साकार कर सकता है।

दृढ़ विश्वास सफलता का मूल मंत्र

अपने जीवन उद्देश्य को जानने और उसे प्राप्त करने के लिए दृढ़ आत्मविश्वास रखना, यही सफलता की ओर पहला कदम है। यह अदम्य विचार कि मैं अवश्य सफल होऊँगा, यही सफलता पाने का मूल मंत्र है। याद रखिए विचार संसार की सबसे महान शक्ति है। यही कारण है कि सफलता पाने वाले लोग पूर्ण आत्मविश्वास रखते हुए अपने कर्मों को पूरी कुशलता से करते हैं। दूसरों की सफलता के लिए भी वे सदा प्रयत्नशील रहते हैं।

प्रत्येक विचार और प्रत्येक कर्म का फल अवश्य मिलता है। अच्छे का अच्छा और बुरे का बुरा। यही प्रकृति का नियम है। इसमें देर हो सकती है पर अंधेर नहीं, इसलिए आप सफल होना चाहते हैं, तो अच्छे विचार रखिए, सदकर्म कीजिए और जरूरतमंदों की निःस्वार्थ भाव से सहायता तथा सेवा कीजिए। मार्ग में आने वाली कठिनाइयों, बाधाओं और दूसरों की कटु आलोचनाओं से अपने मन को अशांत न होने दीजिए।

यदि आप अपनी समस्या को हल न कर पा रहे हों तो उसके लिए सबसे अच्छा तरीका है कि एक ऐसे व्यक्ति की खोज करें जिसके पास आपसे भी अधिक समस्याएं हों और तब आप उस व्यक्ति की समस्याओं को हल करने में उसकी सहायता करें। आपकी समस्या का हल आपको अपने आप मिल जाएगा। चौंकिए मत, इसे आजमाइए।

जैनेन्द्र कुमार का कहना है सफलता की दौड़ वही जीतता है, जो सही सूझ-बूझ के साथ सर्वोत्तम तरीके से कार्य करता है। यदि कर्म भली प्रकार से किया जाए और शुभ हो तो निश्चय ही उसका फल भी शुभ होगा। इसी प्रकार गलत तरीके से किया गया अशुभ कर्म हानिकारक होगा। आप इसे पुरातन पंथ नैतिकता कह सकते हैं। जो कि वास्तव में यह है, लेकिन साथ-साथ ही यह आधुनिक नैतिकता भी है। यह उस समय भी प्रभावशाली थी, जब मनुष्य ने पहिए का आविष्कार

किया था। उस समय उसे इस बात का जरा भी ज्ञान नहीं था कि दुनिया इतनी आगे चली जाएगी।

अंधविश्वास सफलता में सबसे बड़ा बाधक

मनुष्य जीवन-भर इस अज्ञानपूर्ण अंधविश्वास से चिंतित रहता है कि कहीं कोई उसे धोखा न दे जाए, परंतु वह नहीं जानता कि मनुष्य को स्वयं उसके सिवाय कोई धोखा नहीं दे सकता। वास्तव में वह अपने ही मोह और भय के कारण धोखे में फंसता है। हम भूल जाते हैं कि एक परमशक्ति भी है जो सदैव हर व्यक्ति के साथ रहती है। जब कोई व्यक्ति किसी से कोई समझौता या अनुबंध करता है तो यह परमशक्ति अदृश्य और मौनरूप से एक साक्षी की तरह उपस्थित रहती है। हम इस दुनिया को धोखा दे सकते हैं, पर इस अदृश्य शक्ति को नहीं, इसलिए जो व्यक्ति दूसरों को धोखा देकर या उसका शोषण करके जो सफलता या धन अर्जित करता है उसे अंतत: इसका बुरा भुगतना पड़ता है। यही कारण है कि संसार के सभी संतों और महापुरुषों ने नि:स्वार्थ कार्य करने पर बल दिया है।

> आत्मविश्वास का अभाव ही अंधविश्वास को जन्म देता है। आत्मविश्वास को मजबूत करे, अंधविश्वास का अन्धेरा अपने आप मिट जायेगा।
>
> - अज्ञात

भय सफलता का दुश्मन

सफलता के मार्ग में पड़ने वाली सबसे बड़ी बाधा हमारा भय है, वही हमारा दुश्मन है, अत: भयभीत नहीं होना चाहिए। इसको दूर करने के लिए सर्वोत्तम उपाय यह है कि हम जिस वस्तु, आदमी या परिस्थिति से भयभीत होते हैं, उस का बुद्धिमानी और साहस से सामना करें। भय के कारणों पर विचार कर उन्हें दूर करें और जिस सद्कार्य को करने से भय अनुभव होता हो, उसे परमात्मा पर अटूट श्रद्धा और आत्मविश्वास रखते हुए कर डालें। स्मरण रखिए आपका भय कोई दूसरा दूर नहीं कर सकता, वह केवल आपको सलाह दे सकता है उसे दूर आपको ही करना होगा।

     आत्मविश्वास सफलता का आधार

जलन से बचिए

ईर्ष्या या जलन से हमारी मानसिक शांति भंग होती है। जिसके कारण हम अपने कार्यों को पूरा करने पर अपना ध्यान केंद्रित नहीं कर पाते। इसका परिणाम यह होता है कि न तो हमें उस काम में सफलता मिलती है और न ही मानसिक आनंद। हमें दूसरों की उन्नति या चमक-दमक देखकर जलना नहीं चाहिए। ईर्ष्या, द्वेष को साधारण भाषा में जलन कहते हैं। सच में जलन हमारी कार्य कुशलता, मानसिक शांति और संतुलन को जला डालती है। अत: हम अपने जीवन में सफलता पाना चाहते हैं तो जलन से बचना चाहिए।

हमारे विचारों में संसार को बदल देने की शक्ति है। यदि आप अपने विचारों की शक्ति को एकाग्र करें, तो आप अपने जीवन की समस्त बाधाओं और कठिनाइयों को दूर कर वांछित सफलता प्राप्त कर सकते हैं। मनुष्य एक विचारशील प्राणी है, किसी भी कार्य को करने से पहले हमारे मन में उसको करने का विचार आता है। यह मानव के विचारों की शक्ति ही है जो आज विश्व ही नहीं, बल्कि अंतरिक्ष में भी आश्चर्य चकित कर देने वाली खोजें व आविष्कार कर रहा है। जिनकी पहले कभी कल्पना तक नहीं की जा सकती थी। ध्यान रहे कि एक मूर्ख व्यक्ति और एक वैज्ञानिक के विचारों में भौतिक अंतर होता है, जहां मूर्ख के विचार तर्कहीन और बेतुके होते हैं, वहीं एक वैज्ञानिक के विचार तर्कसंगत, व्यवस्थित तथा प्राकृतिक नियमों पर आधारित होते हैं। जीवन में सफल होने के लिए एक वैज्ञानिक की तरह विचार रखना और यह महत्त्वपूर्ण बात याद रखना जरूरी है कि सफलता की राह में सबसे बड़ी बाधा है हताशा। जब कोई व्यक्ति हताश होता है, तो अक्सर उसके काम की गति धीमी हो जाती है इसलिए हताशा को दूर करने के लिए सबसे ज्यादा जरूरी है कि अपने लक्ष्य को साधो और उस पर दृढ़ता से जमे रहो और निराशा को पास मत फटकने दो।

अनुभव से मालूम होता है कि हिम्मत हारने का एक मुख्य कारण है आलोचना। अक्सर लोग आपकी आलोचना करके आपको हतोत्साहित करने की कोशिश करते हैं, ताकि आपका मनोबल गिरे और आप कुछ न कर सकें। एक और महत्त्वपूर्ण तथ्य है कि सुधरने के लिए जरूरी

नहीं है कि पहले आप खराब हों। हम सब चाहते हैं कि हमारे कर्मचारी, हमारे साथी, हमारे सहयोगी सब अपने कार्य में प्रगति करें। इसके लिए जरूरी है कि उनको सही तरीके से मार्गदर्शन दिया जाए, तभी वह सफलता की सीढ़ियाँ चढ़ सकते हैं।

आत्मविश्वास से अवसर निर्धारित करें

यदि आप वास्तव में कुछ करना चाहते हैं, तो अवसर को पकड़ने की कला आपके पास होनी चाहिए। जो व्यक्ति अवसर को आगे बढ़कर लेता है, वक्त उसके ही हाथों में होता है और जो वक्त को तुरंत नहीं पकड़ सकता, वह हाथ मलता रह जाता है। किसी ने विश्वविजयी सिकंदर से पूछा कि वह कैसे संसार में विजय पर विजय प्राप्त कर लेता है? तब सिकंदर ने उत्तर दिया था कि उसकी विजय का प्रमुख कारण उसकी निश्चयात्मक नीतियां और दृढ़ संकल्प हैं। जो लोग किसी कार्य को करने में झिझकते हैं वे कभी सफल नहीं होते। वे कार्य करना भी चाहते हैं और असफलता से भयभीत भी रहते हैं। ऐसे लोगों के हिस्से में असफलता ही आती हैं, परंतु जिन लोगों में बिना झिझके तुरंत और सही निर्णय लेने की योग्यता होती है, उन्हीं को सफलता वरण करती है। नेपोलियन में ऐसी ही क्षमता थी, लेकिन यह भी सच है कि शीघ्र निर्णय या जल्दबाजी सदा अच्छी नहीं होती। एक मूर्ख व्यक्ति यदि तुरंत निर्णय लेगा, तो वह सही नहीं हो सकता। अत: निर्णय लेते समय बुद्धि से काम लेना चाहिए। वैचारिक शक्ति में परिपक्वता अभ्यास से आती है, अत: तुरंत निर्णय लेने की शक्ति का सही दिशा में विकास करना चाहिए। आप यदि यह सपना देखते हैं कि इस विश्व को प्रकाशमान करना है और करें कुछ भी नहीं, क्योंकि आप इस दुविधा में रहते हैं कि अपने परिवार के लिए कुछ करें या विश्व के लिए? ऐसी दुविधा में आप न तो अपने परिवार के लिए कुछ करते हैं और न विश्व के लिए। ऐसी दुविधा से अच्छा है कि संसार के लिए कुछ करने के सपने देखते रहने के बजाय आप अपने परिवार के लिए ही कुछ करलें।

जो व्यक्ति बार-बार की हार से घबराकर अपनी इच्छा शक्ति और मानसिक क्षमताओं पर विश्वास करना छोड़ देता है, तो समझिए वह

आत्मविश्वास सफलता का आधार

अपनी अन्य शक्तियों को भी घटा रहा है और चरित्र का विनाश कर रहा है। चरित्र के गठन के लिए यह आवश्यक है कि मानव अपनी इच्छाशक्ति पर विश्वास रखे। जब कोई काम सामने हो तो मन में यह विश्वास रखें कि काम अवश्य पूरा होगा, बस आपको पूरी तन्मयता से उस काम को पूरा करने में जुट जाना है। इस पृथ्वी पर मानव सर्वश्रेष्ठ जीव है, जो ईश्वर की सबसे श्रेष्ठ रचना है, जिसे उसने संसार पर शासन करने के लिए रचा है। मनुष्य का ही पृथ्वी पर भी शासन है। संसार के किसी भी देश में पशुओं का शासन नहीं है। मनुष्य ने सभी पशुओं को वश में करके पाला है। उनसे मनोवांछित काम लिया है, लेकिन कितने आश्चर्य की बात है, यही मनुष्य अपने अंदर बैठे भय के भूत से परेशान है। अपने इस शत्रु से मानव दु:खी है। यह शत्रु मानव की सारी शक्तियों की छिन्न-भिन्न और नष्ट कर डालता है। अपने इस शत्रु को देखते ही मनुष्य सारे हथियार डाल देता है और आत्मसमर्पण कर देता है। वह मजबूर हो जाता है और अपनी शक्ति को भूल जाता है। भयग्रस्त लोगों के जीवन में न तो आनंद रहता है और न ही सुख-सुविधाएं हमारे विचार, हमारी कल्पनाएं ही विचार को जन्म देती है। जिसे हम जन्म देते हैं, वहीं हमें अपना गुलाम बना लेता है। यह कितनी शर्मनाक स्थिति है, कितने दु:ख की बात है। भय को लाने वाली वस्तु या भाव के लिए मन के दरवाजे सदा बंद रहने चाहिए।

अवसर की खोज

यह सच है कि जिस व्यक्ति का मन कर्मशील होता है उसे एक नहीं अनेक मौके प्राप्त होते हैं तथा उसे उस समय किसी अवसर को पकड़ने के लिए भागने-दौड़ने की आवश्यकता नहीं होती। ऐसे व्यक्तियों का मस्तिष्क सरल और लचीले विचारों से युक्त होता है। उनमें यह शक्ति होती है कि वह अपने जीवन की गति को यंत्र के समान नियमित कर सकें, परंतु विशेष योजना पर पहुंचने वाला क्षण बहुत ही छोटा होता है। यदि व्यक्ति सतर्क रहेगा और उसे पकड़ने के लिए हमेशा तैयार रहेगा तभी वह सफल हो सकेगा, क्योंकि सफलता और असफलता को पृथक करने वाला केंद्र बिन्दु बहुत ही सूक्ष्म है। दुर्बल और अस्थिर मन के

व्यक्ति ही अक्सर यह बहाना बनाया करते हैं कि उन्हें अवसर नहीं मिला। क्या आप भी यह कह सकते हैं कि प्रत्येक आदमी का जीवन और उसके जीवन का प्रत्येक क्षण अवसरों से भरा-पूरा नहीं है? क्या स्कूल कॉलेज में पढ़ाया जाने वाला हरेक पाठ एक मौका नहीं है? क्या हरेक परीक्षा जीवन के लिए एक मौका बनकर नहीं आती?

चिकित्सक के लिए हरेक रोगी एक अवसर है। जब कोई काम आपके सामने आता है, तो वह एक अवसर ही होता है। हरेक उपदेश तथा हरेक शिक्षा अवसर से पूर्ण है। अखबार का हरेक हिस्सा अवसरों से भरा हुआ है। आपके काम का आदान-प्रदान भी आपके लिए एक सुनहरा अवसर ही होता है। जीवन के इन अवसरों में आपको नम्र होना होगा, बहादुर बनना होगा, ईमानदार बनने का प्रमाण देना होगा और मित्र बनाने का अवसर प्राप्त करना होगा। जब कोई व्यक्ति आप पर विश्वास करता है तो यह भी आपके लिए एक अवसर ही है। जब आप अपने अच्छे और उच्च चरित्र को प्रकट कर सकें। आपकी शक्ति और सम्मान को देखकर ही आपको कोई उत्तरादियत्व दिया जाता है और यही आपके लिए एक कीमती अवसर है। वस्तुत: व्यक्ति का जीवित रहना एक वरदान है क्योंकि इसका प्रयोग यदि वह परिश्रम और प्रयास पूर्वक नहीं करता, तो उसका जीवन व्यर्थ हो जाता है। जब व्यक्ति जीवन के इस वरदान को उत्साह और वीरता से स्वीकार करता है, तो उसके अपने कार्य क्षेत्र में अनेक अवसरों का तांता लग जाता है।

कई बार जीवन में ऐसे अवसर आते हैं कि उनको पहचान पाना और पकड़ पाना बड़ा मुश्किल दिखाई देता है। वास्तव में हम अपने जीवन में इस संबंध में कभी सोचते ही नहीं कि हम किस चीज की उपेक्षा करते हैं। यदि देखा जाए तो अवसर ही ऐसी चीज है जिसकी हम अपने जीवन में सर्वाधिक अवहेलना और उपेक्षा करते हैं, जबकि व्यक्ति को चाहिए कि अवसर की प्राप्ति के लिए भिखारी की तरह हाथ फैलाए बैठा न रहे, बल्कि स्वयं उसका निर्माण करे।

क्लीवलैंड प्रदेश के फोटोग्राफर 'जेम्स एफ. राइडर' ने जर्मनी के एक अखबार में पढ़ा कि बोहेमिया के फोटोग्राफर फोटोग्राफी में नई तकनीक का प्रयोग करते हैं। इस नई तकनीक द्वारा वे चित्र के निगेटिव

में सुधार कर लेते हैं, जिससे चित्र के दोष समाप्त हो जाते हैं और तस्वीर अच्छी लगती है। राइडर ने उसी समय बोहेमिया से एक फोटोग्राफर बुलाने का निश्चय किया। उसके सहयोग से उसने अपने फोटोग्राफी के काम को और भी उन्नत बना लिया। उसने बोहेमिया के उन छोटे यंत्रों से अपने चित्रों के नेगेटिव और भी अच्छी तरह सुधारे और वह अमेरिका का सुप्रसिद्ध फोटोग्राफर बन गया। कुछ समय बाद बोस्टन में फोटोग्राफी की एक प्रदर्शनी हुई, जिसमें राइडर को अमेरिका का सर्वश्रेष्ठ फोटोग्राफर घोषित किया गया तथा उसने श्रेष्ठ अवसर को उसके माथे के बालों से पकड़ा और उससे कार्य में जो भी सहायता प्राप्त हो सकती थी उसने हासिल की। इसी कारण वह अपने मन की अपार शक्तियों को प्रकट करने में सफल सिद्ध हुआ। यही कारण था कि उसका व्यापार और प्रसिद्धि दिन-दूनी व रात चौगुनी बढ़ने लगी।

अंतर्राष्ट्रीय स्तर पर आज 'थॉमस कुक' का नाम बड़े सम्मान के साथ लिया जाता है, लेकिन किसी समय यही थॉमस कुक खराद पर काम किया करता था। एक दिन उसे लिसेस्टर पहुंचना था, जिसके लिए उसे इंग्लैड की सड़कों पर 15 मील तक पैदल चलना पड़ा। वह वहां नशाबंदी से संबंधित एक सम्मेलन में भाग लेने गया था। यह सम्मेलन मजदूरों आदि को यह समझाने के लिए आयोजित किया गया था कि वह अपने गाढ़े खून-पसीने की कमाई को इस प्रकार शराब आदि जैसे पदार्थों में न उड़ाएं। थॉमस कुक को इस लंबी पैदल यात्रा में एक विचार सूझा कि क्यों न रेलवे कंपनी को सम्मेलनों में भाग लेने वालों के लिए विशेष रेलगाड़ी चलाने के लिए कहा जाए। उसने जब यह विचार रेलवे कंपनी के सामने रखा, तो उन्हें यह बात पसंद आई क्योंकि इससे उनकी आय में भी वृद्धि होती। विशेष रेलगाड़ियां चलाई जाने लगीं और कुक ने उसमें दिलचस्पी दिखाई। थॉमस का यह काम कितना उपयोगी था। अनेक व्यक्ति मीलों पैदल चलते थे, परंतु उनके मन में कभी कोई विशेष विचार नहीं आया। खराद पर काम करने वाले कुक का नाम आज दुनिया की प्रमुख ट्रैवलर कंपनियों में शुमार है।

लक्ष्य के बिना कोई भी व्यक्ति मौलिक या रचनात्मक कार्य नहीं कर सकता और जब तक व्यक्ति एकनिष्ठ होकर अपने मन को किसी

एक ही बिंदु पर एकाग्र नहीं करता, तब तक उन्नति के पथ पर अग्रसर नहीं हो सकता और न अपने जीवनोद्देश्य को प्राप्त ही कर सकता है। अत: व्यक्ति को चाहिए कि वह अपने काम धंधे को ठीक वैसे ही देखे जैसे एक कलाकार अपनी सर्वोत्तम कृति को अपनी प्रतिमूर्ति समझता है और उस विषय में बात करके गौरवान्वित अनुभव करता है।

अक्सर व्यक्तियों का चरित्र इतना सबल नहीं होता कि वह निरंतर किसी कार्य को करते रहें। उनका धैर्य खत्म हो जाता है और वह अपने लक्ष्य की प्राप्ति का रास्ता छोड़ देते हैं। ऐसे व्यक्ति कभी अपने उद्देश्य को हासिल करने में सफल नहीं हो पाते। यदि संसार में कोई ऐसी वस्तु है, जिसके लिए व्यक्ति को संघर्ष करना पड़े तो यह केवल उसका उद्देश्य है और उसकी प्राप्ति में ही, व्यक्ति को अपने संपूर्ण स्वरूप को प्रकट करने का अवसर मिलता है। यदि कोई व्यक्ति अपने उद्देश्य के लिए घोर परिश्रम नहीं करता और उसके लिए आगे बढ़कर प्रयत्न नहीं करता, तो उसका जीवन निरर्थक है। फिर चाहे वह कितना ही कर्तव्य पालन या कितना ही परिश्रम करे, उसके जीवन का कोई मूल्य नहीं है। उद्देश्य की प्राप्ति में दृढ़ संकल्प बड़ा सहायक सिद्ध होता है। क्योंकि दृढ़ संकल्प में बड़ी शक्ति छिपी होती है। उसकी प्रेरणा से व्यक्ति में लगन पैदा होती है और वह आगे बढ़ता है। दृढ़ संकल्प व्यक्ति को आगे बढ़ने की प्रेरणा देता है, पीछे हटने की नहीं।

एक बार यदि कोई व्यक्ति दृढ़ संकल्प करके आगे बढ़े, तो फिर उसके रास्ते की बाधाएं नष्ट हो जाती हैं फिर चाहे मार्ग कितना भी लंबा क्यों न हो, बलिदान कितनी भी क्यों न देना पड़े, परंतु दृढ़ संकल्प की शक्ति उसे उसके उद्देश्य तक अवश्य पहुंचा देती है।

बड़े-बड़े कारखाने तथा उद्योग धंधे वाले लोग अक्सर यह कहते सुने जाते हैं कि आजकल जितने नवयुवक काम करने के लिए आते हैं वह अवसर के लिए तैयार नहीं होते। उन्हें जिस काम पर लगाया जाता है वहां आगे बढ़ने के अनेक अवसरों को प्राप्त करने की उनकी क्षमता ही नहीं होती। इस प्रकार वह अपने जीवन में सफल नहीं हो पाते हैं और इसके लिए व्यवस्था को दोष देते हैं। जीवन में सफलता प्राप्ति का रहस्य यह है कि व्यक्ति अवसर को पहचानने व उसे प्राप्त करने के लिए तैयार

    आत्मविश्वास सफलता का आधार

रहे। जब अवसर प्राप्त हो तो उसे पकड़ लें। उसकी ओर से आंख बंद न रखें।

प्रत्येक व्यक्ति के अंदर ऐसी शक्तियां छिपी रहती हैं, जिन्हें न तो कोई देख सकता है और न उनकी कल्पना ही कर सकता है। अगर किसी ऐसे साधन का आविष्कार हो जाए जिसके माध्यम से व्यक्ति की आंतरिक शक्तियों का फोटो खींचा जा सके, तो मनुष्य अपनी ही शक्तियों को देखकर आश्चर्यचकित रह जाएगा। अक्सर देखा गया है कि जब कोई व्यक्ति किसी अप्रत्याशित कार्य को पूरा कर लेता है, तो वह यह सोचकर चकित हो उठता है कि क्या यह कार्य उसी ने किया था, लेकिन उसमें आश्चर्य की कोई बात नहीं होनी चाहिए क्योंकि संसार का कोई भी कार्य भले ही वह कितना बड़ा क्यों न हो, मनुष्य ने ही पूरा किया है और भविष्य में वही करेगा।

इस संसार में कुछ ही ऐसे व्यक्ति होते हैं जो अपने जीवन को स्वयं पहचानते हैं और अपने कामों को पूरा कर पाते हैं। अधिकाधिक व्यक्ति तो अपने आपको पहचान न पाने के कारण अपने कामों को पूरा किए बिना ही इस संसार से विदा हो जाते हैं। जो लोग अत्यधिक शक्ति संपन्न होते हैं उन्हें भी अपनी आंतरिक शक्तियों का पता

> आप जो चीज हासिल करना चाहते हैं, उसके और आपके बीच कोई न कोई अड़चन या सीमित करने वाला तत्व जरूर मौजूद होता है। जो यह तय करता है कि आप कितनी तेजी से मंजिल पर पहुँचेंगे।
> – अज्ञात

नहीं होता। अक्सर आपने देखा होगा कि जब कोई व्यक्ति सफलता प्राप्त नहीं कर पाता तो कह बैठता है कि अगर मुझमें लिंकन, रुजवेल्ट जैसी शक्तियां होतीं तो मैं भी सफल हो जाता, लेकिन ऐसा सोचना वास्तविकता से कोसों दूर है। सच बात तो यह है कि यदि वह व्यक्ति अपनी आंतरिक शक्तियों को पहचान लेता, तो वह लिंकन और रुजवेल्ट से भी कहीं अधिक आगे बढ़ जाता है। आपकी शक्तियां असीम हैं, लेकिन जब तक आपको उनकी पहचान और ज्ञान नहीं है, वे सोयी रहेंगी, अकर्म रहेंगी लेकिन जब आप उनकी वास्तविकता से परिचित हो

जाएंगे, उन्हें जगा लेंगे, उनकी परीक्षा लेंगे, तब आप स्वयं को पहचान लेंगे इसलिए आवश्यक है कि पहले अपनी शक्तियों का निरीक्षण और परीक्षण कीजिए उन्हें जगाइए और उनसे काम लीजिए। फिर देखिए कि आप जो भी काम करना चाहते हैं, उसे कर पाते हैं या नहीं। आपको अपने काम में सफलता प्राप्त होती है या नहीं।

जब आप हमेशा किन्हीं महान कामों के सफल होने की आशा करते रहते हैं, तो आपका स्वभाव बन जाता है कि हर कार्य पूरा होने की आपके मन में आशा बनी रहे और यह स्वभाव आपके भीतर छिपी समस्त शक्तियों और उसके उद्गम को खोज डालता है। तब संसार के सामने आपके विश्वास का यह दिव्य दूत प्रकट होता है, जिसे इंसान को सही रास्ता दिखाने के लिए भगवान ने इस संसार में भेजा है।

जिस व्यक्ति में आत्मविश्वास की कमी होती है वह किसी भी कार्य के संबंध में कोई भी ठोस निर्णय नहीं ले पाता क्योंकि उसका मन संदेह से भरा रहता है। उसे यह विश्वास ही नहीं होता कि वह जिस काम को करेगा उसमें उसे सफलता प्राप्त होगी और इन्हीं विचारों के संघर्ष में उलझकर वह कोई भी कार्य आरंभ नहीं कर पाता। परिणाम यह होता है कि वह जहां का तहां खड़ा रह जाता है। उसकी प्रगति और विकास के मार्ग अवरुद्ध हो जाते हैं और उसका जीवन इसी प्रकार बीत जाता है। न वह स्वयं कुछ प्राप्त कर पाता है और न संसार को ही कुछ दे पाता है।

ऐसे व्यक्ति अपने आत्मविश्वास और आत्मविश्वास से पैदा होने वाले दुस्साहस, असीम शौर्य और दृढ़ संकल्प के बल पर खूंखार जानवरों को अपने वश में करके उन्हें पालतू कुत्ते के रूप में बदल देते हैं। वे उनके एक इशारे पर भीगी बिल्ली बन जाते हैं और उनके हर आदेश का चुपचाप पालन करते हैं। उन दुस्साहसी और आत्मविश्वास से भरे लोगों की दृष्टि के पीछे छिपी हुई शक्ति उन खूंखार जानवरों को परास्त कर देती है और उन्हें उनकी आज्ञाओं का पालन करने पर विवश कर देती है। जब जीवन में पहली बार अवसर मिले थे तो चाहिए कि कि वे दृढ़-निश्चयी होकर अपने उद्देश्य को चुनें और फिर उसे पूरा करने का प्रयास करते रहें। अपने उद्देश्य को पूरा करने के लिए भले ही फिर से

आपको रात-रात भर जागकर कठोर परिश्रम भी करना पड़े, तो आप कीजिए, संभव है कि आप अपने उद्देश्य को पूरा करने में सफल हो जाएं। आप चाहें तो इस अवसर को सफलता में बदल सकते हैं और अपने जीवन को परिवर्तित कर सकते हैं, लेकिन यदि आपने इस समय अपनी जिम्मेदारी को नहीं समझा, लापरवाही बरतते रहे, आपकी सफलता असंभव है।

यदि आप जीवन में महान सफलता पाने वाले महान व्यक्तियों के कार्यकलापों का अध्ययन करें, तो आपको पता चल जाएगा कि उनकी महान सफलताओं और उनके महान बनने का एकमात्र कारण था, उनका 'आत्मविश्वास।' जिस व्यक्ति को अपनी योग्यता पर विश्वास हो जाता है और वह यह समझने लगता है कि वह जिस काम को भी हाथ में लेगा उसमें उसे सफलता अवश्य प्राप्त होगी तो अवश्य ही ऐसा होगा।

जिस व्यक्ति में आत्मविश्वास होता है वही अपनी शक्तियों, गुणों और योग्यताओं से दूसरों को प्रभावित कर सकता है, लेकिन जिस व्यक्ति में आत्मविश्वास का अभाव हो, जिसके मन में भय और संशय भरा हो, उस व्यक्ति का किसी पर भी रत्ती-भर प्रभाव नहीं पड़ता। कुछ लोग ऐसे होते हैं कि प्रथम भेंट में ही दूसरों को अपना बना लेते हैं। उनके हृदय में अपने प्रति गहरा विश्वास पैदा कर देते हैं। उनकी निकटता लोगों में सफलता और विजय की भावना पैदा कर देती है।

विश्वास, जिसे आप साख भी कह सकते हैं, मानव की सबसे बड़ी पूंजी होती है। भले ही कोई काम हो या कोई व्यवसाय, विश्वास रूपी पूंजी से बढ़कर और कोई पूंजी नहीं होती। यदि किसी व्यापारी के संबंध में लोगों के मन में विश्वास पैदा हो जाए, उसकी साख जम जाए, तो निश्चय ही उसका उत्पादन बेहतरीन और सुंदर होगा।

दूसरों की नजरों में गिरकर कभी भी कोई व्यक्ति कोई महान कार्य नहीं कर सकता और न दूसरों से अपनी आशा और आवश्यकता के अनुसार काम ही ले सकता है, लेकिन अगर आप कुछ महान कार्य करना चाहते हैं और अपनी समस्त बाहरी शक्तियों को इकट्ठी करके उन कार्यों में लगा सकते हैं, तो आप जो कार्य करना चाहते हैं निश्चित रूप से कर सकते हैं। उसका परिणाम, आपकी आशा और आकांक्षा के अनुरूप ही

निकलेगा।

मनुष्य के मस्तिष्क में पहले विचार जन्म लेता है उसके बाद ही वह उस विचार को कार्यरूप देने का प्रयत्न आरंभ करता है। आपके मन में ऐसे विचार उत्पन्न होने चाहिए, जिनका दूसरों पर भी प्रभाव पड़ सके।

न्यूयार्क में किसी विद्यालय की एक प्रिंसिपल रहती थी। अपने जीवन के अनुभवों में उसने लिखा है- 'जब मुझे इस बात की अनुभूति हुई कि संसार में आकर मुझे कोई महत्त्वपूर्ण कार्य पूरा करना है, तब मुझे अनुभव हुआ कि मेरे मैं के अंदर कोई और

मैं है जो बाहरी मैं से अधिक शक्तिशाली और निर्मल है। उस दिन से यह विद्यालय मेरे लिए संसार बन गया। सारी धरती मेरे लिए एक कर्मक्षेत्र बन गई। अपनी आंतरिक शक्तियों को पहचान कर एक साधारण नारी एक सफल अध्यापिका बन गई।

जिस समय कोई व्यक्ति अपने अंदर के गुणों को, अपने अंदर की शक्तियों को, अपनी आत्मा को पहचान लेता है, वह उस व्यक्ति के जीवन का सबसे महत्त्वपूर्ण क्षण होता है, पर ऐसे लोग बहुत कम होते हैं, जो अपने को पहचान पाते हैं। अपने को समझना संसार में सबसे कठिन और सबसे बड़ा काम है। एक धार्मिक किंवदंती है कि परमेश्वर जब मनुष्य की रचना करके उसे दीर्घ जीवन की यात्रा पर भेजने लगा, तब देवदूत मनुष्य को संतोष प्रदान करने लगे। परमेश्वर ने देवदूतों को मना कर दिया। तुम लोग इसे मिलने वाले उल्लास को खत्म कर दोगे। मनुष्य जब निकलकर तटस्थ रूप से आत्म-निरीक्षण करता है, तभी वह अपने को समझ पाता है। जब मनुष्य अपने को समझ लेता है, तब उसके सोये हुये ईश्वरीय गुण जागृत हो उठते हैं, उसमें दैवीय शक्ति आ जाती है।

हो सकता है, आपको विश्वास न हो कि आपके अंदर भी वह शक्ति है जिससे संसार में बड़े-बड़े व्यक्तियों ने महान कार्य किए, परंतु

आत्मविश्वास सफलता का आधार

सच मानिए, किसी व्यक्ति द्वारा महान कार्य न कर पाने का कारण उसका शक्तिहीन होना नहीं, बल्कि वास्तविकता यह है कि मनुष्य अपनी शक्तियों को न पहचानने के कारण ही जीवन में महान कार्य करने से वंचित रह जाता है।

सबसे बड़ी कठिनाई यह है कि मनुष्य दूसरों की महत्ता को देखने में अपना कितना कीमती समय खो बैठता है। वह जलन के कारण अपनी कार्यक्षमता और योग्यता को हानि पहुँचाते हैं, जबकि उन्हें दूसरों की सराहना के बाद अपना कीमती समय जीवन लक्ष्य की ओर लगाना चाहिए।

लोगों की धारणा है कि जो व्यक्ति जीवन में सफल हो जाते हैं वे ही सुखी होते हैं। अमुक व्यक्ति को धन पैदा करने में सफलता मिल गई। उसके घर में लक्ष्मी का निवास हो गया। कारें हो गईं, कोठियां बनवा लीं, आलीशान बंगले में रहता है। घर में सभी प्रकार के सुख के साधन हैं। उसे सभी प्रकार के सुख प्राप्त हैं, लेकिन लोगों का ऐसा समझना गलत है। अगर आप उस व्यक्ति के अंतर में झांककर देखें, तो आपको पता चलेगा कि वह सुखी नहीं, बल्कि एक अभावग्रस्त व्यक्ति से कहीं अधिक दुःखी है। मानसिक रूप से तनावग्रस्त है। किसी भी प्रकार मानसिक शांति उसे नहीं मिल पा रही है। वह शांति की खोज में भटक रहा है। वह धन जिसे इक्ट्ठा करने के लिए उसने खून पसीना बहाया था वही उसके जीवन को घुन की तरह खाए जा रहा है।

जो लोग यह समझते हैं कि धन ही सुख का मूल आधार है, उनकी यह धारणा बिल्कुल गलत है। फिर प्रश्न उठता है कि अगर धन-वैभव से संपन्न लोग ही सुखी नहीं हैं, तो संसार में सुखी कौन है? सुख और शांति है कहां और आखिर यह मिलती कैसे है, इसकी प्राप्ति का साधन और आधार क्या है? क्या धन और वैभव संपन्न हो जाना ही जीवन की वास्तविक सफलता है? आप जब इन प्रश्नों पर विचार करेंगे, तो सहज ही आप जान जाएंगे कि धन-वैभव तथा साधन-संपन्न हो जाना ही जीवन की वास्तविक सफलता नहीं है। यह हमारा भ्रम है, जिसे हम वास्तविक सफलता मान बैठे हैं।

जो व्यक्ति केवल अपने लिए ही जीते हैं, उन्हें सच्चा सुख कभी

प्राप्त नहीं हो सकता। सुख तो दूर की बात है, उन्हें अपने जीवन से ही संतुष्टि प्राप्त नहीं होती। संतुष्टि उसी व्यक्ति को प्राप्त होती है, जिसके हृदय में परोपकार की भावना हो और जो केवल अपने लिए ही नहीं, बल्कि दूसरों के हित के लिए भी जीता हो।

अपने विश्वास को सशक्त बनाइए। अपने अंतर में आस्था पैदा कीजिए, हमेशा सिर उठाकर चलिए। आपका विश्वास और आस्था आप में स्वयं के प्रति गर्व की भावना पैदा कर देंगे। जिनमें विश्वास और आस्था नहीं होती या जिन्होंने कोई अपराध किया होता है, वही लोग सिर झुकाकर मुंह लटकाए चलते हैं, लेकिन आपने तो कोई अपराध नहीं किया। फिर आप अपने मन में   अपराधी भावना को स्थान क्यों दें? क्या केवल इसलिए कि आपके पास जीवन की सुविधाएं नहीं हैं, आप अभावग्रस्त हैं, निर्धन हैं, दुःखी हैं और इन सबसे मुक्ति पाने का कोई साधन आपके पास नहीं है।

प्रत्येक मनुष्य की सदैव यही अभिलाषा रहती है कि वह जो भी काम करे, उसे उसका मनोवांछित फल मिले। वह जिस वस्तु की भी कामना करे उसे सहज ही प्राप्त हो जाए। हम भगवान से जो प्रार्थना करते हैं और जो, भजन कीर्तन गाते हैं, भगवान से किसी-न-किसी वस्तु की याचना की जाती है।

अब आपको सोचना यह है कि आप वास्तव में हैं क्या? यह जानने के लिए थोड़ा-सा प्रयत्न कीजिए। आप नहीं जानते कि आपके अंदर कितनी बड़ी शक्ति छिपी हुई है। आप केवल उस शक्ति का ज्ञान न होने के कारण स्वयं को हीन, दुर्बल और अभागा समझते हैं और इसी हीनभावना और आत्मविश्वास की कमी के कारण आप सफलता के बारे में कम और असफलता के विषय में अधिक सोचते हैं।

इसलिए अगर आपको जीवन में निराशा और असफलता ही मिली है, तो इसका प्रमुख कारण यही है कि आपने उचित और निरंतर कोशिश नहीं की।

याद रखिए जो लोग मूर्ख और आलसी होते हैं वही भाग्य और संयोग की बातें करते हैं, लेकिन वे यह भूल जाते हैं कि जब तक व्यक्ति कर्म नहीं करता, भाग्य और संयोग भी उसका साथ नहीं देते।

मानव जीवन में आशा और निराशा, धूप-छाँव और रात-दिन के समान हमेशा साथ रहती हैं। कभी-कभी जीवन में ऐसे क्षण भी आ जाते हैं, जब व्यक्ति को चारों ओर केवल निराशा-ही-निराशा दिखाई पड़ती है। बुद्धि और विवेक के होते हुए भी वह इस घटाटोप अंधेरे से निकलने का मार्ग नहीं खोज पाता। यदि उसके हृदय में आस्था है तो ऐसी स्थिति में आस्था का प्रकाश ही उसे गहरे अंधकार से निकाल सकता है और उसका मार्गदर्शक बन जाता है। कई बार जब व्यक्ति के सामने विषम परिस्थितियां आती हैं वह स्वयं पर से ही नहीं, बल्कि ईश्वर पर से भी विश्वास खो बैठता है।

यह कहना मूर्खतापूर्ण होगा कि शब्दकोष को यहां वहां खोलकर जो शब्द सामने आए उन्हें इकट्ठा करके कोई पुस्तक या निबंध लिखने में सफल हुआ जा सकता है। यह कथन इस कथन से ज्यादा मूर्खतापूर्ण नहीं है कि कोई अमुक व्यक्ति जीवन के अवसरों के लिए केवल इस कारण पूरी तरह तैयार है कि उसने कुछ गुण प्राप्त कर लिए हैं, जैसे समय पर काम करना, कार्य को पूर्ण रूप से करना आदि। याद रखिए इन गुणों से उसमें केवल कार्य को अच्छा और सुचारू रूप से करने की योग्यता पैदा होगी। इन गुणों के अलावा सफलता हासिल करने के लिए जो एक चीज अत्यावश्यक है, वह है कार्यक्षमता।

सर्वप्रथम जरूरी है कि आप अपना मकसद अर्थात् लक्ष्य को तय करें। जब लक्ष्य बना लें, तो राह तलाश करें। आपको कैसा रास्ता अपनाना है, उसके अनुसार साधन देखें जो भी साधन हैं उन पर संतोष रखें और आगे बढ़ें। फिर आप देखेंगे कि साधन अपने आप बनते जाएंगे और सफलता मार्ग पर तेजी से बढ़ने लगेंगे।

यह सच है कि जब व्यक्ति व्यापार आरंभ करता है, तो क्या यह आवश्यक है कि लाखों डॉलर उसके पास हों? क्या वह कुछ डॉलर में अपना व्यापार आरंभ नहीं कर सकता है? आपका क्या विचार है? यह एक बड़ा सच है कि जो थोड़े-से डॉलर से व्यवसाय नहीं कर सकता लाखों डालर से व्यवसाय आरंभ करके भी उसकी सफलता की कोई गारंटी नहीं है।

अक्सर दोस्तों के बीच यह सुनने में आता है कि अरे यार! बड़ी परेशानी है, बड़ा पंगा हो गया, बड़ा दुःख है, अलग-अलग ढंग से निराशा की बातें और परिस्थितियां को रोना अक्सर हम अपने निकट लोगों से सुनते रहते हैं और ऐसी स्थिति में उस व्यक्ति के प्रति हम केवल अपनी सहानुभूति व्यक्त करके रह जाते हैं। आखिर दुःख और परेशानियां हैं क्या? क्या कभी आपने इस पर गंभीरता से सोचा है? क्या परेशानी दुःख, भाग्य या किस्मत इनका अंकुश हमारे हाथ में नहीं है? आखिर ऐसा क्यों होता है? क्यों हममें से अधिकांश खुश रहने के बजाय अधिक समय दुःखी व उदास रहते हैं?

सुखमय और सफल जीवन की कामना के लिए आत्मविश्वास का होना अत्यंत आवश्यक है। यदि हम शांति चाहते हैं, तो शक्ति आवश्यक है, सुरक्षा चाहते हैं, तो स्थायित्व आवश्यक है, यदि हम स्थायी आनंद चाहते हैं, तो हमें ऐसी वस्तुओं का मोह त्यागना होगा, जो किसी भी समय हमसे अलग हो सकती हैं। जब तक मानव अपने अंदर के उस स्थिर आधार को नहीं पहचानता जिस पर वह टिका है, जिसके द्वारा वह अपने जीवन को संचालित करता और जिससे वह सुख एवं शांति पाता है, तब तक वह सच्चे अर्थों में जीना आरंभ नहीं कर सकता है। यदि वह चंचल एवं अस्थिर वस्तुओं में आस्था रखेगा, तो वह स्वयं भी अस्थिर हो जाएगा। यदि वह नश्वर पदार्थों में सुख मान बैठा, तो सब कुछ होते हुए भी उसे कभी वास्तविक सुख प्राप्त नहीं हो सकता। व्यक्ति को आत्मनिर्भर होने की भावना लेकर जीना सीखना चाहिए। उसे केवल व्यक्तिगत लाभ प्राप्त करने की आशा से दूसरों की ओर नहीं ताकना चाहिए। जहां तक हो सके उसे याचना, शिकायत और खेद प्रकट करना आदि से बचना चाहिए और केवल अपने भीतर के सत्य पर संतोष रखते हुए आत्मनिर्भर बनना चाहिए। यदि मनुष्य अपने अंदर ही शांति नहीं पा सकता तो फिर वह कहां जाएगा?

यदि अकेले रहने में उसे भय लगता है तो दूसरों की संगति भी उसे कोई लाभ नहीं पहुंचा सकती। यदि उसे अपने ही विचारों में आनंद नहीं मिलता, तो वह दूसरों के विचारों द्वारा दुःख, एवं कष्टों से कैसे बच सकता है? जिस मनुष्य ने अपने भीतर वह आधार नहीं खोजा, जिस पर

आत्मविश्वास सफलता का आधार

उसका अस्तित्व निर्भर करता है। सुख का स्थान वह कहीं प्राप्त नहीं कर सकता। बहुत से लोगों को यह भ्रम रहता है कि वह अपने साथियों में अथवा भौतिक पदार्थों से सुख प्राप्त कर सकते हैं और वह इसके लिए प्रयास भी करते हैं। यह एकदम गलत धारणा है। एक शिशु जिस प्रकार बिना सहारे के खड़े होना, चलना सीखता हैं मनुष्य को भी चाहिए कि वह अकेले खड़े रहना सीखे। आत्मनिर्भर रहना जाने।

स्वामी रामतीर्थ ने लिखा है जैसा आपका संकल्प होगा, उसको अपने भीतर का सच्चा बल पूरा कर देगा। गरीब देखते-देखते करोड़पति हो जाता है और एक साधारण-सा आदमी महापुरुष बन जाता है। आदमी संकल्प के बल पर अपना जीवन बदल सकता है। वास्तव में सत्य यही है कि जीवन में प्रगति, परिवर्तन केवल एक दृढ़ संकल्प से ही आ सकता है। मनुष्य की वास्तविक प्रगति का यही गुण है। 'सिडनी स्मिथ' के कथनानुसार यदि गोल आदमी को वर्गाकार छिद्र में वर्गाकार आदमी को गोल छिद्र में या त्रिभुजाकार छिद्र में ठूंस-ठांसकर किसी तरह फिट करने की कोशिश भी की जाए तो भी तमाम प्रयास विफल हो जाएंगे, क्योंकि उस स्थिति में वे कोई भी काम करने लायक नहीं रहेंगे। सिडनी स्मिथ के कहने का मतलब यह है कि यदि 'जेकब ऑस्टर' के पिता उसे अपनी तरह कसाई के काम में लगा देते, तो जॉन जेकब प्रसिद्ध ऊन व्यापारी तथा एक बड़ी दुकान के मालिक न होते।

सिडनी स्मिथ लिखते हैं, तुम्हारी प्रतिभा और रुचि तुम्हें पुकार रही है। तुम्हारी भविष्य के बारे में जो भी न्यायसंगत सोच है, वही तुम्हारा चरित्र है। यह असंभव है कि संसार में कोई व्यक्ति अपने खुद के चरित्र के खिलाफ हमेशा संघर्ष कर सके और इसमें सफल भी हो जाए। सफलता के मुख्य सिद्धांतों में से एक है कि अपने जीवन क्रम को इस प्रकार से व्यवस्थित करें कि शरीर तथा मन के स्वाभाविक साधनों में परस्पर संबंध बना रहे, दोनों एक-दूसरे का विरोध न करें। संसार में कोई भी आदमी ऐसा पैदा नहीं हुआ, जिसका कार्य उसके साथ पैदा न हुआ हो। कार्य संसार में हमेशा है और कार्यों को करने के औजार भी हैं। जब 'ओलबुल किचयाना' विश्वविद्यालय में विद्यार्थी था, तो उसे एक धार्मिक संस्था के उद्घाटन के समय वायलिन बजाने के लिए कहा

गया। कुछ संकोच के बाद उसने यह प्रस्ताव मंजूर कर लिया। संगीत का जादू उसके सिर चढ़ गया और उसकी धुनें उसके खून की हरेक बूंद को प्रज्वलित करने लगीं और वह लगभग समस्त रात्रि वहाँ वायलिन बजाता रहा जिसके कारण वह अगले दिन लैटिन की परीक्षा में अनुतीर्ण हो गया। अपनी निराशा और उलझन को लिए वह अपने एक मित्र के पास गया और उसके सामने अपनी समस्या रखी। उस योग्य मित्र ने कहा–बहुत अच्छा हुआ। तुम्हारे साथ इससे अच्छा नहीं हो सकता था। तुम क्या सोचते हो कि तुम फिनलैंड में पादरी बनने या लैफलैंड में धर्मप्रचार करने के योग्य हो? यकीन मानो ऐसा होना असंभव है। मेरी राय तो यह है कि तुम विदेश यात्रा करो और संगीत का अभ्यास करो। जब तक तुम विदेश नहीं जाते, मैं तुम्हें यहीं संगीत व नाटक सभाओं का संगीत निर्देशक नियुक्त करवा सकता हूँ, आगे चलकर यही व्यक्ति विश्व प्रसिद्ध वायलिन वादक बना।

सफलता प्राप्त करने के लिए प्रत्येक व्यक्ति के जीवनकाल में उचित अवसर का बहुत महत्त्व है। हमें सफलता प्राप्त करने के लिए अवसर की तलाश रहती है। इसके लिए हम संघर्ष करते हैं और कभी-कभी तो अपना सब कुछ दांव पर लगा देते हैं। ऐसी स्थिति में हम सफल भी हो सकते हैं और असफल भी, यदि हम ठंडे लोहे पर प्रहार करेंगे, तो हम लोहे को मनचाहा आकार नहीं दे पाएंगे। इसके लिए हमें उसे गर्म करना पड़ेगा। गर्म होने तक प्रतीक्षा करनी पड़ेगी और फिर अपनी पूरी शक्ति से उस पर चोट करनी होगी, तभी हम उसे मोड़ने में कामयाब होंगे। यदि लोहा गर्म होने पर हम दूसरे कामों में व्यस्त हो गए, तो हमारा प्रयास व्यर्थ जाएगा। अपनी इस असफलता के लिए हम चाहे किसी दूसरे को कोसें, परंतु इसके लिए हम ही उत्तरदायी सिद्ध होंगे। यदि एक बार अवसर निकल गया तो पछताने के अलावा हमारे पास दूसरा कोई विकल्प नहीं होगा। इतिहास गवाह है कि जितने भी महान पुरुष हुए हैं, उनका प्रारंभिक जीवन बहुत साधारण रहा है। चंद्रगुप्त मौर्य, जिसने मौर्य साम्राज्य की स्थापना की, वह बहुत ही गरीब परिवार का था। 'शालवाहन' जिसने एक बहुत शक्तिशाली राज्य की स्थापना की, वह एक कुम्हार का लड़का था। 'कालिदास' एक चरवाहा था। 'शेरशाह' सूरी जिसने हुमायूं

को परास्त किया और दिल्ली की सल्तनत पर कब्जा किया, वह सासाराम रियासत का एक मामूली-सा लड़का था। 'हसन' जो बाद में एक बहुत प्रसिद्ध

बादशाह बना और बहमन साह के नाम से जाना गया, गंगू नाम के ब्राह्मण के खेत पर काम करता था। 'शिवाजी' एक छोटे-मोटे सूबेदार के बेटे थे।

आज के समय में 'मफतलाल गागल भाई' का उदाहरण लें, इन्होंने अपने जीवन का प्रारंभ साठ रुपये महीने की एक छोटी-सी नौकरी से किया, पर आज वे कई फैक्टरियों और मिलों के मालिक हैं और उन्होंने हजारों लोगों को रोजगार दे रखा है। 'यल्ल-प्रागदा सुब्बाराव' भले ही बाद में अमेरिका में लैंडरले लेबोरेटरी के अनुसंधान निदेशक बने, पर अपने शुरुआती दौर में वे न केवल गरीब थे, बल्कि बचपन में मंदबुद्धि समझे जाते थे। वे मैट्रिकुलेशन की परीक्षा में दो बार फेल हुए। 'लाल बहादुर शास्त्री' अपने बचपन में इतने गरीब थे कि अपने स्कूल के रास्ते में पड़ने वाली नदी को पार करने के लिए नाव का किराया तक नहीं दे पाते थे। कई बार तो वे नदी को तैर कर पार करने के बाद स्कूल पहुंचते थे। इसके बावजूद भी वे भारत जैसे महान देश के प्रधानमंत्री पद तक पहुंच सके। 'शेरपा तेनजिंग' की आय बहुत कम थी। वे पर्वतारोहण पर जाने वाले लोगों को रास्ता दिखाने के लिए उनके साथ जाते थे। सर्वोच्च चोटी एवरेस्ट पर पहुंचने के बाद उन्होंने न केवल नाम और प्रसिद्धि पाई, बल्कि हिमालयन पर्वतारोहण संस्थान के प्रमुख जैसे महत्त्वपूर्ण पद पर नियुक्त भी हुए। मैं बहुत से ऐसे उद्योगपतियों को जानता हूं, जिनका प्रारंभिक जीवन बड़ा ही साधारण रहा है। ये वास्तविक जीवन के उदाहरण मैंने इसलिए दिए हैं, ताकि आप यह जान सकें कि गरीब परिवार में जन्म लेना अथवा साधारण हैसियत का होना महान उपलब्धि हासिल करने के रास्ते में बाधक नहीं है। ईसा मसीह ने कहा था कि इच्छा करने से तुम्हें प्राप्ति होगी, दस्तक देने से दरवाजा अपने आप खुल जाएगा।

फारसी में एक कुबड़े राजकुमार की कथा प्रचलित है। वह कुबड़ा राजकुमार सीधी कमर वाला होना चाहता था। इसके लिए वह कई हकीमों से भी मिला, लेकिन उसे निराशा ही हाथ लगी, फिर भी उसने हिम्मत नहीं हारी। उसने अपनी एक मूर्ति बनाई, जिसमें उसने स्वयं को सीधी कमर वाला दिखाया। वह राजकुमार उस मूर्ति के सामने बैठ गया। धीरे-धीरे वक्त बीतता रहा, आखिर एक दिन देखते-देखते उसकी कमर सीधी हो गयी। यह चमत्कार यथार्थ में हुआ या नहीं यह पक्के तौर पर नहीं कहा जा सकता, पर कथा से यह निष्कर्ष अवश्य निकलता है कि सकारात्मक विचार का हमारे जीवन पर बड़ा प्रभाव पड़ता है।

मुहम्मद अली के नाम से प्रसिद्ध मुक्केबाज 'कैसियस क्ले' ने बारह साल की उम्र में ही अपने ब्लेजर पर मैं महानतम् हूँ लिख रखा था, बाद में वह विश्व का हैवीवेट बॉक्सिंग चैंपियन बना। उसका मैं महानतम् हूँ कहना उसके पक्के इरादे को व्यक्त करता था। कई बार वह पराजित भी हुआ, लेकिन हैवीवेट बॉक्सिंग में वही पहला व्यक्ति बना जिसने यह खिताब तीन बार जीता।

संस्कृत नाटक मुद्राराक्षस के अनुसार चंद्रगुप्त अपने बाल्यकाल में भी खेल में राजा की भूमिका अदा करता था। बाद में आगे चलकर इसने मौर्य शासन की स्थापना की। कुम्हार के बेटे 'सत्कर्णी' ने भी अपने बचपन में खेलों में राजा की भूमिका अदा की थी। वह शाल वृक्ष की एक शाखा पर बैठकर कहा करता था कि यह शाखा ही मेरा वाहन है। शाल वृक्ष की शाखा को अपना वाहन बताने के कारण ही उसका नाम सालयवाहन पड़ गया।

अगर आपको यह विश्वास है कि आप कोई काम कर सकते हैं, तो इसका मतलब यह नहीं कि आप उसे बिना किसी बाधा के पार कर जाएंगे। निश्चित रूप से आपको अनेक बाधाओं का मुकाबला करना पड़ेगा। आपको पराजय का मुंह भी देखना पड़ सकता है, लेकिन आपकी सकारात्मक सोच ही आपको इस पराजय की कुंठा से ऊपर उठाएगी, इसी के बल पर आप निराश नहीं होंगे, बल्कि उसे एक अस्थायी असफलता से अधिक महत्त्व नहीं देंगे। आप सही समय की

   आत्मविश्वास सफलता का आधार

प्रतीक्षा करते हुए और अधिक प्रयास करेंगे और अपने जीवन को निश्चित उद्देश्य के अनुरूप चलाएंगे। आप तब तक आगे बढ़ते रहेंगे, जब तक कि आपको निश्चित लक्ष्य नहीं मिल जाता।

आपने जिन सफलताओं के बारे में सुना या पढ़ा, वस्तुत: वे सभी सकारात्मक सोच के साथ लक्ष्य पाने की दिशा में अग्रसर होने से ही संभव हो सकीं। आपने 'फर्दीनाद लिसा' का नाम सुना होगा। आप यह भी जानते होंगे कि स्वेज नहर उसी ने बनाई थी। इस नहर के महत्त्व का अंदाजा इसी बात से लगाया जा सकता है कि इसके बनने के बाद भारत और यूरोप के बीच की दूरी 8000 किमी कम हो गई। यह विचार सबसे पहले 'नेपोलियन बोनापाट' के दिमाग में आया था। हांलाकि, वह इसे क्रियान्वित होते नहीं देख सका, लेकिन यह विचार बीज फर्दीनाद लिसा ने ग्रहण कर लिया और सकारात्मक सोच से इसका पालन किया। इतने बड़े कार्य को संपन्न करने के लिए यद्यपि उनके मार्ग में अनेक कठिनाइयां आईं फिर भी कठिन श्रम करते हुए आखिरकार एक दिन उन्होंने नहर बनाने में सफलता प्राप्त कर ही ली।

लगभग सभी युवक कुछ-न-कुछ बनने का सपना देखते हैं, लेकिन हर कोई सफल क्यों नहीं हो पाता। एकाध घंटे की अवधि तक सकारात्मक विचार बनाए रखना आसान है, लेकिन पूरे दिन सकारात्मक सोचते रहें, यह कठिन है और हफ्तों-महीनों सकारात्मक सोच बनाए रखना, तो और भी कठिन है, लेकिन याद रखिए वे ही लोग महान और साहसिक कार्य कर पाते हैं जो अपनी सकारात्मक सोच को स्थायी रख पाते हैं। क्या आप मेडिकल कॉलेज में सकारात्मक सोच के द्वारा दाखिला ले सकते हैं? नहीं ले सकते हैं, जब तक कि आप के अंक बहुत उत्तम न हों, आप दाखिला नहीं ले सकते। मैंने बहुत से मेधावी युवकों को देखा है, जो इंजीनियरिंग कॉलेज छोड़ते समय तक बड़े उच्च विचारों वाले थे, लेकिन धीरे-धीरे निराशावादी हो गए और उन्होंने स्वयं को भाग्य के भरोसे छोड़ दिया। उन्होंने अपने आस-पास जो अकर्मण्यता और भ्रष्टाचार देखा उससे उनकी आशा बिल्कुल ही क्षीण हो गयी।

जब 'थॉमस अल्वा एडीसन' ने विद्युत बल्ब की खोज करने का प्रयास किया, तो कहा जाता है कि वे दस हजार बार असफल हुए। इतनी असफलताओं के बाद भी वे कैसे अपने कार्य को आगे जारी रख सके? उनके सकारात्मक सोच ने ही उन्हें आगे बढ़ने की प्रेरणा दी। वे जब भी असफल होते, हर बार यही कहते-अब मैंने एक और विधि जान ली है, जिसके जरिए विद्युत लैंप नहीं बनाया जा सकता। वे जितनी अधिक बार असफल हुए उनके साथियों में यह धारणा उतनी ही अधिक मजबूत बनती गई वे सनकी हो गए हैं, लेकिन लोगों का नकारात्मक रवैया एडीसन को हतोत्साहित नहीं कर सका। वे तो उस जहाज की तरह थे जो पानी में रहकर, पानी से घिरा होकर भी अपने अंदर पानी की एक बूंद को प्रविष्ट नहीं होने देता।

इतिहास गवाह है कि सफल लोगों ने हर परिस्थिति में खासकर कठिन परिस्थितियों के दौर में अलग-अलग तरीके अपनाकर अपने सकारात्मक सोच को बनाए रखा। ग्रीक लोगों के पास डल्फी में स्थित देववाणी थी। चीनी लोग परिवर्तन की पुस्तक में रेखांकित आइचिंग से परामर्श करते थे। आज भी बहुत से लोग ज्योतिषियों से परामर्श करते हैं और जब ज्योतिषि कहता है कि अमुक समय से अमुक महीने तक का वक्त आपके लिए खराब है और इसके बाद का समय आपके लिए ठीक है, तो उसके इस कथन से व्यक्ति के आत्मबल को सहारा मिलता है। ताबीज और जंतर-मंतर भी हमारे समाज के एक बहुत बड़े हिस्से में प्रचलित है। कुछ लोग अपनी भावना के अनुरूप काशी, गया, प्रयाग, पुरी आदि तीर्थ स्थानों की यात्रा करते हैं। व्यक्ति समुद्र पार करने अथवा किसी तीर्थ स्थल की यात्रा में आयी बाधाओं को पार करने में उसी का चुनाव करता है जो उसे उत्तम लगता है।

लक्ष्य व्यक्ति को आकर्षक बनाता है। एक लोहे की चौरस छड़ और चुंबक बाहर से एक-सी दिखाई पड़ सकती है, लेकिन चुंबक में एक भीतरी संगठन होता है। चुंबक में अणु उत्तर-दक्षिण दिशा में व्यवस्थित होते हैं। यह वह संगठन रूप है जिसके कारण चुंबक में आकर्षण शक्ति होती है।

जब आप एक लक्ष्य निश्चित कर लेते हैं, तो उसे पूर्ण करने के लिए आप आकाश-पाताल एक कर देते हैं। इसके लिए एक-दो दिन, एक-दो महीने नहीं, बल्कि जब तक आप लक्ष्य नहीं पा जाते, तब तक दम नहीं लेते।

> **प्रयास करने से ही सफलता मिलती है केवल इच्छा करने से ही नहीं। जिस प्रकार सिंह के मुख में मृग उसकी इच्छा मात्र से नहीं चला आत, उसे शिकार करना पड़ता है**
>
> **- नीतिशतक**

यह वह उद्देश्य या उपलक्ष्य है, जिसमें आप पूरी रुचि के साथ लगते हैं। यह सुनिश्चित उद्देश्य और यह बदलाव आप में भीतर से आता है।

'आत्मविश्वास कैसे प्राप्त करें' पुस्तक में लक्ष्य का विकास करने की विधि पर विस्तार से चर्चा की गई है। अल्पकालिक लक्ष्य पाना तो इतना सरल है, जैसे आप साईकिल की सवारी कर लें, बैडमिंटन खेल लें या कराटे में माहिर हो जाएं, लेकिन अपने जीवन का लक्ष्य निर्धारित करने से पूर्व आपके लिए यह उचित होगा कि आप अपने व्यक्तित्व, शैक्षणिक पृष्ठभूमि, पारिवारिक पृष्ठभूमि को भली-भांति जान लें। यह समझ लें कि ये सब आपके निश्चित उद्देश्य तक पहुंचने में सहायक होंगे भी या नहीं।

'अब्राहम लिंकन' अपने प्रारंभिक जीवन में जो कुछ भी करते उसमें उन्हें असफलता ही हाथ लगती थी। 1831 में वह व्यापार में असफल हुए। उस समय उनकी उम्र 22 साल की थी। 1832 में विधानसभा चुनाव हारे। 1833 में एक बार फिर वह व्यापार में असफल हुए। 1838 में कांग्रेस के अध्यक्ष के चुनाव में हार गए। 1843 में एक बार फिर कांग्रेस का चुनाव हार गए। इसके बाद उन्होंने 35 साल की आयु में विलियम एच के साथ वकालत करना शुरू किया। उन्होंने स्वयं कहा कि उन्हें सफलता तभी मिली, जब उन्होंने अपने काम से प्यार करना शुरू कर दिया और उसमें गहरी रुचि लेना शुरू कर दिया। 'चार्ल्स डारविन' एक संभ्रात चिकित्सक के पुत्र और पौत्र थे। उन्होंने इस पेशे को अपनाने का प्रयास किया, लेकिन रुचि के अभाव में छोड़ दिया। उन्होंने गिरिजाघर के सचिव बनने का प्रयास

किया, लेकिन बाद में यह विचार भी छोड़ दिया, क्योंकि इसमें भी उनकी रुचि विकसित नहीं हो सकी। बाद में जब उन्होंने महसूस किया कि उनकी गहरी रुचि प्राकृतिक इतिहास में है, तो इसी को उन्होंने अपने भविष्य का लक्ष्य बना लिया और सभी जानते हैं कि इस क्षेत्र में वे बेहद सफल हुए।

सफलता उन्हीं को मिल पाती है, जो जानते हैं कि कैसे प्रेक्षण किया जाता है और कैसे ध्यान से सुना जाता है। पंचतंत्र की अनेक कहानियों से प्रेक्षण का महत्त्व प्रतिपादित होता है। इन्हीं कहानियों में से एक में एक शेर अपनी गुफा में किसी जानवर को बुलाता है। समझदार जानवर शेर के बहकावे में नहीं आता। वह ध्यान से देखता है कि गुफा के भीतर प्रवेश करने वाले जानवरों के पैरों के निशान तो दिखाई पड़ रहे हैं, लेकिन गुफा से लौटने वाले जानवरों का कोई पदचिह्न नहीं हैं। उसके इस सटीक प्रेक्षण ने ही उसे बचा लिया। कहा जाता है कि एक बार फारस के बादशाह ने मुग़ल बादशाह अकबर को पत्र लिखा और बीरबल को अपने यहां दरबार में आने का आमंत्रण दिया। बीरबल जब फारस के बादशाह के दरबार में पहुंचे, तो यह देखकर आश्चर्य में पड़ गए कि वहां बादशाह सहित सभी दरबारी एक-सी वेश-भूषा में और शाही आसन पर विराजमान थे। फारस के बादशाह द्वारा यह उनकी चतुराई की पहली परीक्षा थी। रिवाज के मुताबिक बीरबल को दरबार में पहुंचने पर सर्वप्रथम बादशाह के सम्मुख सलाम अर्ज करना था। ऐसा न करना अभद्रता माना जाता। एक-सी वेश-भूषा में और एक से आसन पर बैठे बादशाह को पहचान लेना आसान न था, लेकिन बीरबल ने गलती नहीं की। वह सीधा बादशाह के समीप पहुंचा और उनके सम्मुख झुक कर सलाम किया। बादशाह अचंभित रह गया। उसने पूछा तुमने कैसे पहचाना? बीरबल ने कहा कि बहुत सीधी-सी बात है जहांपनाह! आपकी आंखे केवल मेरी गतिविधियां देखने में लगी थीं, जबकि बाकी दरबारी कभी मुझे और कभी आपको देख रहे थे।

अगर आप पूछें कि अधिकांश व्यक्ति जीवन में क्या चाहते हैं, तो आपको उत्तर मिलेगा कि अधिकांश व्यक्ति सफल, स्वस्थ, प्रसन्नचित एवं धनी बनना चाहते हैं। यह भी हो सकता है कि वे उस समय हताशा,

कुंठा, तनाव व अवसाद के शिकार हों। यदि आप स्वयं से तथा संसार से लगातार रूखे, चिड़चिड़े व नीरस हो रहे हैं, तो इसका अर्थ यह है कि आपने अपना लक्ष्य नहीं पाया। आप केवल नकारात्मक वातावरण पैदा कर रहे हैं। आपकी जीवन के प्रति वंदना व पीड़ा, जीवन के प्रति आपकी पहुंच पर भी निर्भर करती है। लोग अपनी ही विश्वसनीयता व त्वरित पहुंच के बल पर ही निर्धनता व असफलताओं से ऊपर उठते हैं। उन पुरानी नकारात्मक मानसिक व भावनात्मक लतों को त्याग दें, जो आपको नीचे की ओर धकेलती हैं। यह उन पुराने व तंग जूतों की तरह हैं, जो केवल तकलीफ ही दे सकती हैं। यह हम पर भी निर्भर करता है कि हम बेहतर भविष्य बनाने के लिए अपने विरुद्ध काम करने के बजाय अपनी शक्ति, बल व साहस का प्रयोग करें।

तीन चीजें कभी वापिस नहीं आतीं–आपके शब्द, आपका गुजरा हुआ समय और आपके द्वारा गंवाया हुआ अवसर।

निराशावादी लोगों में साहस नहीं होता। जीवन में जो लोग आत्महत्या करके मरते हैं, उनमें से अधिकांश निराशावादी होते हैं। ऐसा कौन है जिसके जीवन में संघर्ष नहीं है? जीवन तो नाम ही संघर्ष का है। कुछ लोग संघर्ष से घबरा कर जहर खा लेते हैं, डूब जाते हैं, जल जाते हैं। ऐसे संघर्षपूर्ण क्षण प्रत्येक व्यक्ति के जीवन में आते हैं, परंतु उनका सामना कैसे करना है वह आपके साहस और आत्मविश्वास पर निर्भर करता है। सच्चा योद्धा वही है जो सब प्रकार की निराशाओं और बाधाओं से जूझता हुआ ईश्वर पर पूर्ण विश्वास रखते हुए धैर्य और साहस के साथ अडिग खड़ा रहता है। बहुत से ऐसे लोग भी हुए जो अपने क्षेत्र में बहुत नाम कर सकते थे, पर वे कठिनाईयों और अपने आलोचकों की कटु आलोचना से निराश होकर कला की उपासना ही छोड़ बैठे। उन्होंने यह नहीं सोचा कि जीवन में संघर्ष तो आते ही हैं, परंतु अपनी अंतरआत्मा की आवाज पर चलते हुए ही आप सफलता की मंजिल पर पहुंच सकते हैं। ईश्वर में विश्वास रखते हुए अपनी अंतरआत्मा की आवाज को ईश्वर की ही प्रेरणा समझना चाहिए। अमेरिका में बाहर से आकर बसा एक संगीतकार, जो बहुत अच्छा वायलिन बजाता था, विश्व-भर में प्रसिद्ध हो गया, लेकिन जब वह अमेरिका आया तो

आलोचकों ने कहा कि यहां तो उससे अच्छे कई कलाकार हैं। ओलबुल नाम का वह साहसी कलाकार आलोचकों से घबराया नहीं। एक दिन के लिए भी उस कला साधक ने कला के प्रति अपना प्रेम और साहस नहीं छोड़ा। ईश्वर व स्वयं की शक्ति पर विश्वास रखते हुए वह अपनी साधना में लगा रहा। आज विश्व ओलबुल को जानता है। उसके समकालीन कलाकारों को नहीं, जिनका उसे आलोचकों ने भय दिखाया था। साहस मानसिक शक्तियों का नायक है। यह नायक ही हार जाता है, तो संपूर्ण निर्णय शक्ति समाप्त हो जाती है, उत्साह फीका पड़ जाता है, तर्क शक्ति मंद पड़ जाती है। यह तब होता है, जब मनुष्य के मन में शंका और भय भर जाते हैं, वह पूरी तरह निराश हो जाता है।

संघर्ष के क्षणों में अक्सर लोग हिम्मत हार कर बैठ जाते हैं। ऐसे बहुत से उदाहरण हैं, जिनमें वह उस समय हिम्मत हार बैठे, जब सफलता उनसे कुछ ही दूर रह गई थी।

बहुत से लोगों में निराशा इस हद तक बढ़ जाती है कि वह एक मानसिक रोग बन जाती है। इसी मानसिक रोग के कारण कुछ लोग आत्महत्या कर गुजरते हैं, तो कुछ लोग समाज विरोधी बन जाते हैं। समाज और कानून को वे अपनी असफलताओं का कारण मानते हैं और अपराध की डगर पर चल पड़ते हैं। वे परेशानियों और संघर्षों से नहीं घबराते, बल्कि अपना धैर्य, साहस, संयम और विवेक गंवा बैठते हैं और परिणामस्वरूप समाज में एक तस्कर, डाकू, चोर या लुटेरे के रूप में सामने आते हैं। इस प्रकार वे न सिर्फ स्वयं का जीवन नष्ट करते हैं, बल्कि समाज को भी हानि पहुंचाते हैं।

जिस समय आप पर निराशा हावी हो जाती है, उसी समय से आपकी सारी मानसिक शक्तियां दबने लगती हैं। प्रतिभा कुंठित हो जाती है और कार्यक्षमता घट जाती है। निराशा और असफलता से घबराकर उत्साह का खोना आपके मस्तिष्क में अंधेरा भर सकता है, जिससे आपकी निर्णय शक्ति क्षीण हो जाती है। फिर आप स्वयं अपने लिए

> बुद्धिमान व्यक्ति के लिये संसार की कोई भी परिस्थिति निराशाजनक नहीं हो सकती।
> – मा॰स॰ गोलतलकर

कांटे बो लेते हैं और ऐसे गलत निर्णय ले लेते हैं, जो आपके लिए बहुत हानिकारक सिद्ध होते हैं।

एक प्रसिद्ध उद्योगपति ने लिखा है कि एक कारखाने में जब वह टाट-बोरे सप्लाई करने जैसा मामूली काम करता था, तब उस कारखाने के मैनेजर ने उसको अपमानित किया और भाग्यहीन कह दिया। उसे यह बात बहुत बुरी लगी। उस समय उसने क्रोध में मैनेजर से कह दिया कि मैं भाग्यहीन नहीं हूँ। मैं पुरुषार्थ करना जानता हूं। मैं इस कारखाने जैसा ही अपना कारखाना लगा सकता हूँ और सचमुच ऐसा ही हुआ, उसने नया कारखाना बाद में लगाया, पहले उसी कारखाने को खरीदा जहां के मैनेजर ने से अपमानित किया था। स्टाफ सहित कारखाना खरीदने के कारण वह मैनेजर भी अब उसका नौकर बन चुका था। महीनों तक उस मैनेजर ने उसके सामने दृष्टि नहीं उठाई और कई बार क्षमा भी मांगी। बात तो मामूली-सी थी, परंतु उसके दिल को लग गई थी।

हम क्या हैं, यह तो नहीं जानते, लेकिन जो जान लेते हैं वे महान बन जाते हैं। गांधी जी ने जान लिया था, लिंकन, नेपोलियन, सिकंदर और सुभाष चंद्र बोस ने जान लिया था। दयानंद, विवेकानंद, ईसा मसीह, मोहम्मद साहब और कृष्ण ने भी जान लिया था इसलिए वे महान बन गए। जो खुद को ही नहीं जान सकता, वह सृष्टि को कैसे जान सकेगा? सबसे जरूरी स्वयं को पहचानना, जब तक मनुष्य स्वयं को नहीं पहचानेगा, तब तक वे सृष्टि के रहस्यों को भी नहीं जान सकेगा।

ज्ञान की पिपासा लिए, भारत के बाल ब्रह्मचारी युवा संन्यासी स्वामी दयानंद जब मूलशंकर थे, स्वामी बिरजानंद की कुटी पर पहुंचे और दरवाजा खटखटाया तो अंदर से अंधे, किंतु वेदों के प्रकांड पंडित स्वामी बिरजानंद ने उनसे पूछा-'कौन है?'

मूलशंकर ने उत्तर दिया, 'मैं कौन हूं, यही तो जानने आपके पास आया हूं।' कितना सारगर्भित उत्तर था। दयानंद को ज्ञान की भूख थी। वे ऊँचाइयों को ढूढ़ रहे थे। उन्होंने ढूढ़ ली और ऊँचे उठ गए।

जीवन में सफलता पाने के लिए यह परम आवश्यक है कि आप आत्मनिरीक्षण करके यह ज्ञात करते रहें कि लोगों में आपके प्रति क्या धारणाएं हैं। लोग आपको कितना पसंद करते हैं और कितना नापसंद।

आप सहज ही यह पता लगा सकते हैं कि लोगों के विचारों का पता उनके व्यवहार और बातों से चल जाता है। फिर आप एकांत में बैठकर चिंतन-मनन करने की आदत डालिए। रात्रि में सोने से पूर्व यदि आप अपना निरीक्षण करें और देखें कि दिन-भर में आपने क्या-क्या गलतियां की हैं, तो बहुत-सी भूलों को आप सुधार सकते हैं तथा दोबारा ऐसी गलतियां करने से बच भी सकते हैं। अपनी भूलों पर कुढ़िए नहीं और न पश्चाताप के आंसू बहाइए, बल्कि यह सोचिए कि अब भविष्य में वैसी भूल से कैसे बचा जा सकता है?

आत्मनिरीक्षण से पता चलेगा कि आप कितने लोकप्रिय अथवा बदनाम हैं? आप कितने सफल हैं या असफल? आपमें कितने गुण हैं और कितने अवगुण? अपने अवगुणों को छोड़िए, उन्हें त्यागिए। जो भी बुरी लतें हैं, उन्हें छोड़ दीजिए और अच्छी आदतें डालिए। आप में जो अच्छी बातें हैं, अच्छी आदतें हैं, अच्छे गुण हैं उनका विकास कीजिए।

आत्मविश्वास और परिश्रम के बल पर आप उन गुणों को बढ़ाकर महान बन सकते हैं। बिना आत्मनिरीक्षण के कभी भी आपको यह पता नहीं लग सकता कि आप क्या बनना चाहते हैं। जब तक आप यही नहीं जानेंगे तब तक आगे कैसे बढ़ेंगे? पहले यह जानिए कि आप क्या चाहते हैं? क्या बनना

> **जिसके मन में संदेह है, उसे कहीं ठिकाना नहीं। उसका विनाश निश्चित है। वह रास्ते पर चलते हुये भी नहीं चलता, क्योंकि वह जानता ही नहीं कि मैं कहाँ हूँ?**
> **- महात्मा गाँधी**

चाहते हैं? आपकी महत्त्वकांक्षाएं क्या हैं? अपने जीवन को किस रूप में ढालना चाहते हैं। इन प्रश्नों का उत्तर कोई दूसरा व्यक्ति देने नहीं आएगा। आप स्वयं से ही प्रश्न करें और स्वयं उत्तर दें। अपने मन का कोना-कोना झांकें और पता लगाएं कि क्या बनने की आप में प्रबल इच्छा और महत्त्वाकांक्षा है। अपने आपको पहचानिए कि आप क्या हैं। अपनी शक्तियों को तौलकर देखिए। आप देखेंगे कि आप में महानता छुपी पड़ी है और अपनी शक्तियां देखकर आप आश्चर्य में पड़ जाएंगे, जिनका आपने कभी प्रयोग ही नहीं किया। आपकी प्रतिभा पर धूल जमी

आत्मविश्वास सफलता का आधार

है, उसे साफ कीजिए, निखारिए, चमकाइए फिर देखिए कि कैसे आप आत्मविश्वास और परिश्रम के सहारे आगे बढ़ते जाएंगे, पर यह सब तभी संभव है, जब आप आत्मनिरीक्षण करके अपने बारे में जानकारी प्राप्त कर चुके होंगे।

बहुत से लोगों को यह भ्रम रहता है कि वे जो भी कहते हैं, उसे हर जगह सराहा जाता है। उनकी बातों को सभी के द्वारा पसंद किया जाता है। वे कभी गलत नहीं कह सकते और न ही त्रुटियां करते हैं, जबकि वास्तविकता यह होती है कि समाज में सब उनकी निंदा करते हैं, उनकी हर बात और कार्य त्रुटिपूर्ण होता है। वो बात अलग है कि लोग उनके मुंह पर उनकी आलोचना नहीं करते इसलिए उन्हें वास्तविकता का पता नहीं चलता और वे गलतफहमी का शिकार हो जाते हैं। अत: उन्हें यह पता ही नहीं चलता कि उनके बारे में लोगों की क्या धारणा है। यही पता लगाने के लिए आवश्यक है आत्मनिरीक्षण। स्वयं को तटस्थ होकर देखिए, फिर आत्मालोचना कीजिए और अपने अंदर जो भी कमियां देखें उन्हें दूर करने का प्रयास कीजिए।

अपने रास्ते की बाधाओं को हटाते हुए निरंतर, आगे बढ़ते रहिए, अपने आपको कभी हीन मत समझिए। अपनी शक्ति पर भरोसा रखिए। आप असाधारण हैं, आप परमपिता ईश्वर की संतान हैं। आपमें ईश्वरीय गुणों का भंडार भरा पड़ा है। आपके पास अपार शक्तियों का भंडार है। जरूरत है तो केवल उन्हें पहचानने की, उन्हें प्रयोग में लाने की। अगर पैनी धार वाली तलवार भी मिट्टी में पड़ी रहे, तो उसमें भी जंग लग जाता है। उसकी धार कुंद हो जाती है। आप भी अपनी प्रतिभा को कुंठित मत होने दीजिए। आप उस धार को पैनी रखिए। अपनी योग्यता और शक्तियों को सुप्त मत रहने दीजिए। जागृत कीजिए और प्रयोग में लाइए। आपमें जिस गुण की कमी है, उसे पाने की कामना कीजिए। उसे अपने अंदर भरने की कोशिश करने के साथ ही यह कल्पना करें कि आपमें वह गुण आ चुका है और आप उसका उपयोग अपने जीवन में कर रहे हैं और आप विश्वास कीजिए कि वह गुण सचमुच आपके व्यक्तित्व का हिस्सा बन जाएगा। प्रतिज्ञा एक शक्ति है, जो शब्द दृढ़-विश्वास और

आत्मविश्वास के साथ कहे जाते हैं वे प्रभावशाली होते हैं। लोगों पर वे अपनी छाप अवश्य छोड़ते हैं। विश्व में अनेक विचारकों ने बहुत सी-बातें कही और लिखी हैं। जिन्होंने अपनी बातें तर्कों के साथ कहीं वे कम प्रभाव डालती हैं, क्योंकि जिन्हें तर्कों, मिसालों या दलीलों का सहारा लेना पड़ा, उनमें आत्मविश्वास नहीं था। विश्वासपूर्वक और दृढ़ता से कहे गए शब्दों का ही प्रभाव होता है। आत्मविश्वासी को दलीलों और तर्कों की जरूरत नहीं होती। विश्वासपूर्वक कहे गए शब्दों पर शक करने की गुंजाइश नहीं होती। आप जो भी कहें, पूरे आत्मविश्वास के साथ कहें। आपका कोई शब्द आत्मविश्वास से खाली न हो। जब आप कहें कि आप अमुक काम को करने की कोशिश करेंगे या करने की सोचते हैं तो समझें कि उसमें संदेह की गुंजाइश नहीं है। आप दृढ़ शब्दों में कहें, मैं कर सकता हूं, मैं करने में सफल होऊंगा। मैं निश्चित रूप से इसे कर दूंगा। आपके दिल में सदा विश्वास भरा होना चाहिए। आप ईश्वर के अंश हैं। उसी ईश्वरत्व का आपको विकास करना है जिसे आप कर सकते हैं। जब कर सकते हैं तो क्यों नहीं करते। आज ही से कीजिए।

सफलता उसी को मिलती है, जिसे सफलता पर विश्वास होता है। आत्मविश्वास के बिना तो ईश्वर या देवता भी आपकी सहायता नहीं कर सकते। जीवन में महान कार्य वह लोग ही करके दिखा सकते हैं, जो दृढ़-आत्मविश्वासी हैं। जिन्हें अपनी शक्ति पर विश्वास नहीं है वह कुछ नहीं कर सकते। आत्मविश्वासी लोग जीत की ओर, प्रगति की ओर बढ़ते हैं। संदेहशील और शंकालु लोग पिछड़ जाते हैं। बहुत से लोग अपने आत्मविश्वास की शक्ति से असंभव लगने वाले कार्यों को संभव करके विश्व को आश्चर्यचकित कर देते हैं।

आपको अपनी शक्ति और अपनी जीत का विश्वास होना चाहिए फिर जीत निश्चित है और इसी विश्वास के डगमगाने पर हार निश्चित है। विश्वास की शक्ति के चमत्कार बहुत बार देखने को मिलते हैं। एक मनोवैज्ञानिक ने एक साधारण व्यक्ति को हिप्नोटाइज्ड करके उसके द्वारा इतना बोझ उठवा दिया कि कई शक्तिशाली लोग मिलकर भी जिसे न उठा सकें। यह शक्ति कोई मनोवैज्ञानिक नहीं दे सकता, यह शक्ति तो व्यक्ति की अपनी शक्ति है। मनोवैज्ञानिक तो केवल उसे उभारकर बाहर

लाने का कार्य करता है। आत्मविश्वास बढ़ता है, तो कार्यशक्ति भी बढ़ती है। आत्मविश्वास घटता है, तो कार्य शक्ति घटती है। अनेक महापुरुष ऐसे हुए हैं, जिन्होंने आत्मविश्वास के कारण अद्भुत कार्य कर दिखाए हैं। लिंकन आत्मविश्वास के कारण ही अमेरिका के राष्ट्रपति बन गए थे। जो लोग आत्मविश्वास की शक्ति के साथ आगे बढ़ते हैं, लोग उनके सामने से स्वयं हट जाते हैं। कोई भी उनका मार्ग नहीं रोक सकता। विश्वास की शक्ति के सहारे ही तो पियरे ने उत्तरी ध्रुव की खोज की थी। बर्फ ऐसी कि शरीर जम जाए, लेकिन पियरे में आत्मविश्वास कूट-कूट कर भरा था। उसे उसके निश्चय से कोई नहीं डिगा सका, साथियों ने उससे बगावत कर दी, जहाज भी धोखा दे गया। कई अड़चनें आईं लेकिन पियरे नहीं घबराया। वह मंजिल पर पहुंच ही गया। जिनका आत्मविश्वास जाग उठता है वह असंभव कार्य को भी संभव कर दिखाते हैं। विश्वास की शक्ति महान है, वह तो पहाड़ों को हिला देती है। पर्वतों में राहें बनाती है। दर्रे बना देती है। आत्मविश्वास की ही शक्ति थी कि एक प्रेमी फरहाद ने पहाड़ काटकर नहर बना दी। यह भी आत्मविश्वास का ही चमत्कार था कि मजनू आग में चला और फ्रांस में एक ग्रामीण बालिका महान स्वतंत्रता सेनानी बनी। जिसने फ्रांस की स्वतंत्रता में योगदान दिया। पशु चराने वाली एक अशिक्षित और ग्रामीण लड़की इतनी महान कैसे बन गयी? यह केवल आत्मविश्वास की शक्ति का ही चमत्कार था।

बहुत से लोग अपनी शक्तियों से या तो परिचित नहीं होते या उन्हें उन पर पूर्ण विश्वास नहीं होता, यही कारण है कि वह आगे नहीं बढ़ पाते। यदि उन्हें अवसर मिल जाए अपनी शक्तियों के प्रदर्शन का तो वह चमत्कार कर सकते हैं। अवसर लिए जाते हैं, प्राप्त किए जाते हैं, बस हमारे अंदर आत्मविश्वास होना चाहिए, अपनी शक्ति की पहचान होनी चाहिए। आशंका ही तो असफलता को बुलावा देती है। अविश्वास और असफल होने का डर हमें कभी भी आगे नहीं बढ़ने देता। संदेह और आशंका को दिल से निकालकर जीवन को बदल डालिए।

एक गरीब नवयुवक था। वह जब बीस साल का था, तब उसकी माँ मर गई। इक्कीसवें साल में पिता मर गया। चाचा ने पालन पोषण किया

तो वह बीमार पड़ गए। उसे वहम हो गया कि वह मनहूस है। उसे घर से निकाल दिया गया। जब वह नौकरी की तलाश में दर-दर भटक रहा था, तो एक शाम दुर्घटनाग्रस्त हो गया। घायल होकर कई दिन अस्पताल में पड़ा रहा। अस्पताल से निकला तो उसे नौकरी मिली, पर दो दिन बाद ही चोरी का इल्ज़ाम लग गया। वह परेशान हो गया और बार-बार सोचने लगा, क्या वह सचमुच इतना मनहूस है। उसके मन में शंका आ गई और वह बहुत रोया। उस दिन के बाद, रात को पार्क में सो रहा था, तो पुलिस पकड़ कर ले गई। उसे चोर बताकर मुकदमा चला। जेल जाने पर प्रमाण के अभाव में, छूट गया। अचानक ही उसने अपने मन से यह भावना निकाल दी कि वह मनहूस है। उसने अपने मन में अच्छे विचार लाना शुरू कर दिए और मजदूरी करने लगा। कुछ पैसे जुटाकर उसने एक दुकान खोल ली और कारोबार बढ़ाता गया। वह मनहूस युवक मैनचेस्टर की सबसे बड़ी कपड़ा मिल का मालिक बन गया। अगर वह अपने मन में इस बात का विश्वास जमाए रखता कि वह मनहूस है, तो क्या वह सफलता प्राप्त कर सकता था? मनुष्य के जीवन में घटने वाली घटनाओं को भाग्य का प्रतीक मानकर हम अपनी सफलता का मार्ग स्वयं बंद कर लेते हैं।

> **आत्मविश्वासी व्यक्ति समुद्र में जहाज नष्ट हो जाने पर भी तैर कर उसे पार कर लेता है।**
> — **चाणक्य**

जीवन में घटने वाली किसी भी घटना का भाग्य से कोई संबंध नहीं होता। घटनाएं होती रहती हैं, पर इन घटनाओं के प्रभाव में आकर अपना आत्मविश्वास नहीं खोना चाहिए। आत्मविश्वास बनाए रखें, घटनाएं तो घटती ही रहेंगी, वह तो जीवन का हिस्सा है। जब तक आपका आत्मविश्वास है, तब तक आप बराबर कार्यरत रहेंगे। वास्तव में आप अपने भाग्य का स्वरूप स्वयं निर्धारित करते हैं। अगर हमें अपने आप पर विश्वास है, तो हम उस सारथी के समान हैं, जो तमाम शक्तियों को अपने नियंत्रण में रख सकता है। आपने कई किस्से-कहानियां सुनी होंगी। इनमें से एक किस्सा हातिमताई का मशहूर है।

कहा जाता है कि हातिमताई को देखकर पहाड़ और नदियां तक रास्ता

छोड़ देते थे। पता नहीं इस बात में कितनी सच्चाई है, पर यह सौ फीसदी सच है कि अपने आत्मविश्वास के बल पर मनुष्य मुसीबतों के पहाड़ और दु:खों की नदियों के बीच भी रास्ता बना सकता है। दु:ख और मुसीबतों की नदियाँ और पहाड़ आत्मविश्वास के आगे झुक जाते हैं इसलिए अपना आत्मविश्वास कायम रखिए। सफलता आपके पास आकर रहेगी। केवल आत्मविश्वास ही आपका जीवन बदल सकता है। दुनिया के इतिहास में इसके सैकड़ों प्रमाण भरे पड़े हैं। आत्मविश्वास मनुष्य को सफलता की उच्चतम् श्रेणी तक ले जाता है।

जीवन में कुछ ऐसे संकल्प होते हैं, जिनको बार-बार दोहराना चाहिए—

- मैं सबसे गौरवशाली बनूंगा।

- मैं जीवन में और अधिक सफलता पाऊंगा। मैं जानता हूं कि मैं पा सकता हूं।

- मैं संकट आने पर हिम्मत नहीं हारूंगा, बल्कि दुगुनी शक्ति एवं गति से काम करूंगा, इस प्रकार मैं प्रत्येक संकट को सुखद परिस्थिति में बदल डालूंगा।

- मैं उन्हीं कार्यों, पदार्थों तथा सफलताओं की आकांक्षा करूंगा, जिनसे मनुष्य जाति सत्य एवं स्वाधीनता के मार्ग पर प्रगति कर सके।

- मेरे शब्द उत्साहजनक, साहसप्रद, स्फूर्तिदायक, प्रेरणाप्रद तथा हर्षप्रद होंगे।

- मैं सदा जनहित के कार्य करूंगा।

अपने जीवन में प्रतिज्ञा की असीम शक्ति को जानना आवश्यक है। संसार के गौरवशाली दार्शनिकों, विचारकों एवं लेखकों को कभी भी प्रमाणों से अपनी बात सिद्ध करने की आवश्यकता नहीं पड़ी। उनका आत्मविश्वास ही उनकी सबसे बड़ी दलील होती है। यदि अपनी बात सिद्ध करने के लिए वह भी युक्तियों का सहारा लेते, तो शायद लोग उनका विश्वास नहीं करते।

हमेशा याद रखिए दुनिया खुद नहीं बदलती, दुनिया को बदलना पड़ता है। दुनिया में कोई ऐसा कार्य नहीं है, जो मनुष्य के लिए असंभव

हो। मनुष्य के लिए सब कुछ संभव है। आज इस बात के सारे प्रमाण मौजूद हैं कि दुनिया की कोई भी वस्तु ऐसी नहीं है, जो मनुष्य प्राप्त नहीं कर सकता। अगर उसमें आत्मविश्वास और दृढ़ संकल्प जैसी शक्तियां हैं, तो वह सब कुछ कर सकता है। साहस और संकल्प का बेहतरीन उदाहरण है कि एक बार एक सिपाही नेपोलियन के पास इतनी तेज गति से घोड़े पर बैठ कर संदेश लाया कि नेपोलियन के सामने ही उसका घोड़ा, उसके उतरते ही गिर कर मर गया, पर उस सिपाही ने विचलित हुए बिना सीधे नेपोलियन के हाथ पर ले जाकर संदेश रख दिया। नेपोलियन ने तुरंत जवाब लिखा और बोला अभी लेकर जाओ। सिपाही संदेश का जवाब लेकर मुड़ा, मरे घोड़े को एक क्षण देखा फिर आगे बढ़ गया। नेपोलियन ने उसे आवाज दी, वह रुक गया। नेपोलियन ने कहा, 'तुम मेरा घोड़ा लेकर जाओ।' सैनिक अचकचा गया। नेपोलियन का घोड़ा फ्रांस का सर्वश्रेष्ठ घोड़ा था। सैनिक कुछ हिचकिचाया, 'नहीं, तुम मेरा घोड़ा लेकर जाओ।' वह सिपाही नेपोलियन के ही घोड़े पर गया। जब वह वापस लौटा तो उसे कैप्टन बना दिया गया। मनुष्य को उसकी कर्मठता का पुरस्कार इसी प्रकार अचानक मिलता है। घोड़ा गिर कर मर गया, पर वह घुड़सवार जरा भी विचलित नहीं हुआ। उसने सबसे पहले नेपोलियन को पत्र दिया। यही उसकी कर्मठता का प्रमाण था। जब तक आप एकाग्र मन से इसी प्रकार कर्मठ बने रहेंगे, तब तक आपको सफलता मिलना कठिन नहीं होगा। आपको अपना आत्मविश्वास पूरा बनाना ही होगा।

यह सच है कि आप जो चाहे, सो पाएं, पर उसके लिए कुछ जरूरी शर्तें हैं। उनको पूरा किए बिना आप अपनी मनचाही चीज हासिल नहीं कर सकते। आपके सामने बना-बनाया भोजन आता है। आपको भूख लगती है। आप भोजन करना भी चाहते हैं, लेकिन क्या भोजन बिना आपके हाथ लगाए स्वयं उठकर आपके मुँह में चला जाएगा। नहीं, इसके लिए आपको अपने हाथों का सहारा लेना ही होगा, तभी आप खा सकेंगे।

 आत्मविश्वास सफलता का आधार

इतना परिश्रम तो आपको करना ही पड़ेगा। हरेक काम की पूर्ति के लिए कुछ-न-कुछ मेहनत जरूरी है। इसके बिना आपका काम नहीं हो सकता। हमारे चारों ओर का वायुमंडल, हमारे विचार, हमारे संकल्प, हमारे भाव, हमारी अवस्था और स्वयं जो कुछ है, यह सब तो हमारा बनाया है। इसका निर्माण किसने किया है। इसके निर्माता हम ही हैं। हम अपने मन में जो सोचते हैं वह बाद में साकार रूप ले लेता है। जो कुछ बोलते हैं, फिर उसे करते भी हैं। हमें चाय पीने की इच्छा हुई, मन में विचार आया और बोलकर इच्छा व्यक्त की, तब चाय आई और आप उसे पी सके अर्थात जो कर्म है वह मुख्य है। आप स्वयं सोच लें कि कर्म की महत्ता क्या है। अगर कर्म न करें तो उसका परिणाम क्या होगा। आम के पेड़ के नीचे लेटकर सोचना कि एक आम आपके मुंह में आ गिरे तो खाएं, यह विचार ठीक है या अपने हाथ से लपककर तोड़कर खा लेना अच्छा है। पहला तरीका भाग्यवादियों का है। दूसरा रास्ता कर्मठ लोगों का है। अब यह आप पर निर्भर करता है कि आपको जो चाहिए, वह आपको कैसे मिले? अक्सर आपने लोगों को कहते सुना होगा कि 'अरे, उसकी क्या बात करते हो। वह तो मिट्टी छूता है, सोना हो जाता है।' आखिर किसी व्यक्ति के बारे में इस प्रकार की धारणा क्यों बन जाती है? क्या सचमुच उसके हाथ में ऐसा कोई जादू होता है? ऐसी बात नहीं है। अगर आप निकट से उस व्यक्ति का जीवन देखें, तो आपको पता चलेगा कि उसमें कुछ खास बातें हैं। सबसे पहली बात तो आप यह पाएंगे कि वह व्यक्ति जिस काम में हाथ डालता होगा, उसे पूरा करके ही रहता होगा, दूसरी बात, हरेक काम वह सोच-समझकर और पूरे मानसिक संतुलन के साथ ही करेगा। यह भी आप देखेंगे कि वह अपने समय का हमेशा सदुपयोग करके अपना एक पल भी वह व्यर्थ नहीं गंवाता होगा साथ ही अपने वचन का पक्का होगा। यही वह गुण हैं जिनके कारण वह मिट्टी को सोना बना देता है। क्या आप ऐसा नहीं कर सकते? बिल्कुल कर सकते हैं, बस आपको अपनी क्षमता को पहचानना होगा। आपके पास भी वही क्षमता है जो सफल लोगों के पास है। बस अंतर इतना है कि आप अपनी क्षमता का प्रयोग नहीं कर पा रहे हैं। आप में और उस व्यक्ति में यही फर्क है। आप भी उसकी ही तरह आस्था, दृढ़निश्चय, आत्मविश्वास,

लगन, धैर्य के साथ कठोर परिश्रम करें, सब मुमकिन है। इस विश्व में सब कुछ है। केवल कर्महीन पुरुष ही उसको हासिल नहीं कर पाते। कर्म से वंचित पुरुष ठूंठ के समान हैं। वह पेड़ तो हैं, पर हरियाली नहीं है इसलिए कि वह पेड़ों को खाद पानी नहीं देते। जीवन में सफलता का यही रहस्य है। अपने लक्ष्य की ओर लगातार ध्यान रखना। हमेशा उसका चिंतन करने से बहुत कुछ इच्छाएं पूरी की जा सकती हैं। अपनी शक्तियों को जागृत कर, संचित कर, उचित विधि से उनको इस काम के लिए नियोजित कर दीजिए। फिर कोई आधार नहीं है कि आपको कामयाबी हासिल न हो और नाकामयाबी का मुख देखना पड़े।

यह सफलता की निश्चित कुंजी है। इस पर आप प्रयोग करके देखें। जब तक आप ऐसा न ही करेंगे, आपको जीवन में अपनी इच्छित वस्तुएं प्राप्त नहीं हो सकेंगी और न ही आपकी आकांक्षाओं की पूर्ति होगी। इतिहास के पन्नों पर यह बात प्रमाणित है कि विश्व के अनेक स्थानों पर कभी मरुस्थल था, पर आज वहां पर हरियाली लहरा रही है। कुछ मनुष्यों के सद्प्रयासों से वहां कायाकल्प हो चुका है। अपने इन प्रयासों के द्वारा वहां धन-संपदा का अथाह भंडार भर गया है। मनुष्य का अन्त:करण भी एक ऐसा मरुस्थल है, जिसमें अनंत शक्तियों का भंडार छिपा पड़ा है। जरूरत केवल इस बात की है कि अन्त:करण के इस छिपे भंडार को मनुष्य खोज निकाले। जिस प्रकार पृथ्वी के गर्भ से स्वयं मनुष्य ने इनको खोज निकाला है। पृथ्वी के गर्भ से मनुष्य संपदा निकाल सकता है, तो क्या अपने अंत:करण की संपदा को वह नहीं निकाल सकता। यही इस संबंध में मुश्किल है। अगर मनुष्य अपने ही अंत:करण की संपदा को बाहर निकाल कर उसका सदुपयोग करना सीख जाए तो क्या नहीं कर सकता। मनुष्य बहुत कुछ कामनाएं रखता है। यह चाहिए, वह चाहिए पर जो कुछ वह चाहता है, उसमें से कितना है जो वह पूरा कर पाता है। शायद नहीं के बराबर। जो चाहें सो पाएं वाली बात इस वजह से आश्चर्यजनक लग सकती है कि भला यह कैसे संभव है कि हम जो चाहें वो हमें मिल जाए, हो सकता है कि अधिकांश लोगों को इस पर विश्वास न हो, पर दुनिया के एक नहीं लाखों दृष्टांत इस बात के प्रमाण हैं।

किसी चमत्कार या जादू के बल पर नहीं, बल्कि अपने अंत:करण

की शक्ति के आधार पर संभव हो सका। भाग्य या अवसर की प्रतीक्षा करने वाले लोगों को चिंतकों और मानव-ज्ञान शास्त्रियों ने निकम्मा और मूर्ख माना है। भाग्य और अवसर नाम की कोई चीज नहीं होती। जब भाग्य होगा, अपने आप काम बन जाएगा या अभी अवसर कहां आया है? अवसर आते ही सारा काम अपने आप बन जाएगा। इस तरह की भावनाएं केवल अपनी असफलता पर पर्दा डालने की कोशिश होती हैं। इस तरह हम अपनी कमजोरियां दिखाते हैं।

जो कर्मयोगी हैं, वह कभी इस बात का इंतजार नहीं करते। धनकुबेर रॉकफेलर के अनुसार मैंने कभी भाग्य और अवसर की प्रतीक्षा नहीं की। जब भी काम का विचार मन में आया, काम आरंभ कर दिया। मैंने अपने जीवन के हर पल को भाग्य और अवसर माना है इसलिए भाग्य या अवसर की प्रतीक्षा करना अपनी सफलता को पीछे फेंकने जैसा है।

संभव है, तब तक इतना समय निकल जाए कि आप चाहकर भी सफलता हासिल न कर पाएं। कभी-कभी मनुष्य भाग्य के चक्कर में अपने जीवन को दु:खों से भर लेता है। मैं एक ऐसे व्यक्ति को जानता हूं, जिसे अपने राशिफल पर अंधविश्वास था। रोजाना वह समाचार पत्र में अपना राशिफल देखता था और उसी के अनुसार अपनी दिनचर्या तय करता था। एक दिन उसने अपने राशिफल में दुर्घटना की संभावना को पढ़ा। उस दिन उसका बेटा बीमार पड़ गया और डॉक्टर ने फौरन दवाई लाने को कहा लेकिन दवाई वाले की दुकान बहुत दूर थी और बिना वाहन वह जा नहीं सकता था इसलिए उसने पड़ोसी की सहायता ली। पड़ोसी चला तो गया, पर उसने अपने काम भी पूरे किए। पड़ोसी को इस चक्कर में पर्याप्त विलंब हो गया और उसका लड़का दवाई के अभाव में मर गया। राशिफल के वहम ने एक व्यक्ति की जान ले ली। इसी प्रकार हम भी भाग्य और अवसर की प्रतीक्षा में अपनी सफलताओं की जान ले लिया करते हैं। अपना जीवन हमेशा के लिए दु:ख भरा बना लेते है इसलिए भाग्य या अवसर का इंतजार न करके आप अपना काम आरंभ कर दें। एक सीधी-सी बात है, यदि आप खेत में बीज डालें और इसके बाद सिंचाई, निराई, गुड़ाई, खाद, पानी वगैरह न दें तो क्या होगा? क्या वह

बीज पनप पाएगा? नहीं। उसी प्रकार मन के खेत में भी जब आप इच्छा रूपी बीज डालते हैं और उसके लिए उपरोक्त ढंग से व्यवस्था न करें, तो इसका फल क्या मिलेगा? आप स्वयं निष्कर्ष निकाल लें। सत्य है कि इच्छामात्र से मनुष्य का काम कभी नहीं बनता, फिर आपको अपनी असफलता का रोना नहीं रोना होगा। जब तक आप कार्यरत, क्रियाशील न होंगे कुछ न होगा। बिना प्रयास किए कोई बदलाव आज तक नहीं हो पाया। जब तक आप पूरी रूपरेखा बनाकर कार्यमग्न न हों, तो वह पूरा कैसे हो सकता है? आपने एक मकान की इच्छा की, एक मकान चाहा, उसे आप कैसे पाएंगे? क्या मात्र आपने कागज पर नक्शा बना लिया और मकान हो गया। ऐसा असंभव है क्योंकि पहले आप नक्शा बनाएंगे फिर जरूरी धन एकत्रित करेंगे और उसके बाद मकान बनेगा। केवल कल्पना कभी साकार रूप ध रण नहीं कर सकती। मनोविज्ञान के सिद्धान्तों से स्पष्ट है कि किसी पदार्थ की ओर मनुष्य का मन लग गया, उसकी शारीरिक और मानसिक शक्तियां लग गईं तो वह पदार्थ अपने आप उसकी ओर खिंचने लगता है, आकर्षित होने लगता है। हरेक मनुष्य का आकर्षण भिन्न-भिन्न होता है। अगर किसी की रुचि भोग विलास, राग-रंग, सिनेमा, नाच गाने में है, तो वह जिस शहर में जाएगा, अपने मनोनुकूल जगह खोज ही लेगा। जिसकी रुचि पुस्तकालय, सैर-सपाटे आदि में है, वह भी तद्नुसार स्थान खोज लेगा। इस प्रकार मनुष्य के मन में जिस बात का आकर्षण होता है, वह उसी स्थान की ओर जाता है। हरेक वस्तु एक दूसरे को आकर्षित करती है। परस्पर आकर्षण पर ही मनुष्य की संपूर्ण क्रियाएं चल रही हैं। प्रकृति भी इसी आधार पर क्रियारत है। एक ग्रह दूसरे को आकर्षित करता है। संपूर्ण ब्रह्मांड आकर्षण के ही सिद्धांत पर नाच रहा है। यह आकर्षण शक्ति का ही करिश्मा है कि जैसा हम सोचते हैं, वैसे बन जाते हैं। जैसी हम इच्छ करते हैं, वैसा पाते हैं। जब निराशा के कारण हम अपनी आंतरिक शक्तियों को कुंठित कर देते हैं, तो हमें उसका वैसा ही फल मिलता है। बहुत से लोग दूसरों पर निर्भर रहते हैं। जब भी कोई नई बात उनके दिमाग में आती है, उसे पूरा करने में वह अपने हर ओर संसाध

आत्मविश्वास सफलता का आधार

नों की कमी-ही-कमी महसूस करते हैं। पूंजी की कमी, सुविधाओं की कमी आदि के बारे में सोचते-सोचते ही अपनी योजनाएं स्थगित कर बैठते हैं और जीवन से निराश हो जाते हैं। अभावों के नाम पर वह हाथ-पर-हाथ रखकर बैठ जाते हैं और अपना समस्त जीवन असफल कर बैठते हैं।

किसी कार्य में असफल होने पर भाग्य को दोषी न मानकर पूरी शक्ति और निष्ठा के साथ अपने लक्ष्य की प्राप्ति में जुट जाइए और अपनी आंख अर्जुन की भांति सिर्फ अपने लक्ष्य पर केंद्रित रखिए। एकाकीपन, भय, संकोच, भावुकता तथा हीनभावना जैसे अवगुणों को अपने पास फटकने भी न दें।

अपनी लगन, इच्छा व परिश्रम पर निराशा व आलस्य की छाया भी न पड़ने दें।

सफलता पाने के लिए समय के महत्त्व को समझें। उसका एक-एक पल उपयोग में लाएं।

हर इंसान के जीवन में एक बार सुअवसर जरूर दस्तक देता है। उस क्षण को पहचान कर उसका लाभ उठाने का प्रयत्न करें। यदि एक बार सफल न हो पाएं, तो पछताकर या रोकर समय बर्बाद न करें बल्कि नए अवसर की तलाश में जुट जाएं। बस आपकी मेहनत, लगन व एकाग्रता आवश्यक होगी।

अपना लक्ष्य निर्धारित करके ही सफलता की ओर बढ़ें। ऐसा न हो कि आपकी नीति के ढुल-मुल हो जाने से असफलता ही हाथ लगे। एक से अधिक लक्ष्य होने पर उनकी प्राथमिकता के अनुसार उन्हें निश्चित करें और निष्ठा व लगन पूर्वक हर लक्ष्य की ओर बढ़ते रहें।

कुछ पाने के लिए कुछ खोना पड़ता है, लेकिन अगर सीमा जैसी एक गृहणी एक लेखिका बनती है, तो उसे अपनी नींद और गप्पबाजी को त्यागना पड़ता है।

जीवन में हर काम सोच-समझकर अपनी शक्ति और योग्यता के अनुसारपूर्ण करके ही दम लें। चाहे वह कितना ही मुश्किल क्यों न हो। लक्ष्य निर्धारण में कभी दिग्भ्रमित न हों। जीवन में सफलता तभी मिलती है, जब कोई कार्य योजनाबद्ध तरीके से किया जाए। बहाने बाजी या

> **अपने सारे विचारों को हाथ में लिये गये काम पर एकाग्र करें। सूर्य की किरणें भी केन्द्रित हुये बिना नहीं जला पाती**
>
> – शेख़ सादी

टालते रहने की प्रवृत्ति मनुष्य को अकर्मण्य बनाती है। समस्या का समाधान करें, घबराएं नहीं। असफलता ही सफलता का मार्ग प्रशस्त करती है। निरंतर प्रयास करते रहें।

सदैव सकारात्मक विचार अपनाएं। आशावादी बनें, क्योंकि निराशावादी विचारधारा ही व्यक्ति को कुंठित कर असफलता की ओर धकेलती है।

मनोवैज्ञानिकों ने सिद्ध किया है कि अपनी किसी भी प्रिय हॉबी को निखारकर सफलता प्राप्ति के साथ-साथ जीवन की नीरसता व असंतुष्टि से बचा सकता है।

'मूड नहीं है,' जैसी बीमारी से बचें अच्छा समय मूड के कारण रुकता नहीं है। इस प्रकार अच्छा अवसर हाथ से निकल जाता है और पीछे रह जाता है केवल पछतावा।

अपनी सफलता के अवसर को भाग्य, भ्रष्टाचार व धन की कमी जैसे कुंठित विचार लाकर मत टालिए, बल्कि सारे नकारात्मक विचार त्याग कर जुट जाए सफलता पाने की चेष्टा में। इस प्रकार आप आत्मसम्मान के साथ इस समाज में जी सकते हैं। तो बस जुट जाएं, संपूर्ण शक्ति के साथ और पहनाएं अपनी मेहनत को सफलता का जामा।

8

अवसर को पकड़ो

आपने ओलवुल नामक एक विद्वान की कहानी सुनी होगी। विश्व प्रसिद्ध वायलिन वादक ओलवुल को आज सारा संसार जानता है। लेकिन इस बात को शायद ही कोई जानता होगा कि ओलवुल ने लोगों की नज़रों से दूर रहकर एकांत में अपनी कला को

> व्यक्ति सफलता तभी प्राप्त करता है, जब वह प्राप्त हुये अवसर का उपयोग पूरी तैयारी के साथ करता हैं
>
> – ऋग्वेद

निखारने के लिए कितना गहरा अभ्यास और श्रम किया था, अभ्यास करते समय उसे यह भी पता नहीं रहता था कि कब रात हो गई और कब दिन निकल आया। दुनिया से बेखबर वह तन्मयता से वायलन वादन के अभ्यास में डूबा रहता। ओलवुल के जीवन में एक अवसर आ उपस्थित हुआ, जिसने उसे विश्वप्रसिद्ध वायलिन वादकों की पंक्ति में ला खड़ा किया।

नार्वे के अनजान रास्तों से गुजरती हुई मालब्रेन नाम की एक गायिका किसी समारोह में भाग लेने जा रही थी, रास्ते में उसके कानों में वायलिन की मधुर ध्वनि पड़ी। इस प्रकार का भावपूर्ण मधुर संगीत उसने अपने जीवन में पहले कभी नहीं सुना था। उसने देखा कि नार्वे का एक युवक वायलिन वादन में तल्लीन था। मालब्रेन ने आस-पास के लोगों से उस वायलिन वादक का परिचय मालूम किया।

गायिका मालब्रेन उसके संगीत से इतनी प्रभावित हुई कि उसने उस संगीतज्ञ से मिलने का मन बना लिया, लेकिन जिस संगीत समारोह में भाग लेने वह जा रही थी, उसका समय हो रहा था इसलिए उससे मिलने की इच्छा को हृदय में दबाए वह वहां से समारोह स्थल की ओर चली गई, परंतु संगीत-समारोह के आयोजकों से उसकी अनबन हो गई और उसने उस समारोह में गाने से इन्कार कर दिया। आयोजकों के सामने बड़ी कठिन परिस्थिति आ गई। उनके हाथ-पांव फूल गए, परंतु किसी व्यक्ति ने वायलिन वादक ओलवुल का नाम सुन रखा था। आयोजकों के सामने कोई और विकल्प नहीं था, इसलिए तुरंत उसे ही बुलवाया गया। नार्वे का वह समारोह जिसमें उस अज्ञात वायलिन वादक ने अपनी कला और प्रतिभा का प्रदर्शन किया, रंगीनियों से भर गया। ओलवुल के जीवन में यह एक अवसर ही तो था, बल्कि एक क्षण था, जिसने उसके द्वार पर आकर दस्तक दी। ओलवुल उस अवसर के लिए तैयार था। उसने उस क्षण अवसर को पकड़ लिया।

उस रात नार्वे के उस भरे समारोह में ओलवुल ने कई घंटों तक वायलिन वादन किया और कुछ ही घंटों में वह अज्ञात वायलिन वादक ओलवुल संसार के सुप्रसिद्ध वायलिन वादकों में गिना जाने लगा। उसने अवसर को पकड़ लिया था।

इंग्लैंड के राजमहल में सम्राट जार्ज तृतीय अचेतावस्था में रोग शैय्या पर पड़ा था। वह बड़ा क्रोधी और अत्याचारी राजा था। उसके रोग निदान के लिए देहात से एक चिकित्सक को बुलाया गया था। देहात के उस चिकित्सक ने अपने अनुभव और ज्ञान के अनुसार सम्राट का उपचार करने के लिए उसके शरीर से कुछ खून निकाल दिया, जिससे सम्राट की बेहोशी समाप्त हो गई, उसे होश आ गया, परंतु बेहोशी दूर होने पर जब राजा को इस बात का पता चला कि उस डॉक्टर ने उसके शरीर से खून निकाला है तो वह एकदम क्रोधित हो गया और बुरी तरह बिगड़ने लगा। चिकित्सक बड़ा धैर्यवान और व्यवहार कुशल था। वह पहले से ही इसके लिए तैयार था। अपनी व्यवहार कुशलता से उसने राजा को प्रसन्न कर लिया। धीरे-धीरे सम्राट उस देहाती चिकित्सक से इतना प्रभावित हुआ कि अपनी चिकित्सा के लिए विशेष रूप से उसे निजी चिकित्सक बना लिया।

     आत्मविश्वास सफलता का आधार

जान ग्रांट नामक एक युवक जब नौकरी करने के लिए एक लोहा बनाने वाली कंपनी में गया तो उसे मात्र दो डॉलर प्रति सप्ताह की नौकरी पर रखते हुए कंपनी के मालिक ने सलाह दी कि इस व्यापार के संबंध में जितनी भी छोटी-बड़ी बातें हैं उन सबको बड़े ध्यान से देखो और समझने का प्रयास करो। जितनी जल्दी तुम उन बातों को समझकर स्वयं को योग्य बना लोगे उतनी ही जल्दी किसी-न-किसी रूप में तुम्हारी योग्यता का तुम्हें लाभ हो जाएगा। जॉन ग्रांट ने मालिक द्वारा दी गई सलाह को आत्मसात कर लिया। वह जो भी काम करता पूरी ईमानदारी के साथ करता। उस कंपनी में विदेशों से भी सामान आता था। उसने जान लिया कि विदेश से आने वाले सामान के बिलों को मालिक स्वयं ही जांचता है। माल फ्रेंच तथा जर्मनी की कंपनियों से भी आता था। उनका बिल भी जर्मन भाषा में ही आता था। जॉन ग्रांट उन बिलों को बड़े ध्यान से देखने लगा। उन बिलों को समझने के लिए जर्मन और फ्रेंच भाषा का ज्ञान होना आवश्यक था इसलिए उसने फ्रेंच और जर्मन भाषाओं का अध्ययन करना शुरू कर दिया।

इस तरह कंपनी में काम करते हुए ग्रांट को कई सप्ताह बीत गए। उन्हीं दिनों कंपनी का मालिक कुछ समय के लिए किसी दूसरे काम में इतना व्यस्त हो गया कि विदेशों से आए उन बिलों को जांचने का समय ही नहीं निकाल पा रहा था। अनेक बिल इकट्ठे हो गए थे। मालिक बार-बार उन बिलों के ढेर को देखता लेकिन समयाभाव और काम की अधिकता के कारण हताश होकर पुन: अपने काम में लग जाता। मालिक की परेशानी को ग्रांट ने समझ लिया। वह मालिक से बोला— "सर! यदि आपकी अनुमति हो तो इन बिलों की जांच का कार्य मैं कर दूं?"

ग्रांट की ओर एक नज़र डालते हुए मालिक ने पेपरवेट से दबे बिलों के उस ढेर को बिना कुछ बोले ग्रांट की ओर सरका दिया। ग्रांट इस कार्य को बड़ी ही जिम्मेदारी से करने लगा। उसके इस कार्य से कंपनी का प्रबंधक बड़ा प्रभावित था। एक महीने बाद कंपनी के दो अन्य प्रमुख साझेदारों के समक्ष उसे कार्यालय में बुलाया गया। बातचीत के दौरान कंपनी के एक प्रमुख सदस्य ने कहा, मैं चालीस साल से यह व्यापार कर रहा हूँ, परंतु मुझे तुम्हीं एक ऐसे लड़के मिले हो जिसने अवसर को समझ-बूझकर उसे पकड़ा है और उसमें

सुधार करके कार्य किया है। अभी तक यह कार्य मैं खुद करता रहा हूँ, लेकिन तुम्हारी कार्यकुशलता देखकर अब हम यह विदेशी माल वाला विभाग तुम्हें सौंप देना चाहते हैं। यद्यपि तुम अकेले ऐसे युवक हो जिसने स्वयं ही अवसर को समझा है और अपने आपको इस कार्य के उपयुक्त साबित कर दिखाया है।

समय की पहचान

आलस्य और इधर-उधर घूमकर समय नष्ट न कर ग्रांट ने स्वयं को उस कार्य के योग्य बनाया। उन्नति करने के लिए ऐसा करना बहुत जरूरी है, तभी सामने आए अवसर से कोई व्यक्ति लाभ उठा सकता है। ऐसा करने वाले ही सदा उन्नति के शिखर पर पहुंच पाते हैं। ग्रांट की सफलता का यही रहस्य है।

> जिस तरह जवाहरात का प्रत्येक दाना कीमती होता है, ठीक उसी तरह समय का प्रत्येक क्षण बहुमूल्य होता है।
>
> – अर्थवेद

जिन दिनों अमेरिका में दास प्रथा को लेकर गृहयुद्ध का खतरा मंडरा रहा था और देश के दो भागों में बंटने की संभावनाएं दिखाई पड़ रही थीं। उस समय बेडौल से लंबे-चौड़े एक युवक लिंकन ने बड़े-बड़े और प्रमुख राजनीतिज्ञों के पास जाकर कहा कि यदि आप राष्ट्रपति पद के लिए मेरा नामांकन करें, तो मैं अवश्य चुना जाऊँगा और मैं केवल सरकार का ही नेतृत्व नहीं करूँगा बल्कि इस गृहयुद्ध को भी समाप्त कर दूंगा। क्या आप उस व्यक्ति के आत्मविश्वास की कल्पना कर सकते हैं, जो एक झोपड़ी में पैदा हुआ हो और शिक्षा व संस्कृति के नाम पर जिसे पिछड़ा हुआ ही कहा जा सकता हो, परंतु अमेरिका के इतिहास में जो कुछ उसने कर दिखाया, क्या वह सबकुछ कोई व्यक्ति आत्मविश्वास के बिना कर सकता था।

जनरल ग्रांट, लिंकन की सेना का प्रधान सेनापति था। युद्ध शुरू होने से पूर्व वह एक साधारण व्यापारी था। बहुत कम लोग ऐसे थे, जो उसे जानते थे। क्या आप उसके आत्मविश्वास की कल्पना कर

सकते हैं, जब उसने लिंकन के पास जाकर यह कहा कि मुझे सेना का नेतृत्व सौंप दीजिए, मैं इस गृहयुद्ध को समाप्त कर दिखाऊँगा और उसने यह कर दिखाया। यह बात ठीक है कि आप अनुमान लगा सकते हैं कि यदि लिंकन और ग्रांट को अपने दृढ़संकल्प और प्रबल आत्मविश्वास पर भरोसा न होता, तो आज संयुक्त राज्य अमेरिका का कुछ और स्वरूप होता। ग्रांट से पहले लिंकन की सेनाओं के सेनापति अपने कार्य में सफल क्यों न हो सके? इसका केवल यही कारण था कि ग्रांट अपनी स्थिति का पूर्ण स्वामी था और उससे पहले के सेनापति अपनी विजय को संदेह की दृष्टि से देखते थे। ग्रांट को पूर्ण विश्वास था कि वह सेना और एक उपयुक्त अवसर के बल पर शत्रु की सेना को परास्त कर सकता है, लेकिन उससे पूर्व के सेनापतियों के मन में किसी-न-किसी प्रकार का संशय था इसीलिए वे पूर्ण सफलता प्राप्त नहीं कर सके।

जब तक व्यक्ति को स्वयं पर यह विश्वास न हो कि वह कुछ भी कर सकता है, तब तक वह कुछ नहीं कर सकता। क्या आप कोई ऐसा उपाय बता सकते हैं जिसके द्वारा मनुष्य ऊपर देखे बिना ऊँचा उठ जाए अथवा तरक्की के बारे में विचार किए बिना उन्नति हासिल कर सके? जिस व्यक्ति को अपने ऊपर ही विश्वास नहीं, उस पर दुनिया कैसे विश्वास करेगी। संसार ऐसे व्यक्ति की ही प्रशंसा करता है, जो अपने आप में विश्वास रखता है। ऐसे मनुष्य का कितना ही मजाक उड़ाया जाए। उसके संबंध में कितनी ही बेतुकी बातें बनाई जाएं उसे गिराया नहीं जा सकता। निर्धनता से वह निरुत्साहित नहीं होता, दुर्भाग्य उसे हिला नहीं सकता, कठिनाइयां उसे अपने मार्ग से विचलित नहीं कर सकतीं।

केवल वही व्यक्ति सफल होते हैं, जो हमेशा अपने मन में सुख और समृद्धि के विचारों को दृढ़तापूर्वक जड़ किए रखते हैं। आपकी इस समय जो स्थिति है, वह आपके विचारों का ही परिणाम है, क्योंकि यदि आप दरिद्रतापूर्ण विचारों को अपने मन में स्थान देंगे, तो आप कभी भी धनी नहीं बन सकेंगे। यदि आपके मन में अच्छे विचार होंगे और आप दरिद्रता, निर्धनता, गरीबी आदि विचारों की ओर पीठ कर देंगे, तो आप स्वत: उन्नति की ओर अग्रसर हो जाते हैं।

यदि आप मौलिक हैं, तो आपका विकास अवश्य होगा, परंतु केवल किसी की नकल करके आप कभी भी सफल नहीं हो सकते और न ही उन्नति कर सकते हैं। एक ऐसा व्यक्ति जिसमें अधिक बुद्धि नहीं है, परंतु वह एक स्थिर उद्देश्य पर अपनी शक्तियों को केंद्रित करके कार्य करता है, तो वह उस अधिक बुद्धिमान व्यक्ति के मुकाबले में जिसने अपनी शक्तियों को फैला रखा है और वह ये तय नहीं कर पाता कि आगे क्या करना है, से अधिक सफल होगा। जिस व्यक्ति का उद्देश्य स्थिर है उसका मुकाबला कोई भी नहीं कर सकता। जिसने अपना तन-मन-ध न और सारा व्यक्तित्व एक ध्येय की प्राप्ति के लिए लगा दिया हो। उस व्यक्ति के स्तर तक पहुंचना हरेक के लिए संभव नहीं होता।

विश्व में हरेक व्यक्ति जन्म से ही अपने लिए कुछ निश्चित काम लेकर पैदा होता है। जो व्यक्ति काम करना चाहते हैं उनको विश्व में कोई कमी प्रतीत नहीं होती उनके लिए उस काम को करने के सभी साधन विद्यमान रहते हैं। कार्य करने वाले के लिए साधनों की कभी भी कमी नहीं हो सकती।

स्वामी रामतीर्थ के कथनानुसार यदि कोई व्यक्ति अपने जीवन में सफल होना चाहता है, तो उसे अपने लिए कोई विशेष कार्य निर्धारित करना आवश्यक है। उसे उसके लिए कोई विशेष विधि भी अपनानी पड़ेगी। इसके अलावा पूरी तन्मयता से उस कार्य में लगना होगा। हो सकता है अचानक सफलता हासिल हो जाए, परंतु उसके लिए प्रयास अवश्य ही करना चाहिए।

जो व्यक्ति अपने स्वभाव और अपनी शक्तियों के विरुद्ध काम करता है। वह कोई भी काम कामयाबी के साथ नहीं कर सकता। वस्तुत: वह आधा व्यक्ति होता है। उसका अपना व्यक्तित्व ही विवर्ण हो जाता है। स्मिथ के अनुसार इस विश्व में पशु, पक्षी भी अपनी रुचियों को जानते हैं। भालू भी उड़ने का प्रयास नहीं करता। अनेक द्वार देखकर भागता हुआ घोड़ा भी रुक जाता है। सामने गहरी खाई हो तो कुत्ते में भी इतनी समझ होती है कि वह रुक जाए, लेकिन मनुष्य ही एकमात्र ऐसा प्राणी है जो अक्सर प्रकृति के विरुद्ध चलने का प्रयास करता है। प्रकृति उसे बार-बार सावधान करती है और संभल जाने के लिए कहती है, परंतु वह चलता ही रहता है। अंत

आत्मविश्वास सफलता का आधार

में उसका फल यह होता है कि उसके हाथ कुछ भी नहीं आता और उसे पछताना पड़ता है। अपने विचार, बुद्धि और समझ-बूझ के विरुद्ध चलने वाले व्यक्ति हमेशा हानि उठाते हैं।

जो व्यक्ति अवसर मिलते ही उस पर कार्य प्रारंभ कर देता है, वह अपने कार्य में अवश्य सफल होता है। एक वक्त था मशहूर एक्टर अमिताभ बच्चन को उनकी आवाज के लिए रिजेक्ट कर दिया गया, वही आज उनकी आवाज को मिले अवसर का वह लाभ उठा रहे हैं। आज वह करोड़पति हैं। उन्होंने अपना जीवन एक अवसर से लाभ उठाकर शुरू किया था। ऐसी ही एक और कहानी एक विद्यार्थी की भी है, जो कि अपने बिस्तर पर उदास पड़ा था। उसे नींद नहीं आ रही थी, क्योंकि उसके पास पैसे खत्म हो चुके थे। उसको चिंता यह थी कि कहीं पैसे न होने के कारण उसे पढ़ाई न छोड़नी पड़े। तभी अचानक उसने एक शोर सुना और चौंक उठा। आग लग गई, आग लग गई की आवाजें आ रही थीं। बंदरगाह में खड़े माल से लदे एक जहाज में आग लग चुकी थी, लेकिन जहाज पर खड़े आदमी निस्सहाय शोर मचाने के अलावा कुछ भी नहीं कर पा रहे थे। वह दौड़कर अपने घर से बाहर आया। उसने देखा कि जहाज जल रहा है। वह भाग कर जहाज के मालिक के पास पहुंचा और बोला “क्या आप इस जहाज को बचाना चाहते हैं?”

“आग बहुत भयंकर है यदि कल सुबह तक कुछ बच सका, तो बचाने की जरूर कोशिश करूंगा, लेकिन मुझे कुछ बच पाने की उम्मीद नहीं है।”

विद्यार्थी ने कहा कि क्या आप जहाज को जलती हुई हालत में बेचने को तैयार हैं? मालिक ने सवाल किया–“कौन खरीददार है और कितने पैसे देगा।” विद्यार्थी बोला “मैं खरीददार हूँ और मैं आपको इसके 40 पौंड दे सकता हूँ।”

मालिक ने सोचा जहाज तो जल ही रहा है और इसके बचने के कोई आसार भी नजर नहीं आ रहे। ऐसी हालत में 40 पौंड ही सही। उसके हाँ करने पर उस विद्यार्थी ने अपने एक साथी की ओर इशारा किया और कहा कि आप अपने किसी आदमी को इसके साथ भेज दीजिए, वह आपको 40

पौंड दे देगा। मेरे पास आपके साथ जाने का समय नहीं है, क्योंकि मुझे तो अभी इसी समय जहाज को बचाने का काम शुरू करना है।

वह इस काम में पूरी तरह तो नहीं, पर सफल हो गए और उन्होंने बहुत कुछ सामान अधजली हालत में जहाज के बाहर निकाल लिया। उसी हालत में उस सामान को बेचने पर भी उन्हें पांच सौ पौंड प्राप्त हो गए। यह एक मौका था, जो उस विद्यार्थी ने एक ही नजर में पहचान लिया था और उत्पन्न संभावनाओं को जान लिया था। जहाज के कप्तान और उसमें लदे माल के मालिक को यह बात समझ में नहीं आई कि किसी चीज को कैसे बचाया जा सकता है? संभव है, आपके दरवाजे पर भी कोई अवसर इसी तरह खड़ा आपकी राह देख रहा हो।

परिश्रम के साथ धैर्य जरूरी

ईसा मसीह अपने अनुयायियों के साथ किसी गांव में उपदेश देने जा रहे थे। उस गांव से पूर्व ही मार्ग में उन्हें 15-20 गड्ढे खुदे हुए मिले। ईसा मसीह के एक शिष्य ने उन गड्ढों को देखकर जिज्ञासा प्रकट की। ईसा मसीह बोले– "पानी की तलाश में किसी व्यक्ति ने इतने गड्ढे खोदे हैं। यदि वह धैर्यपूर्वक एक ही स्थान पर गड्ढा खोदता, तो उसे पानी अवश्य मिल जाता, आशय यह है कि व्यक्ति को परिश्रम के साथ धैर्य भी रखना चाहिए।

आत्मविश्वास सफलता का आधार

9

अवसर का उपयोग

अवसर का उपयोग एक बड़ी कला है। जीवन में अवसर तो सबको मिलता है, लेकिन सब उसका उपयोग नहीं कर पाते। वह इसी सोच में अपना ज्यादातर समय बिता देते हैं कि क्या करें, क्या न करें'

जब भी अवसर मिले तो उसका भरपूर उपयोग करें। तभी जाकर आप अवसर का लाभ उठा सकते हैं। अगर आप अवसर का उपयोग नहीं कर पाए तो आपके सामने हाथ मलने के सिवा कुछ नहीं रह जाएगा।

डा. महेश परिमल का एक लेख मुझे एक ब्लॉग पर पढ़ने को मिला। जिसमें परिमल जी ने समय को बड़े ही सुंदर तरीके से परिभाषित किया है, क्योंकि समय को बहुत बड़ा डॉक्टर कहा जाता है। यह हर तरह के घाव भर देता है। समय का स्वभाव है कि वह हर वक्त चलता ही रहता है। लक्ष्मी और पानी का स्वभाव भी चंचल होता है। गतिमान रहना इनका भी स्वभाव है। पानी ठहर जाए तो वह दुर्गंध देने लगता है। बहना इसकी प्रकृति है, इसे बहते रहने देना चाहिए। समय का एक रूप अवसर है, जो हर इंसान के सामने अपनी सेवा देने के लिए प्रस्तुत होता है, पर इसका रूप ऐसा होता है कि इंसान उसे अनदेखा कर देता है। उसे पहचान नहीं पाता, जो इसे पहचानने की दृष्टि रखते हैं, वह उस, अवसर को हाथ से जाने नहीं देते। उसे पहचानने के लिए अंतर्दृष्टि यानी भीतर की आंखें चाहिए, जिसने भी अपनी इन आंखों से समय या अवसर को पहचाना, सफलता ने आगे बढ़कर उसके कदम चूमे। किसी चित्रकार ने समय का चित्र बनाया, जिसमें उसने

समय को एक साधारण व्यक्ति के रूप में दर्शाया है। उसके पंख हैं और वह उड़ रहा है, बालों से उसका चेहरा ढका हुआ है यानी हम उसे देख नहीं सकते। पंखों द्वारा उसके सदैव गतिमान होने को दर्शाया गया है, चेहरा ढांककर यही बताने की कोशिश की गई है कि समय को देखा तो नहीं जा सकता, पर पहचाना अवश्य जा सकता है। अवसर को गंवाने का दु:ख सबको होता है, सभी लोग कभी-न-कभी यह अवश्य स्वीकारते हैं कि हम चूक गए, हमसे गलती हो गई, हम अवसर को पहचान नहीं पाए या हमारे हाथ से एक अच्छा अवसर निकल गया। उस वक्त ऐसा कर लिया होता, तो आज शायद यह वक्त नहीं देखना पड़ता। ये सारे जुमले उन लोगों के हैं, जिन्होंने अवसर को पहचानने में भूल की या देर की। इतना तो तय है कि अवसर रूप बदलकर ही सही, हम सबके सामने आता जरूर है यानी समय ने हमें आगे बढ़ाने में कोई कसर नहीं छोड़ी। अब यह बात अलग है कि हम उसे पहचान नहीं पाए। आपने अपने जीवन में ऐसे कई लोगों को देखा होगा, जो बड़ी शान से कहते हैं कि मुझे अवसर मिला., मैंने लपक लिया। आज मैं अपने साथियों से बहुत आगे या सफल हूं। इसके लिए मैं आपको एक उदाहरण सुनाता हूँ–एक परिवार में दो भाई थे, दोनों के सामने एक ही परिस्थिति थी, पिता मजदूर थे, मां दूसरों के घर में चौका-बर्तन का काम करती थी। दोनों ही भाइयों को पिता की सहायता करनी पड़ती थी। दिन-भर की हाड़-तोड़ मेहनत दोनों भाइयों को बुरी तरह थका देती, ऐसे में पढ़ाई-लिखाई की बात तो बेमानी ही होती, पर एक भाई ने हिम्मत दिखाई। वह समय चुराने की कोशिश में लग गया। समय चुराना यानी खाली समय का सदुपयोग करना। अब वह अपनी मीठी-मीठी नींद को त्याग कर रात को लैंप के नीचे पढ़ता रहता। दूसरा भाई सोता रहता, लेकिन पहले वाले भाई ने अपनी पढ़ाई जारी रखी। बहाने उसके पास भी हो सकते थे, लेकिन उसने उन बहानों के बजाय अपनी मेहनत पर भरोसा रखा, तो बहाने हारकर पीछे हट गए और वह आगे बढ़ता रहा। ईमानदारी के साथ किए गए प्रयास ने उसको सफलता दिलाई। वह सफल हो गया। उसकी मेहनत को देखते हुए स्कूल की तरफ से उसे वज़ीफा मिलने लगा और वज़ीफ़ों से उसकी पढ़ाई जारी रही और एक

  आत्मविश्वास सफलता का आधार

दिन वह योग्य प्रशासक सिद्ध हुआ। मेहनती भाई ने समय को पहचाना, उसने मान लिया कि उसे जिंदगी-भर पिता के साथ काम नहीं करना है। उसे कुछ और करना है। ईश्वर ने जब उसे भेजा है, तो उसे कुछ अच्छा करने के लिए भेजा है। नाकाम वही होते हैं, जिनके पास बहाने होते हैं। जिस क्षण बहाने नहीं होंगे, सफलता सामने होगी बहाने का सीधा-साधा गणित है कि काम न करने की इच्छा। ये बहाने तो एक धुंध के समान होते हैं, जो व्यक्ति और सफलता के बीच अवरोध का काम करते हैं। एक बार ये बहाने हटे कि सफलता सामने दिखाई देने लगती है। मेहनती इंसान से सफलता अधिक दूर नहीं होती। किसी के पास 24 घंटे से ज्यादा वक्त नहीं है, पर बहुत से ऐसे लोग हैं, जिन्हें ये 24 घंटे भी कम लगते हैं। दूसरी ओर कुछ ऐसे भी हैं, जिनके लिए वक्त काटे नहीं कटता। ऐसा इसलिए क्योंकि एक ने समय को पहचाना, दूसरे ने नहीं पहचाना। एक बात हमेशा ध्यान रखें कि समय कभी बताकर नहीं आता, उसका अतिसाधारण रूप होता है। जिसके जरिए अवसरों को पाया जाता है। एक समय जीवन में ऐसा आता है कि आपको अपनों से चोट लगती है, आप थक कर हार जाते हैं और आप अवसाद की स्थिति में जाने वाले हैं। बस वही एक क्षण होता है, जो आपको साधारण से असाधारण बनाने की क्षमता रखता है। कोई भी अनुभव कभी बेकार नहीं जाता। सफर के दौरान दो व्यक्तियों की बातें भी हमारे ज्ञान के खजाने में एक मोती की वृद्धि कर सकती हैं। उस समय हमें स्वयं को एक अच्छा श्रोता साबित करना होगा। समझना होगा कि वही समय का रूप है। उनकी बातें और हमारा ज्ञान दोनों मिलकर एक अनुभव को जन्म दे सकते हैं। अंत में एक छोटी-सी मगर महत्त्वपूर्ण बात कि निर्माण सदैव विध्वंस के रास्ते आता है। पहली बार में यह वाक्य आपको सोचने पर विवश कर देगा कि इसका क्या अर्थ हुआ, परंतु जरा सोचिए कि खंडहर के स्थान पर यदि कोई मकान बनाना हो, तो उस खंडहर को तोड़े बिना क्या नया मकान बन सकता है? नहीं न, जब तक हम पुराने विचारों को त्यागेंगे नहीं, तब तक नए विचारों के लिए जगह कहां बनेगी? काम धंधे में पुत्र इसलिए पिता से आगे बढ़ जाता है, क्योंकि पुत्र जमाने के हिसाब से चलता है क्योंकि

वह आगे बढ़ने के गुण पिता और दादा से पाता है। यदि वह समय के अनुसार नहीं चल पाता, तो पिछड़ जाता। ऐसा अक्सर तीसरी पीढ़ी के साथ होता है या तो धंधा बिल्कुल चौपट हो जाता है या फिर धंधा खूब चमकने लगता है। तीसरी पीढ़ी या तो इतिहास रचती है या फिर धंधा पूरी तरह चौपट करके रख देती है। इतिहास सदैव नए विचारों, नए निर्माण, नए सपने, नया विश्वास और नई उमंगों के साथ रचा जाता है।

कौन हुआ फ्लॉप

सुप्रसिद्ध नाटककार ऑस्कर वाइल्ड का एक नाटक जब पहली बार खेला गया तो वह फ्लॉप हो गया। जब नाटक समाप्त हुआ, तब कुछ पत्रकार वाइल्ड की प्रतिक्रिया जानने के लिए उनके पास गए और पूछा कि आपका नाटक फ्लॉप रहा, इसके बारे में आपकी क्या राय है? तब वाइल्ड मुस्कुराए और पूरे आत्मविश्वास के साथ कहने लगे, 'आपको गलतफहमी हुई है, नाटक तो पूरी तरह सफल रहा, लेकिन दर्शक फ्लॉप हो गए।' आखिर ऑस्कर के इस कथन का आशय क्या है। मतलब साफ है कि दर्शकों को यह नाटक पसंद नहीं आया, लेकिन निर्देशक ने पूरी तन्मयता के साथ उस नाटक का रिहर्सल किया और प्रस्तुतिकरण दिया इसलिए निर्देशक अपने को फ्लॉप नहीं मानता। उसे स्वयं पर तथा अपने काम पर पूरा विश्वास था इसलिए तो उसने पूरे आत्मविश्वास के साथ कहा कि वह फ्लॉप नहीं है।

सबसे बड़ी गलती

एक व्यक्ति को अपने किसी कार्य से संतुष्टि नहीं होती थी। उसे हमेश लगता कि कहीं-न-कहीं त्रुटि रह गई है। एक बार वह स्वामी रामतीर्थ के पास गया और उन्हें अपनी समस्या के बारे में बताया। उस व्यक्ति की समस्या को सुनकर स्वामी रामतीर्थ बोले, 'संसार में यदि कोई बड़ी गलती है, तो वह है निठल्ला बैठना।

> हमेशा अपनी गलतियों व कमियों को स्वीकारें और उन्हें सुधारते रहें
>
> – भृर्तहरि

जो व्यक्ति यह गलती नहीं करता, उससे यदि छोटी-मोटी गलतियां हो भी जाएं तो कोई बुरी बात नहीं है। व्यक्ति को सदैव कुछ-न-कुछ करते रहना चाहिए।'

सूचना प्रौद्योगिकी के क्षेत्र में भारत कैसे बना अव्वल

क्या आप जानते हैं कि सूचना प्रौद्योगिकी के क्षेत्र में भारत कैसे दुनिया के अग्रणी देशों मे शुमार हो गया या यूं कहें कि आज अमेरिका के बाद भारत में इस क्षेत्र के सबसे ज्यादा पेशेवर हैं, लेकिन भारत अपने इंजीनियर्स के हिसाब से पहले नंबर पर आता है। भारत में हर साल पांच से छह लाख के बीच इंजीनियर बन रहे हैं और बहुत से इंजीनियर आई. टी. के बढ़ते प्रभाव को देखते हुए इस क्षेत्र का हिस्सा बनते जा रहे हैं। आईटी क्षेत्र में भारतीय इंजीनियरों के दबदबे का आलम यह है कि जहां आज भारत के आई.टी. पेशेवर दुनिया के कोने-कोने में नजर आते हैं, वहीं दुनिया के कोने-कोने से लोग आई.टी. सेवाओं के लिए भारतीय कंपनियों से आस लगाए रहते हैं। ऐसा क्यों? कुछ साल पहले तक भारत के लोगों के लिए विदेशों में रोजगार के अवसर कम हुआ करते थे, अचानक ऐसा क्या हुआ कि भारतीयों की मांग दुनिया के कोने-कोने में होने लगी। कारण साफ है कि भारतीयों ने परिश्रम करके इस क्षेत्र में अपनी अलग पहचान बनाई। यह सच है कि भारतीय प्रतिभाओं का लोहा पूरी दुनिया मानती है। यह अलग बात है कि स्वयं भारत में इन प्रतिभाओं की कद्र कम है, तभी तो आई.टी. क्षेत्र की जब शुरुआत हुई, तो भारत में योग्य इंजीनियर तो बन गए, लेकिन उनकी योग्यता को परखने या उनको निखारने के लिए भारत में कोई अवसर नहीं था। ऐसे में भारतीय इंजीनियरों ने विदेशों की ओर कदम बढ़ाए। खासकर अमेरिका में, जहां प्रतिभाओं की कद्र होती है और आगे बढ़ने का मौका मिलता है। धीरे-धीरे भारतीय अमेरिका के कोने-कोने में अपने पांव पसारने लगे। अमेरिका में एक सॉफ्टवेयर डेवलपर के तौर पर शुरुआत करने के बाद दो टेक्नोलॉजी कंपनियां शुरू करने वाले ड्यूक विश्वविद्यालय के इंजीनियरिंग विभाग में प्राध्यापक प्रोफेसर विवेक वधवा बताते हैं कि भारतीयों ने सिलिकन वैली में सम्मान प्राप्त करने के बाद एक दूसरे की

सहायता शुरू कर दी और नेटवर्क बनाना शुरू कर दिया। जिससे वे आगे निकलते चले गए। डॉट कॉम क्रांति के समय सिलिकन वैली में 16 प्रतिशत नई कंपनियां भारतीयों ने खोली थीं, जो बहुत बड़ी बात है क्योंकि आबादी के हिसाब से भारतीय लोग अमेरिकी आबादी का केवल एक प्रतिशत थे। भारतीय पेशेवर इंजीनियरों ने धीरे-धीरे अमेरिका में अपनी जड़ें जमा लीं। फिर समय के साथ-साथ तकनीकें बदलीं, सोच बदली, समीकरण बदले जिससे अमेरिका गए भारतीय पेशेवरों का आत्मविश्वास बढ़ा और जो लोग नौकरियां करने गए थे, अब दूसरों को नौकरियां देने और दिलाने की भूमिका में उतर आए। ऐसे में उन्हें याद आईं अपनी पुरानी जड़ें।

वे इंजीनियर जो अमेरिका में पांव जमा चुके थे और साथ ही जिनका भारत से भी नाता बना हुआ था, उन्होंने पाया कि एक ओर जहां भारत में योग्य इंजीनियरों के लिए रास्ते सीमित हैं, वहीं अमेरिका में काम का अंबार लगा है और काम करने के लिए कुशल लोग नहीं हैं। पिछले दो दशक से सिलिकन वैली में काम कर रहे आई.आई.टी. कानपुर के एक छात्र का कहना था कि 80 के दशक के अंत तक ऐसे भारतीय इंजीनियर, जो अमेरिका में जम चुके थे, उन्होंने भारत के ऐसे इंजीनियरों के बारे में सोचना शुरू किया, जिनके लिए भारत में नौकरियां नहीं थीं। भारतीय पेशेवरों का अमेरिका में दबदबा बनने की शुरुआत इस तरह से हुई कि पहले-पहल भारतीय इंजीनियरों ने अस्थायी वीजा पर अमेरिका जाकर काम शुरू किया। अस्सी-नब्बे के दशक का ये वो समय था, जब दुनिया तेजी से बदल रही थी और जैसे-जैसे वर्ष 2000 करीब आया वाई.टू.के. नामक एक घटना ने आईटी क्षेत्र में अचानक जबरदस्त अवसर पैदा कर दिए।

अवसर की एक ऐसी ही गाथा हमारे इतिहास में मौजूद है, जब शिवाजी महाराज ने अपने संरक्षक कोणदेव की सलाह पर बीजापुर के सुल्तान की सेवा करना अस्वीकार कर दिया। उस समय बीजापुर का राज्य आपसी संघर्ष तथा विदेशी आक्रमण के दौर से गुजर रहा था। ऐसे साम्राज्य के सुल्तान की सेवा करने के बदले वे मालवों को बीजापुर के खिलाफ संगठित करने लगे। वे संघर्षपूर्ण जीवन व्यतीत करने के कारण

कुशल योद्धा माने जाते हैं। इस प्रदेश में मराठा और सभी जाति के लोग रहते हैं। शिवाजी महाराज ने इन सभी जाति के लोगों को मालवा नाम देकर संघटित किया और मालवा के युवकों को लाकर उन्होंने दुर्ग निर्माण का कार्य आरंभ कर दिया। मालवों का सहयोग शिवाजी महाराज के लिए बाद में उतना ही महत्त्वपूर्ण साबित हुआ जितना शेरशाह सूरी के लिए अफगानों का साथ।

उस समय बीजापुर आपसी संघर्ष तथा मुगलों के आक्रमण से परेशान था। बीजापुर के सुल्तान आदिलशाह ने बहुत से दुर्गों से अपनी सेना हटाकर उन्हें स्थानीय शासकों या सामन्तों के हाथ सौंप दिया था। जब आदिलशाह बीमार पड़ा, तो बीजापुर में अराजकता फैल गई और शिवाजी महाराज ने अवसर का लाभ उठाकर बीजापुर में प्रवेश का निर्णय लिया। शिवाजी महाराज ने इसके बाद के दिनों में बीजापुर के दुर्गों पर अधिकार करने की नीति अपनाई और सबसे पहला दुर्ग था तोरण का दुर्ग।

तोरण का दुर्ग पूना के दक्षिण पश्चिम में 30 किलोमीटर की दूरी पर था। उन्होंने सुल्तान आदिलशाह के पास अपना दूत भेजकर खबर भिजवाई कि वे पहले किलेदार की तुलना में बेहतर रकम देने को तैयार हैं और यह क्षेत्र उन्हें सौंप दिया जाए। उन्होंने आदिलशाह के दरबारियों को पहले ही रिश्वत देकर अपने पक्ष में कर लिया था और अपने दरबारियों की सलाह के मुताबिक आदिलशाह ने शिवाजी महाराज को उस दुर्ग का अधिपति बना दिया। उस दुर्ग में मिली संपत्ति से शिवाजी महाराज ने दुर्ग की सुरक्षात्मक कमियों की मरम्मत का काम करवाया। अगर शिवाजी अवसर को नहीं समझ पाते, तो शायद वह उसका लाभ लेने में विफल रहते।

10

अवसरों को बनाएं सफलता की सीढ़ी

'जो अवसर मिला है उसे कैसे सफलता में बदलें, यह भी एक कला है। अगर आपके पास यह कला नहीं है, तो आप मिले अवसर को भी अपने हाथ से गंवा देंगे'

एक व्यक्ति को लगभग सभी ज्योतिषियों ने और हस्तरेखा विशेषज्ञों ने कह दिया था कि वह धनकुबेर नहीं हो सकता, पर अपने जीवन के 70वें साल में जब वह मृत्यु को प्राप्त हुआ, तो वह अरबपति था। एक और व्यक्ति है जो पहले घूम-घूम कर किताबें बेचता था, पर आज वह एक लखपति प्रकाशक है। तमाम ऐसे उदाहरण हैं। इन सबके पीछे प्रमुख कारण यही है कि ऐसे लोग लगातार परिश्रम करते गए हैं। हर काम को होशियारी से करते हैं। इसका फल उन्हें मिलता है। ऐसे लोग भाग्यवादी न होकर, कर्मवादी हैं। इसी प्रकार जोनाथन नाम का एक करोड़पति व्यक्ति निहायत मैला-कुचैला वेश बनाकर एक ज्योतिषि, हस्तरेखा विशेषज्ञ के पास गया। उससे अपना भाग्य पूछा। उसने अपनी शक्ल रोनी बना रखी थी, जवाब मिला, इस समय उसका जीवन कष्टमय है। पांच साल तक यही होगा। तब जाकर थोड़ी उन्नति होगी। वह चुपचाप लौट आया। अगर हस्तरेखा और भविष्य ज्ञान सही विज्ञान है, तो वेश या पहनावे से नहीं, हाथ से ही सब पता लग जाता कि वह करोड़पति है। भाग्य, हस्तरेखाएं, कुछ भी नहीं हैं। इनका जीवन पर कुछ प्रभाव नहीं होता। हमारे सपने, हमारी इच्छाएं उनसे बिल्कुल प्रभावित नहीं होतीं।

 आत्मविश्वास सफलता का आधार

वैसे अब यह प्रमाणित हो गया है कि कर्म से ही भाग्य बनता है, रेखाएं बनती हैं। अतएव हम अपने सपने, इच्छाएं, साकार कर सकते हैं। अगर हममें सामर्थ्य हैं तो उनको पूरा करके दिखा सकते हैं। मनुष्य का हर सपना, हर इच्छा साकार होती है। मनुष्य ने कभी इच्छा की होगी कि वह सागर की लहरों पर चल सके। कभी सपना देखा होगा कि वह भी पक्षियों के समान आकाश में उड़ान भर सके। क्या आज उसकी यह इच्छा, यह सपना पूरा नहीं हो गया है? मनुष्य बराबर चांद की ओर देखता आ रहा है। अवश्य ही वहां जाने की इच्छा मन में आई होगी, आज वह इच्छा पूरी हो गई है। अतएव यह कहना कि इच्छाएं और सपने वास्तविक नहीं बनते, पूरे नहीं होते, एकदम गलत बात है। यह पूरे होते हैं, पर क्यों और कैसे? बहुत से लोगों के सपने और इच्छाएं पूरी क्यों नहीं होतीं? कुछ लोग जीवन में सफल होते हैं और अधिकांश लोग असफल। इसका रहस्य क्या है? प्रत्येक मनुष्य अपना जीवन सफल बनाना चाहता है। सफलता की कुंजी क्या है? इसका रहस्य क्या हैं? यह जानने की कोशिश मनुष्य प्रारंभ से ही करता आ रहा है। उसके सपने, इच्छाएं किस प्रकार पूरी हों? इसका प्रयास प्रत्येक मनुष्य करता है।

भला इस संसार में ऐसा कौन-सा मनुष्य है, जो अपनी स्थिति में परिवर्तन नहीं चाहता, जो सुख-समृद्धि नहीं चाहता। अपनी मजबूरी के कारण जब वह नहीं कर पाता, तो फिर जो कुछ इसके बूते का है, उसमें से ही गुजारा कर लेता है। आखिर वास्तविकता क्या है? प्रसिद्ध युद्ध कथा लेखक एडम ने विश्वयुद्ध के शूरवीर सैनिकों के विषय में उल्लेख करते हुए लिखा है कि हम जिन नवयुवकों को साधारण, निकम्मा समझ रहे थे, उन्होंने ही रणक्षेत्र में ऐसे-ऐसे कारनामे दिखलाए कि हम आश्चर्यचकित रह गए। उदाहरण के तौर पर उन्होंने एक नवयुवक का उल्लेख करते हुए बताया है कि जब वह स्कूल में पढ़ता था, तो बड़ा ही ढीला-ढाला और सुस्त था। प्राय: कक्षा से गायब हो जाया करता था, पढ़ने में भी बड़ा कमजोर था। उसने सेना में भर्ती होने का प्रयास किया, पर मेडिकल में उत्तीर्ण न होने के कारण स्थान न पा सका। उसका स्वास्थ्य भी ठीक न था। कुछ समय के बाद जाने कैसे सेना में भर्ती होने का अवसर पा गया। जब उसके परिचितों ने सुना तो उनको बड़ा आश्चर्य हुआ और यह

विश्वास हो गया कि जब कभी भी लड़ाई का मौका आएगा, सबसे पहले वह भाग खड़ा होगा। अचानक उसी समय विश्वयुद्ध शुरू हो गया। वह मोर्चे पर आ गया। उसने रणक्षेत्र में ऐसे साहस का परिचय दिया कि लोग दांतों तले अंगुली दबाकर रह गए। जो नवयुवक कुछ दिनों पहले अयोग्य, अकर्मण्य मान कर सेना में भर्ती होने का अवसर नहीं पा सका था, उसी नवयुवक ने युद्ध में कमाल कर दिया। उसने एक जलते हुए बम को खाई से उठाकर बाहर फेंक दिया और दूसरी बार भीषण गोली-बारी में जान पर खेलकर अपने एक साथी की प्राण-रक्षा की। ऐसे कई नवयुवक हमें अपने जीवन में मिलते हैं, जो अकस्मात् किसी भी कार्य में सफलता प्राप्त कर हमें चकित कर देते हैं जबकि योग्यता में वह दूसरों की अपेक्षा कम होते हैं। एक संस्मरण में एक प्रोफेसर ने लिखा है कि उनकी कक्षा में एक विद्यार्थी बड़ी ही कठिनता से केवल उत्तीर्ण होने लायक अंक प्राप्त कर पाता था। अचानक वार्षिक परीक्षा में वह पूरे विद्यालय में प्रथम आया तो लोग हैरान हो रह गए। उस पर नकल करने और शिक्षकों पर हेराफेरी करने का आरोप लगाया गया। इतना हंगामा हुआ कि जांच समिति बैठी। तब पाया गया कि उसकी मौखिक परीक्षा ली जाए। यही किया गया, तब भी वह युवक उत्तीर्ण हो गया। एकाएक इस युवक में इतनी बुद्धि कहां से आ गई? क्या यह उस नवयुवक का भाग्य था या परमपिता परमात्मा का वरदान? क्या इसे चमत्कार कह सकते हैं? नहीं, इन तीनों में से कुछ भी नहीं था। जब मन को गहरी ठेस लगती है, तो आत्मविश्वास अपने विराट-विशाल रूप में जाग जाता है। उसके सपने, उसकी आकांक्षाएं, इच्छाएं, अत्यंत तीव्र होकर साकार होने के लिए उत्तेजित हो उठती हैं, तब मनुष्य उस समय इस प्रकार के असाधारण कार्य कर जाता है।

सफलता की कोई कुंजी है, तो वह उपरोक्त शक्ति है, जो प्रत्येक दशा में हमारी इच्छाएं, हमारे सपने पूरे कर देने का सामर्थ्य रखती है। इस शक्ति का नाम है आत्मविश्वास। अपने अंदर आत्मविश्वास उत्पन्न

कीजिए। सफलता आपके चरणों पर आ गिरेगी। किसी भी सफल व्यक्ति या विजेता का इतिहास देखिए, उसकी सफलता का कारण उसका आत्मविश्वास ही है। संसार की सबसे बड़ी चमत्कारी शक्ति का नाम आत्मविश्वास है।

मानव जीवन की संपूर्ण सफलताएं केवल विश्वास के आधार पर टिकी हैं। विश्वास के बल पर ही आप अपनी इच्छा और अपना हर सपना साकार कर सकते हैं। भले ही वह कितना ही असंभव क्यों न हो। आत्मविश्वासी मनुष्य के लिए कोई भी कार्य असंभव नहीं है। जब आत्मविश्वास जाग उठता है, तो मनुष्य की कार्य शक्ति अपने आप दुगुनी हो जाती है। आत्मविश्वास के जागृत होते ही हमारे शरीर की नाना प्रकार की सुप्त और जागृत शक्तियां सक्रिय हो जाती हैं। आत्मविश्वास के बल पर कहा गया है कि प्रत्येक शब्द मनुष्य कार्य रूप में बदल सकता हैं। आत्मविश्वास के बल पर ही वह बड़े-से-बड़े संकट से पार हो जाता है। जिस मनुष्य में आत्मविश्वास नहीं है, वह अपने जीवन में कुछ भी नहीं कर सकता है। वह अपना जीवन मनुष्य होकर भी साध रण पशुओं के समान व्यतीत करता है। उसकी तमाम इच्छाएं, उसके सारे सपने केवल मन में ही अर्थात कल्पनाओं में ही रह जाते हैं। जिस प्रकार धरती से ऊपर फेंका गया पत्थर वापस नीचे गिरता है, उसी प्रकार उसकी तमाम इच्छाएं, तमाम सपने केवल ऊपर उछलते रहते हैं। सब नीचे आकर गिर कर मर जाया करते हैं। वह अपने जीवन में किसी लक्ष्य को प्राप्त नहीं कर सकता।

आत्मविश्वास में बड़ी शक्ति है। जिस प्रकार पृथ्वी की गुरुत्वाकर्षण शक्ति को तोड़कर पत्थर को फेंकने पर वह कभी पृथ्वी पर नहीं आ सकता, उसी प्रकार आत्मविश्वास के बल पर काम करने वाला अपनी ऊँचाई तक पहुंचकर ही रहता है। आत्मविश्वास और आत्मविश्वासहीनता में धरती तथा आकाश का अंतर है। इससे रहित व्यक्ति जीवन में पग-पग

पर पराजित होता रहता है। जिसमें आत्मविश्वास है, वह हर समय अपनी विजय पताका फहराता रहता है। जिन लोगों को स्वयं अपनी शक्ति पर विश्वास नहीं है, वह दुनिया में किसी भी प्रकार की शक्ति प्राप्त नहीं कर सकते।

संसार में जितने भी महान कार्य हुए हैं, सब आत्मविश्वास के बल पर हुए हैं। इतिहास इस बात का साक्षी है। नेपोलियन बोनापार्ट क्या था? केवल आत्मविश्वास के बल पर उसने विश्व को हिला दिया था। हिटलर क्या था? कैसा था उसका जीवन? मध्यमवर्गीय परिवार में जन्म लेकर इतना बड़ा तानाशाह बन गया कि दुनिया थर्रा गयी। अपने आत्मविश्वास के बल पर मनुष्य ने न जाने कितने आविष्कार कर डाले। आत्मविश्वास उस महान शक्ति का नाम है, जो सफलता को अपनी दासी बनाती है। कुछ लोग अत्यंत निराशावादी होते हैं। उनके मन में यह भावना घर कर जाती है कि जिन्होंने निरंतर भूलें की हैं, प्रत्येक कार्य में उनको असफलता का मुंह देखना पड़ा है। अतएव अब वह कभी कुछ न हीं कर पाएंगे। इस तरह निराशा भरी भावनाएं केवल उनके मन में आती हैं, जिनमें आत्मविश्वास नहीं होता।

प्रत्येक सफल पुरुष में आत्मविश्वास था, इस कारण वह सफल बन गया। अन्यथा उसका जीवन भी साधारण बनकर रह जाता। विजय पर अटूट विश्वास, अपने सामर्थ्य पर अटूट श्रद्धा सफलता की पहली कुंजी है। अटूट विश्वास के बल पर मनुष्य थोड़ी देर के लिए मौत को भी पीछे धकेल देता है।

आत्मविश्वास के बिना हम प्रगति के पथ पर आगे नहीं बढ़ सकते हैं। हमारे कार्य, हमारी सफलता, हमारे आत्मविश्वास के आगे नहीं जा सकते हैं क्योंकि वह केवल आत्मविश्वास का अनुसरण करती हैं। सच तो यह है कि हमारे संकुचित विचार हमको सीमा में बांधकर रख देते हैं। जब तक इस सीमा को तोड़ कर हम आत्मविश्वास का दामन नहीं थाम लेते, तब तक हमारी इच्छाएं, हमारे सपने मन में ही रखे रह जाएंगे। क्या एक मनोवैज्ञानिक कोई जादू जानता है? ऐसी बात नहीं है। तब व्यक्ति में इतनी शक्ति कहां से आ जाती है? क्या मनोवैज्ञानिक उसको शक्ति देता है? नहीं, ऐसा भी नहीं है। यह शक्ति

          आत्मविश्वास सफलता का आधार

तो स्वयं मनुष्य के भीतर है। मनोवैज्ञानिक तो केवल उस शक्ति को जागृत करने का कार्य करता है।

प्रबल आत्मविश्वास के बल पर ही महात्मा गांधी ने भारत को स्वतंत्र कराया। प्रबल आत्मविश्वास के ही बल पर जब अमेरिका में गृहयुद्ध छिड़ा और राष्ट्रपति का चुनाव आया, तो लिंकन के मन में बात आयी, क्यों न वह सारे राष्ट्र की बागडोर संभाले और राष्ट्रपति का चुनाव लड़े। उसे स्वयं पर पूरा-पूरा विश्वास था कि वह चुनाव में विजयी होगा। अन्तत: अब्राहम लिंकन चुनाव जीता और अमेरिका का राष्ट्रपति बना। इसी प्रबल आत्मविश्वास के कारण 'जोन ऑफ आर्क' फ्रेंच सेना की सेनापति बन सकीं। उसे इस बात पर पूरा विश्वास था कि परमेश्वर ने उसको अपना देश स्वतंत्र कराने के लिए भेजा है। यदि उसमें इस प्रकार की भावना न होती, तो उसका महत्त्व एक साधारण सैनिक के ही समान होता। आत्मविश्वास के अभाव में वह कभी नेतृत्व न कर पाती, पर आत्मविश्वास के बल पर वह चार्ल्स को यह समझाने में सफल हो गयी कि इस समय उसी के नेतृत्व में फ्रांस की सेना अपने देश की रक्षा कर सकती है। उसे दृढ़ विश्वास था, वह ऐसा कर सकेगी। जोन आर्क को युद्ध कला की कुछ भी जानकारी न थी। फिर भी उसने अपने आत्मविश्वास के बल पर एक पराजित सेना को विजयी सेना बना दिया। उसकी राह में बड़ी-से-बड़ी बाधाएं आयीं, पर सबको रौंदती हुई वह आगे बढ़ गयी तथा सफलता प्राप्त की।

आत्मविश्वास बड़े-बड़े पहाड़ों को भी हिला देने की शक्ति का नाम है। जिस व्यक्ति में आत्मविश्वास आ गया, उसके सारे सपने, सारी इच्छाएं अपने आप पूरी हो जाती हैं। छोटे-छोटे पदों पर काम करने वाले सैकड़ों हजारों लोग हैं। केवल कुछ लोग ही उच्च पदों पर पहुंच पाते हैं। इसका एकमात्र कारण उनका आत्मविश्वास है। दूसरे लोग अपने को सीमित कर लेते हैं। मुख्य बात यह है कि जैसा आपका विश्वास होगा, वैसा आपका जीवन बनेगा। अपने जीवन को आशा से भरपूर स्फूर्तिमय और उल्लास से परिपूर्ण रखिए। फिर देखिए, ऐसा कौन-सा काम है, जो आप नहीं कर सकते। देखिए आप कब तक सफल नहीं होते।

आपके जीवन में जब भी गड़बड़ी आएगी, उसका एकमात्र कारण होगा आपके मन में संशय और आत्मविश्वास की कमी। इसे आप निकाल दें, आपका जीवन चमक उठेगा। जिसमें आत्मविश्वास होता है और जो अपनी कार्यक्षमता पर भरोसा रखता है, वह अपने कार्य में अवश्य ही सफल होता है। जीवन को वास्तविक रूप में व्यतीत करने का एकमात्र साधन केवल आत्मविश्वास है। इसके द्वारा ही मनुष्य अपनी शक्ति का प्रवाह गंगा के समान निरंतर गतिशील रखकर प्रत्येक इच्छा, प्रत्येक सपने साकार कर सकता है। आप इतना ही आगे बढ़ सकते हैं, जितना आपमें आत्मविश्वास है। संसार की इस सेना में आत्मविश्वास का ध्वज ही आपको समरांगण में बढ़ाकर आगे ले जा सकता है। भले ही लोग आपको कुछ न समझें, आपको कोई महत्त्व न दें, पर एक दिन आप अपने ही आत्मविश्वास के बल पर उन सबसे विशिष्ट व्यक्ति बन सकते हैं और तब वे सब आपको मान-सम्मान देने लगेंगे। आप अपने को उनसे तभी अलग बना सकते हैं, जबकि आपका आत्मविश्वास उन सबसे प्रबल हो। संसार तभी आपका मूल्य और महत्त्व समझेगा, जब आप कुछ करके दिखाएंगे।

आत्मविश्वास जब आपके मन में बैठ जाता है, तो आपका मन संशय और चिंताओं से एकदम मुक्त रहता है। वह निर्भय रूप से अपना कार्य करके हमेशा आपको आगे की ओर ले जाता है। याद रखिए आत्मविश्वास द्वारा सफलताएं और उसके असाधारण परिणाम अनगिनित हैं। उनको गिन पाना संभव नहीं है। वैज्ञानिकों, आविष्कारकों को देखिए। न जाने कितने कष्टों, लगातार घोर परिश्रम, चिंतन, मनन तथा माथा-पच्ची के बाद वे कुछ कर सके होंगे। इस पर सोचा है कभी आपने? वह कभी हिम्मत हार कर या हाथ-पर-हाथ रखकर नहीं बैठे। निराश या उदास नहीं हुए, बल्कि लगातार परिश्रम करते गए। उनको इस बात का पूरा विश्वास था कि वह अपना लक्ष्य प्राप्त करके ही रहेंगे। अन्तत: यही हुआ। जितनी दृढ़ता आपमें होगी, आप उतनी ही तेजी से सफलता प्राप्त करेंगे। बर्बर युग से लेकर हमारी आज की सभ्यता और संस्कृति का विकास केवल मनुष्य के आत्मविश्वास के द्वारा ही संभव हुआ है। विश्वास के इसी सोपान पर चढ़कर मनुष्य सभ्यता के आकाश की ओर हाथ बढ़ाता जा

  आत्मविश्वास सफलता का आधार

रहा है। सबसे बड़ी कठिनाई यह है कि आत्मविश्वास की इस महत्ता-महानता के बावजूद, इसका महत्त्व समझने पर भी इस पर अमल करने वाले लोग गिने-चुने हैं। इसका कारण यह है कि हम अपना आत्मविश्वास जागृत तो अवश्य कर लेते हैं, पर कुछ समय पश्चात वह ठंडा हो जाता है। हम अपने आत्मविश्वास को स्थायी रूप से बना कर नहीं रखते हैं। सत्य यह है कि जो आत्मविश्वास और ईश्वर के सहारे आगे बढ़ता है, उसे सफलता मिलती है। सबसे कठिन काम अपने आत्मविश्वास को बनाए रखना है, अपने सामर्थ्य की खोज और विश्वास को अडिग रखना है।

आत्मविश्वास के साथ जब ईश्वरीय विश्वास मिल जाता है, तो वह अपूर्व शक्ति बन जाता है। प्रबल आत्मविश्वासी बन आप जीवन को सफल कर सकते हैं। अतएव आत्मविश्वास बनाए रखिए। आत्मविश्वास के कारण आपके शरीर में शक्ति का सागर बराबर लहराता रहेगा। एक दार्शनिक से एक व्यक्ति ने पूछा, जीवन का विघ्न क्या है? ''दार्शनिक ने तपाक से जवाब दिया, भय, अविश्वास, निराशा और संशय'' जीवन का रहस्य क्या है? ''आत्मविश्वास, उत्साह और शक्ति।''

मनुष्य के जीवन में असाधारण परिवर्तन केवल इसी आधार पर हुआ करते हैं। अतएव अपनी शक्ति को जगाएं। अपनी इच्छाएं, अपने सपने आप तभी साकार कर सकते हैं, जब आप इस बात पर विश्वास करें कि आपको क्या करना है। जीवन का एक-एक क्षण मूल्यवान है। जो क्षण चला जाता है, वह लौटकर नहीं आने वाला। इस प्रकार आप अपना पल-पल गंवाकर अनमोल निधि गंवा बैठते हैं। आप अपना महत्त्व तो समझिए। दुनिया का कौन-सा मनुष्य ऐसा है, जो सपने नहीं देखता और इच्छाएं नहीं रखता? कोई भी मनुष्य इसका अपवाद नहीं है। सड़क पर कुष्ठ रोग से सड़ा-गला भिखारी भी राजकुमारी का सपना देखता है और कल्पना करता है कि वह महलों में शानदार जीवन व्यतीत कर रहा है। अमीर हो या गरीब, सपना सभी देखते हैं और सभी अपने जीवन में कुछ-न-कुछ इच्छाएं रखते हैं। इसके बिना मनुष्य जीवित ही नहीं रह सकता है।

महात्मा गांधी, नेहरू जैसे महापुरुषों को यदि अपनी योग्यता पर विश्वास न होता, तो वे भी कुछ न कर पाते। विजय पर अटल विश्वास, अपनी

सामर्थ्य, अटूट निष्ठा, सफलता की पहली शर्त है। एक मनुष्य सर्वथा क्षीणकाय और निर्बल था। एक मनोवैज्ञानिक ने उसमें ऐसा आत्मविश्वास जगाया कि वह छह-छह लोगों का वजन उठाने में सफल हुआ।

दैनिक सफलता के लिए प्रतिज्ञाएं कीजिए।

- मैं हमेशा लोकहित में कार्य करूंगा।
- मेरे वाक्य सदैव शक्तिप्रद, उत्साहजनक, हर्षप्रद, स्फूर्तिदायक तथा प्रेरणाप्रद होंगे।
- मैं सदैव अपने तथा दूसरों में गुण ही देखूंगा।
- मैं उन्हीं कार्यों, पदार्थों तथा सफलताओं की आकांक्षा करूंगा, जिनसे मनुष्य जाति सत्य एवं स्वाधीनता के मार्ग पर प्रगति कर सके।
- मैं विपत्ति आने पर कभी भी हिम्मत नहीं हारूंगा, बल्कि दुगुनी शक्ति एवं गति से कार्य करूंगा। इस प्रकार मैं विपत्ति को सुखद बना डालूंगा।
- मैं सबसे गौरवशाली बनूंगा।
- मैं जीवन में और अधिक सफलता पाऊंगा। मैं जानता हूं कि मैं पा सकता हूं।
- मैं सफलता के महामंत्र आत्मविश्वास से अपनी क्षमताओं एवं शक्तियों को पहचानूंगा।

आत्मविश्वासी मनुष्यों के शब्दों में ऐसा बल रहता है कि लोग उसे ही सत्य मानकर उस पर आचरण करने को तत्पर हो जाते हैं। भय, संकोच, घबराहट छोड़कर अपने आपसे वार्तालाप करके आप भी ऐसे आत्मविश्वास का संपादन कर सकते हैं। यह मत कहिए कि हो सका तो मैं प्रयत्न करूंगा, अपितु दृढ़ विश्वासपूर्वक कहिए, मैं इस कार्य को अवश्य कर सकता हूं। यह भी याद रखिए कि आप जो कुछ कहते हैं, उसकी सत्यता में आपको विश्वास होना चाहिए। जिन शब्दों का आप उच्चारण करते हैं, उनको यदि आप अपने अंत:करण में स्वीकार नहीं करते, तो आपके वे शब्द सर्वथा निर्जीव हैं। आपके प्रत्येक शब्द के पीछे संपूर्ण मानसिक शक्ति का बल, आपकी आत्मिक शक्ति पूरा समर्थन होना आवश्यक है परमेश्वर की दृष्टि में

        आत्मविश्वास सफलता का आधार

सब लोग समान हैं। वह पिता है, वह सबको एक जैसे अधिकार एवं वरदान देता है।

प्रगति के पथ पर आगे बढ़ने के लिए स्वयं अपने आपसे बातचीत करें, आत्म-साक्षात्कार करें, भले ही बातचीत में समय, आवश्यकता एवं व्यक्ति के अनुसार अंतर हो, परंतु सच्चे मन से की गई प्रतिज्ञा और बार-बार दोहराए गये संकल्पों से शक्तियां दोगुनी-चौगुनी बढ़ जाती हैं। दृढ़ निश्चय के साथ की गई ऐसी प्रतिज्ञाओं को पूर्ण करने में ईश्वरीय शक्तियां भी सहायक होती हैं।

आप जब तक अपनी कमजोरियां दूर नहीं करेंगे, तब तक आपका कार्य रुका रहेगा। प्रायः ऐसा भी होता है कि अपनी इस कमजोरी या बुराई के कारण मनुष्य जीवन-भर असफल रह जाता है। वास्तव में बुराई क्या है? बुराइयां हमारी इंद्रियों की दुर्बलता के कारण उत्पन्न होती हैं और जब इंद्रियों पर हमारा वश नहीं रह जाता, तो हम इनके गुलाम बन जाया करते हैं। जब तक हम इंद्रियों की तृप्ति नहीं कर लेते, तब तक हमको चैन नहीं मिलता। सुख और शंति का हम अनुभव नहीं कर पाते।

आपके मुखमंडल पर हमेशा आत्मविश्वास का तेज चमकना चाहिए। आपका आत्मविश्वास अत्यंत प्रबल होना चाहिए। अपने आप से वार्तालाप कर आप अपने आत्मज्ञान का प्रभाव बढ़ा सकते हैं। उसका लाभ उठा सकते हैं। आत्मलाप प्रातःकाल निद्रा टूटने पर तथा रात्रि शयन कक्ष में सोने से पूर्व करना चाहिए। इस प्रकार, आप अधिक लाभ उठा सकते हैं। आत्मलाप करते समय आप बराबर अपना संकल्प दोहराएं। साथ ही आत्मलाप से अपनी समीक्षा भी कर लिया करें। इस दिन, इस सप्ताह, इस माह आप क्या-क्या करना था? क्या-क्या रह गया? अमुक कार्य क्यों नहीं हुआ? इस प्रकार के प्रश्न कर अपना विवेचन स्वयं करें।

मनुष्य जो कुछ सोचता है, उसको शब्दों में प्रकट करता है। मनुष्य का सारा स्वभाव, सारा आदर्श, उसके वार्तालाप से ही जाना जा सकता है। वास्तव में मनुष्य की शब्दावली उसकी आत्मा का दर्पण है। उस मनुष्य के वर्तमान और भावी जीवन का संकेत करने वाला है। मनुष्य के ओठों से बाहर निकले शब्दों का बड़ा प्रभाव होता है। आज विज्ञान कहता

है कि शब्द अमर हैं। मनुष्य के मुंह से निकले शब्द कभी मरते नहीं, वह बराबर बने रहते हैं। उनका अस्तित्व है।

जिन विषयों में आप पारंगत होना चाहते हैं, जिन्हें सीखना चाहते हैं या कोई उपयोगी पुस्तक का अध्ययन कर रहे हैं, तो रात्रि को सोने से ठीक पहले पढ़िए। सोने के समय पढ़ी हुई चीज बड़ी सुगमता से याद होती है। पढ़ना बंद करते ही सो जाइए। जब तक नींद न आए, पढ़ते रहिए। ठीक वक्त पर सोने की आदत रखें और उस वक्त तक अध्ययन करें। सोने और पढ़ने के मध्य अधिक समय का अंतर न हो अर्थात पढ़ने के बाद सो ही जाना चाहिए। किसी अन्य कार्य में न लगें या किसी से बातों में न उलझें।

आपमें स्मरण शक्ति बढ़ाने की इच्छा है, लगन है, धैर्य है तो कोई कारण नहीं कि आपकी स्मृति न बढ़े।

अपने दैनिक व्यवहार में भी आपको कुछ बातों का अभ्यास करना चाहिए जैसे

- किसी भी कार्य में जल्दबाजी न करें।

- समय कितना भी कम हो और काम अधूरा हो, तब भी धैर्य को बनाए रखें। बदहवास कभी न हों। बदहवास हो गए तो कार्य बिगड़ जाएगा या और भी देर में होगा। गलत हो गया तो दोबारा करना पड़ सकता है। आप भूल कर सकते हैं जिससे कुछ छूट भी सकता है।

- क्रोध से जितना बच सकते हैं, बचें। क्रोध से स्मृति नष्ट होने लगती है। ज़रा-ज़रा सी बात पर यदि आप भड़क उठते हैं, कुढ़ते हैं, तो आप अपना नुकसान करते हैं। जितना भी आप शांत और संयत रहेंगे, उतने ही स्वस्थ रहेंगे और स्मरण शक्ति बढ़ा सकेंगे।

- प्रत्येक व्यक्ति, वस्तु या कार्य में दिलचस्पी लें। हर चीज पर ग़ौर करें। बेमन से किया गया कार्य सही नहीं होता। ध्यान से न देखी गयी या पढ़ी गयी चीज याद नहीं रहती।

- हर वक्त विचारों में मत खोए रहिए। मस्तिष्क को तनावों से मुक्त रखें। तनावग्रस्त लोग अपनी याद्दाश्त कम करते हैं।

– जिससे भी बात करें, प्रेम से करें। आपके व्यवहार में मिठास, सादगी और दृढ़ता होनी चाहिए। ऐसा होगा तो दो लाभ होंगे। सामने वाले पर प्रभाव भी अच्छा पड़ेगा और आप अपनी बातें याद भी रख सकेंगे। वायदों को भूलेंगे नहीं। कागजात सही बनाएंगे। भूलें कम होंगी। स्मरण शक्ति बढ़ाने का अभ्यास हो सकेगा।

एक बालक प्रातःकाल नींद खुलते ही यह कहने लगे कि 'मैं उठ नहीं सकता', तो निश्चित है कि वह बिस्तर से नहीं उठ सकता। वह बिस्तर से तभी उठ सकता है, जब उसे अपनी शक्ति पर, अपनी सामर्थ्य पर पूर्ण विश्वास हो कि वह उठ सकता है। जो मनुष्य अपने मन में सदा यही दोहराता है कि मैं इस काम को कर ही नहीं सकता या मैं इस काम को कैसे कर सकता हूं? कोई दूसरा व्यक्ति भले ही उसे कर ले, पर मैं नहीं कर सकता और इसलिए इसके बारे में प्रयत्न करना बेकार है। वह वास्तव में उस कार्य को नहीं कर सकेगा। वह किस प्रकार ऊँची शिक्षा प्राप्त कर सकता है। वह तो चार शब्दों के इस वाक्य ''मैं नहीं कर सकता'' का शिकार हो जाता है और जब तक वह इस प्रकार के विचार से पल्ला नहीं झाड़ता, तब तक उसके मन में इसी तरह के विचार आते रहते हैं।

मैं कर सकता हूं। उसके मार्ग में विघ्न बाधाएं आएं, वह अपने आत्मविश्वास एवं आत्मसम्मान की रक्षा हेतु इस प्रकार के शब्दों से प्रेरणा प्राप्त कर लेता है। जिस प्रकार एक व्यक्ति सफल वकील तभी बन सकता है जब वह कानून के नियमों और सिद्धांतों को समझे एवं कानून संबंधी ग्रंथों का अध्ययन करे, लेकिन यदि वह दवाओं अथवा डॉक्टरी के उपकरणों के बारे में सोचता रहेगा, तो क्या वह सफल वकील बन सकेगा। यह सब कहने का अर्थ यह है कि आप जिस विषय में भी विशेषज्ञ बनना चाहते हैं। उसे छोड़कर यदि अन्य विषयों के अध्ययन में लगे रहें तो अपने लिए चुने हुए विषय में विशेषज्ञ किस प्रकार बन सकेंगे। जब आपका मन ही अन्य विषयों के चिंतन में लीन रहता है, तो आप अपने लिए चुने हुए विषय में सफलता कैसे प्राप्त कर सकते हैं। इस प्रकार यह कहना भी बिल्कुल उचित है कि जब आपका

मन निराशा के विचारों से ग्रस्त है, तो फिर आपकी मनोवृति सफलता के लिए किस प्रकार समर्थ एवं सक्षम बन सकती है। तब आपकी कार्यक्षमता कैसे बढ़ सकती है, जब तक आप स्वयं को किसी भी प्रकार के दोष से ग्रस्त समझेंगे, तब तक आप वहां नहीं पहुंच सकते, जहां पहुंचकर आप सफलता प्राप्त कर सकते हैं। जब तक आपकी मन:स्थिति इतनी उन्नत नहीं हो जाती, आप अपने उद्देश्य में सफल नहीं हो सकते। जब तक आपके मन में नकारात्मक, ध्वंसात्मक तथा गलत विचार भरे हैं, तब आपका मनोबल गिरता ही रहेगा। तब तक आप किसी सूचना, किसी निर्माण या किसी कार्य के सृजन में सफल नहीं हो सकेंगे। अनेक व्यक्ति जीवन-भर केवल इस प्रकार के दुर्बल एवं अस्वस्थ्य विचारों से घिरे रहने के कारण ही सफल नहीं हो पाते।

लोग उन्हीं व्यक्तियों से प्रभावित होते हैं, जो अपनी शक्तियों से उन्हें प्रभावित करते हैं। जिन व्यक्तियों के मन में संशय और भय भरा हो, उनका किसी पर प्रभाव नहीं पड़ सकता। कुछ व्यक्ति प्रथम दर्शन में ही हमारा विश्वास जीत लेते हैं। हमें अपना बना लेते हैं और लोगों में विजय की भावना का संचार होने लगता है। लोग समझ लेते हैं कि यही हमारा नेता है, यही हमारा पथ-प्रदर्शक है, यही है वह व्यक्ति जिसमें इतनी शक्ति है कि वह जो चाहे कर सकता है। ऐसे व्यक्तियों के चाहने मात्र से ही लोगों के मन में विजय की भावनाएं उमड़ने लगती हैं और ऐसे व्यक्ति जब अपनी शक्ति का प्रयोग करके अनोखा कार्य कर दिखाते हैं, तो सभी लोगों को उन पर विश्वास हो जाता है।

जो नवयुवक यह सोचते हैं कि वह कभी अफसर नहीं बन सकते, वह वाकई कभी अफसर नहीं बन सकते। उनके लिए तो क्लर्क की कुर्सी ही खाली है। ठीक है कि कुछ व्यक्ति जोश में आकर वकील, डॉक्टर या व्यापारी बनने का निश्चय करते हैं, पर उनमें दृढ़ संकल्प नहीं होता, उनमें स्थिरता नहीं होती। उनका निश्चय डगमगाता रहता है इसलिए वह कुछ भी नहीं बन पाते। उन्हें अवसर मिला था कि वह दृढ़ निश्चयपूर्वक अपने उद्देश्य को चुनते और उसे पूरा करते। इसके लिए चाहे उन्हें रात-रात भर जागना पड़ता, चाहे कितना

     आत्मविश्वास सफलता का आधार

कठोर परिश्रम करना पड़ता, वह करते। तब तो संभव था कि वे सफल हो जाते, लेकिन उस समय उन्होंने अपनी जिम्मेदारी नहीं समझी, उस समय वे लापरवाह रहे, लेकिन ऐसे भी नौजवान हैं, जो उत्साह और उल्लास से भरकर अपने कार्य-व्यापार में लगे रहते हैं। उनका निश्चय अटल होता है और सतत् प्रयत्न करना उनका स्वभाव बन जाता है। ऐसे ही नवयुवक उन्नति के शिखर पर पहुंच जाते हैं।

महान सफलताओं और महान कार्यकर्ताओं का विश्लेषण कीजिए, उनके महान बनने का पहला कारण होगा, आत्मविश्वास। जिस व्यक्ति को अपनी योग्यता पर विश्वास हो जाता है और जो यह समझने लगता है कि वह जिस काम को भी करेगा, उसमें अवश्य ही सफल होगा, तो वह व्यक्ति अवश्य ही सफल होगा। भले ही अन्य लोग उसके विश्वास को दुराग्रह कहें, लेकिन ऐसे व्यक्ति अपनी धुन के पक्के होते हैं। अपने अदम्य आत्मविश्वास के बल पर संसार में सफल होकर अपना झंडा गाड़ ही देते हैं।

लोग उन्हीं व्यक्तियों से प्रभावित होते हैं, जो अपनी शक्तियों से उन्हें प्रभावित करते हैं। जिन व्यक्तियों के मन में संशय और भय भरा हो, उनका किसी पर प्रभाव नहीं पड़ सकता। कुछ व्यक्ति प्रथम दर्शन में हमारा विश्वास जीत लेते हैं। हमें अपना बना लेते हैं और लोगों में विजय की भावना का संचार होने लगता है।

आत्मविश्वासी व्यक्तियों के कहे हुए प्रत्येक शब्द में अपूर्व शक्ति और प्रभाव होता है। वे इतने विश्वास से अपनी बात कहते हैं कि किसी को उस पर अविश्वास अथवा संदेह नहीं हो सकता। इसलिए विश्व के महान लेखक और विचारक अपनी बात को कभी दलीलों से सिद्ध नहीं करते। वे हर बात को दृढ़ आत्मविश्वास से कहते हैं। यदि वे अपनी बात को दलीलें देकर सिद्ध करते हैं तो संभवत: मनुष्य उनकी बात पर विश्वास नहीं करते।

स्वयं से बात करते हुए आत्मविश्वास के साथ दृढ़ निश्चयी बनो। डर और झिझक को मन से निकालकर साहसपूर्वक कहो- मैं अभी से सफल हूं। सफलता मेरा जन्मसिद्ध अधिकार है। ऐसा कभी मत सोचो, मैं कोशिश करूंगा, मैं देखूंगा कि कर सकता हूं या नहीं, मैं

कोशिश करूंगा आदि। इससे संदेह की भावना मन में आती है जो उन्नति के लिए घातक है।

किसी ने ठीक ही कहा है कि मनुष्य नहीं चला करते, अपितु विश्वास चला करते हैं।

संसार में अगर कोई प्रबल प्रेरणा-शक्ति है, जो किसी व्यक्ति से महान कार्य करवा लेती है, तो वह आत्मविश्वास। मनुष्य की अपनी शक्तियां और सामर्थ्य तो केवल साधन मात्र है। सच्ची शक्ति तो विश्वास से ही आती है, जिसके बल पर मनुष्य असंभव को भी संभव कर दिखाता है। कई बार तो ऐसा होता है कि शक्तियां और साधन होते हुए भी मनुष्य उनका लाभ उठाने से वंचित रह जाता है, क्योंकि उनमें आत्मविश्वास नहीं होता। किसी भी कार्य की सफलता, कर्ता के आत्मविश्वास पर निर्भर करती है। 'एडमंड कैपुर ब्रोड्स,' विश्व युद्ध के वीर योद्धाओं के विषय में लिखते हैं कि जिन युवकों को हमने बिल्कुल साधारण समझा था, युद्ध में उनकी असाधारण वीरता की कहानियां सुनकर सचमुच हमें बड़ा आश्चर्य होता है। एक ऐसे लड़के का उदाहरण देते हुए वे लिखते हैं कि एक लड़का जो न तो कक्षा में उपस्थित रहता था और न पढ़ने-लिखने में योग्य था। परीक्षा में भी वह बहुत कम पास हुआ करता था, वह बड़ा ढीला-ढाला और अयोग्य विद्यार्थी था। उसने सेना में भर्ती होने का प्रयास किया, किंतु डॉक्टरी जांच में वह फेल हो गया। उसने कई बार प्रयास किए, किन्तु सेना में भर्ती होने में असफल रहा। कुछ दिनों बाद वह सेना में भर्ती होने में सफल हो गया। यह खबर जब हमने सुनी, तो हमने यह सोचा कि कुछ ही दिनों में वह बेचारा अपने शरीर का कोई अंग खोकर अपने घर लौट जाएगा, परंतु जब हमने सुना कि युद्ध के भयंकर मोर्चे पर उसने अदम्य साहस और सूझ-बूझ का परिचय दिया है, तो हमारे आश्चर्य का ठिकाना नहीं रहा। युद्ध के मोर्चे पर गोलियों की बौछार में उसने एक सैनिक की जान बचाई और जलते हुए बम को उठाकर खाई से बाहर फेंक दिया। निकम्मा और ढीला-ढाला समझा जाने वाला यह वही युवक था, जो कई बार सेना में भर्ती होने के लिए अयोग्य ठहरा दिया गया था। हमें जीवन में अनेक ऐसे युवक मिलते हैं, जो साधारण होते हुए भी असाधारण सफलता प्राप्त कर आश्चर्यचकित

     आत्मविश्वास सफलता का आधार

कर देते हैं। कम योग्यता होते हुए भी वे आत्मविश्वास में दूसरों की अपेक्षा कहीं बढ़कर होते हैं। उनकी साधारण सफलता का यही रहस्य है।

असंभव को संभव कर दिखाने वाली शक्ति विश्वास ही है। कितने दुर्भाग्य की बात है कि हम अपना मूल्य विजय से नहीं पराजय से आंकते हैं। हम विजय को कोरा स्वप्न ही मान लेते हैं, वास्तविक जीवन का अंग नहीं समझते। हम अपनी शक्ति की अपनी कमजोरी से तुलना करते हैं, जबकि ईश्वर ने मनुष्य को भय या निराशा का अभिशाप नहीं दिया, बल्कि शक्ति, साहस, प्रेम और स्वास्थ्य का वरदान दिया है। यदि मनुष्य इस वरदान को ठीक से समझ पाता, तो आज संपूर्ण विश्व में विश्वास का साम्राज्य होता। आत्मविश्वास के द्वार खोलकर ईश्वर पर विश्वास मनुष्य को ईश्वर बना देता है।

युद्धभूमि में विजय पाने के लिए जूझ रहे एक वीर योद्धा के शब्द जीवन में युद्ध लड़ने वाले मनुष्य के लिए कितने महत्त्वपूर्ण और प्रेरणा से भरे हैं– "युद्ध में बंदूक नहीं, बल्कि उसको पकड़ने वाला सैनिक लड़ता है। उस सैनिक का शरीर नहीं, बल्कि उसका हृदय लड़ता है। उसका हृदय भी नहीं अपितु उसमें भरा हुआ आत्मविश्वास ही लड़ता है।'

किसी भी विजेता के विजयी होने का रहस्य उसके आत्मविश्वास पर निर्भर करता है। विश्वास ही विजय की कुंजी है। यदि विश्वास नहीं हो तो विजय भी नहीं। विश्व का अद्भुत चमत्कार विश्वास ही है। किसी भी विजेता को देखो, उसकी विजय का रहस्य उसके विजयी होने के अटूट विश्वास में था। हम नहीं जानते कि स्वयं पर विश्वास रखकर हम अजेय हो जाते हैं, फिर संसार में हमारे लिए कुछ भी असंभव नहीं रह जाता। हमारी असफलता और निराशा का अगर कोई कारण है तो वह सिर्फ हमारे अंदर आत्मविश्वास की कमी है यदि विश्वास होगा तो विजय स्वयं आकर पांव चूमेगी। अपनी महत्त्वाकांक्षाओं को प्राप्त करने का जितना दृढ़ निश्चय आपका होगा, उतनी ही सफलता भी आपको मिलेगी। अपने दृढ़ निश्चय और विश्वास की शक्ति के बल पर ही संसार में वैज्ञानिकों के सामने कितनी ही कठिनाइयां आईं, लेकिन सभी कठिनाइयों पर विजय हासिल करते हुए वे अपने निश्चय पर अडिग रहे हैं। इसी विश्वास की

युद्धभूमि में विजय पाने के लिए जूझ रहे एक वीर योद्धा के शब्द जीवन में युद्ध लड़ने वाले मनुष्य के लिए कितने महत्त्वपूर्ण और प्रेरणा से भरे हैं– "युद्ध में बंदूक नहीं, बल्कि उसको पकड़ने वाला सैनिक लड़ता है। उस सैनिक का शरीर नहीं, बल्कि उसका हृदय लड़ता है। उसका हृदय भी नहीं अपितु उसमें भरा हुआ आत्मविश्वास ही लड़ता है।'

प्रबल शक्ति से मानव सभ्यता आज बर्बर युग से सभ्यता के युग तक आ सकी है। प्रत्येक मनुष्य के व्यक्तित्व में किसी विशेष आविष्कार के बीज मौजूद रहते हैं। हर व्यक्ति संसार की उन्नति में अपना योगदान दे सकता है। यदि उसमें कुछ करने का आत्मविश्वास हो। विश्वास के बल पर ही एक साधारण व्यक्ति भी बड़े-से-बड़ा कार्य कर लेता है।

एक मनोवैज्ञानिक डॉक्टर के पास एक स्त्री आई, जो अपने रोगग्रस्त जीवन से बड़ी दुःखी थी। बहुत-सी बीमारियों में से एक बीमारी उसके गले पर एक गिल्टी का होना था। उसका विश्वास था कि इस बीमारी को उसे डॉक्टर को अवश्य बताना चाहिए अन्यथा उसे कभी आराम नहीं मिल सकेगा। दिन-रात उसे अपनी इस बीमारी की चिंता सताती रहती। जब वह इलाज कराने उस डॉक्टर के पास आई, तो डॉक्टर ने उसके सामने एक स्वस्थ गुलाबों का गुलदस्ता रख दिया, जिसका रंग उसके शरीर की तरह गुलाबी रंग का था, डॉक्टर ने उसे वहां बैठकर फूलों की सुंदरता को देखते रहने के लिए कहा। उसके मन में उल्लास भरने के लिए एक मनोवैज्ञानिक ने उस स्त्री को आधा घंटा तक फूलों के सौंदर्य में मुग्ध रखा। फिर उसने उस महिला को बताया कि बीमारी के बारे में वह कोई बात नहीं सुनना चाहता, क्योंकि एक डॉक्टर को सदा ईश्वर प्रदत्त स्वास्थ्य के बारे में ही सोचना और बात करना चाहिए। उस स्त्री को भी उस डॉक्टर ने ऐसे ही स्वस्थ विचार हमेशा मन में लाने को कहा। उस स्त्री ने डॉक्टर की सलाह का पालन किया। कुछ ही दिनों में धीरे-धीरे उसके स्वस्थ विचारों का प्रभाव उसके शरीर पर भी होने

लगा। वह पूर्ण स्वस्थ हो गई। जब उसके मन पर पूरी तरह स्वास्थ्यवर्ध के विचारों का राज कायम हो गया, तभी संपूर्ण शरीर रोगमुक्त हो गया। मन में जिस तरह के विचार होते हैं, शरीर पर उनका वैसा ही असर होता है। रोग निदान के लिए चाहे मनोवैज्ञानिक ढंग से चिकित्सा की गई हो, एलोपैथी अथवा होम्योपैथी या किसी मंत्र-तंत्र से तमाम पद्धतियों के रोग निवारण में रोगी का अपना विश्वास ही प्रमुख कारण है।

आप यह सोचें कि आप वास्तव में हैं क्या? यह जानने के लिए थोड़ा-सा प्रयत्न कीजिए। आप नहीं जानते कि आपके अंदर कितनी बड़ी शक्ति छिपी हुई है। आप उस शक्ति का ज्ञान न होने के कारण स्वयं को हीन, दुर्बल और अभागा समझते हैं। आप हर समय उल्टी-सीधी बातें सोचते रहते हैं इसलिए आपको हीनता मिलती है। आप हमेशा असफलताओं के बारे में सोचते हैं, इसलिए आपके हाथ असफलता ही लगती है। यदि आप ऊँची बातें सोचेंगे, तो आपको ऊँचाइयां प्राप्त होंगी इसलिए आवश्यक है कि आप हमेशा अच्छी-अच्छी बातें ही सोचें। अगर आपको जीवन में निराशा और असफलता ही मिली है, तो उसका प्रमुख कारण यह है कि आपने उचित और निरंतर कोशिश नहीं की। इसलिए आप सफल नहीं हो सके। आप जो चाहते हैं, उसी के संबंध में विचार कीजिए। जब आप सफलता की ओर बढ़ते हैं और उसे पाने का प्रयत्न करते हैं, तो कोई संदेह नहीं कि सफलता आपको प्राप्त न हो। आप जिस समय भी असफलता के बारे में सोचते हैं, असफलता आपकी ओर चल पड़ती है और सफलता आपसे दूर होने लगती है। आप उल्टी दिशा में चलने लगते हैं, इसलिए उसका परिणाम भी उल्टा ही होगा।

यदि आपको असफलताओं और परेशानियों का सामना करना पड़ रहा हैं, तो चिंता करने की बिल्कुल आवश्यकता नहीं है। जो भी कामना है, आपका जो भी लक्ष्य है उस पर दृढ़ रहिए। उसे पाने का निरंतर प्रयास करते रहिए। सफलता को कभी मत भूलिए। उसी के विचारों में डूबे रहिए। कभी भी यह मत सोचिए कि आप असफल हो सकते हैं। ऐसी स्थिति में आप सफलता को अपने दरवाजे पर खड़ा पाएंगे और आपको निश्चय ही सफलता प्राप्त होगी।

संसार में जितने भी सफल व्यक्ति थे या आज हैं, उन सबकी सफलता का एकमात्र रहस्य यही है कि वे लोग अपनी समस्त मानसिक और शारीरिक शक्तियों की सहायता से अपने लक्ष्य की ओर बढ़ें, या बढ़ रहे हैं। उन्होंने इस ओर कभी ध्यान ही नहीं दिया कि लोग उनके संबंध में क्या कहते हैं और क्या सोचते हैं? वे अपनी कल्पना की पूर्ति के प्रयास में निरंतर लगे रहे। अपने मन और अपनी आत्मा की आवाज को ईश्वरीय प्रेरणा मानकर चलते रहे। यह अटल सत्य है। गोपनीय रहस्य है। इस रहस्य को जानिए। आपके हृदय में जो कामना पैदा होती है, जो आवाज अंत:करण से उठती है, आप मन-ही-मन जो कामना करते हैं, वह आत्मा की ही प्रेरणा है। आप उसे पूरा कर सकते हैं क्योंकि सभी कामनाएं पूरी होने के लिए ही पैदा होती हैं। कुछ भी तो असंभव नहीं है। वह सभी कुछ हो सकता है, जिसकी कामना हृदय की गहराइयों से पैदा होती है।

कुछ लोग जिन्हें सफलता प्राप्त नहीं हो पाती, अपनी असफलता का दोष दूसरों के सिर मढ़ देते हैं। वे जानते हैं कि अपनी गलती का दोष दूसरों के सिर पर मढ़ना अनुचित है, लेकिन असफलता से उत्पन्न खीझ उनको यह बात भुला देती है, क्योंकि आपके मन से सफलता का, आगे बढ़ने का विश्वास उठ गया है। आपने अपना आत्मविश्वास खो दिया है इसलिए आप सफलता प्राप्त करने के लिए पूरा प्रयत्न नहीं कर रहे हैं। अगर आप पूर्ण विश्वास, दृढ़ संकल्प और अविराम परिश्रम से आगे बढ़ते रहेंगे, तो सफलता आपके कदम अवश्य चूमेगी।

आप भी अटूट आत्मविश्वास और अथक परिश्रम के बल पर सफलता को अपनी ओर खींच सकते हैं। आप ईश्वरीय प्रेरणाओं से हर प्रकार की शक्ति, जिसकी आपको आवश्यकता हो, प्राप्त कर सकते हैं और उसी शक्ति के माध्यम से अपनी कामनाओं को पूरा करने के लिए, उस स्वप्न को साकार बनाने के लिए आगे बढ़िए। कल्पना शक्ति सामान्य शक्ति नहीं होती।

संसार में जो बड़े और महान आविष्कारक हुए हैं, उनका मूल कारण कल्पना शक्ति ही थी। यदि व्यक्ति को अपनी कल्पना शक्ति पूरी तरह पता चल जाए, तो उसके जीवन में महान क्रांति आ सकती है। उसके

आत्मविश्वास सफलता का आधार

जीवन की धारणा ही परिवर्तित हो सकती है। जब आप सोते-जागते, उठते-बैठते, हर पल निरंतर अपने लक्ष्य के संबंध में ही सोचते रहेंगे, उसी दिशा में प्रयत्नशील रहेंगे, उसे प्राप्त

करने की कल्पनाओं में ही खोए रहेंगे, तो आप अपने लक्ष्य को निश्चय ही पा लेंगे। इसमें संदेह की कहीं कोई गुंजाइश ही नहीं।

11

प्राथमिकता तय करें

'जब भी अवसर मिले आप अपनी प्राथमिकता तय करके अपना कार्य करें। अगर आप अपनी प्राथमिकता तय नहीं करेंगे, तो अवसर आपके हाथ से निकल जाएगा'

आप अगर प्राथमिकता तय करके काम करेंगे, तो आप जीवन में कभी भी असफल नहीं हो सकते। अगर प्राथमिकता नहीं तय करेंगे, तो कोई भी काम सही समय पर नहीं हो पाएगा। काम को पूरी लगन के साथ सही समय पर पूरा करने के लिए एक तरह का चक्रव्यूह

> हमारे अंदर क्या है, इसकी तुलना में ज्यादा महत्वपूर्ण है कि हमारे सामने इस समय क्या है?
>
> — ईसा मसीहा

तैयार करना पड़ेगा ताकि आप उस क्षेत्र में एक रणनीति के तह काम करते हुए अपने लक्ष्य तक पहुंच सकें। आपको जब भी अवसर मिले आप यह भूल जाएं कि आप पहले क्या थे। अपनी प्राथमिकता बदल दें। सिर्फ इस बात पर ध्यान दें कि आप क्या बनना चाहते हैं और जो करना चाह रहे हैं, उसमें किस हद तक सफलता मिलेगी। अपनी सोच को जुनून की हद तक ले जाएं। जैसे-जैसे समय बीतता जाएगा, आपके लिए नए दरवाजे खुलते चले जाएंगे।

एक नई शुरुआत चमत्कार के रूप में होगी। आप पहले क्या थे, उससे बिल्कुल ही विपरीत होने के लिए आपको खुद को पूरी तरह से

बदलना होगा। तब जाकर संभव हो पाएगा कि जो आप काम कर रहे हैं, उसमें किस हद तक आपको सफलता मिलेगी। जब आप अपने काम की प्राथमिकता तय करते हैं, तो आपके सामने एक ही लक्ष्य होता है उपलब्धि हासिल करना और अपनी प्रतिभा को बढ़ाकर सब कुछ हासिल करना। लक्ष्य से आप थोड़ा-सा भी भटके, तो आपको सफलता हासिल नहीं हो सकती है। अपना कदम नई शुरुआत की ओर बढ़ाने के पहले अच्छी तरह सोचकर ही अगला कदम रखें। यदि आप ऐसा नहीं कर पाए तो जो पहले थे उससे भी वंचित रह जाएंगे, क्योंकि आपने खुद को बदलने की पहल शुरू कर दी थी। पूरे जोश, जज़्बों और जुनून के साथ नई शुरुआत करें। जब आप इसे पूरी तरह से अमल में लाएंगे तो आपको इसका लाभ जरूर मिलेगा।

यदि मनुष्य जीवन के अवसर का पूरा लाभ उठाना चाहता है, तो क्या उसे स्थायी चीजों से होने वाली प्रेरणा की जरूरत नहीं है? क्या उसे ऐसे कार्यों की जरूरत नहीं, जो आत्मा के समान स्थायी हों? जीवन की असली गरिमा सार्थकता, जो खून में जोश पैदा करती है, आत्मा को प्रज्वलित करती है, ये कार्य रोटी कमाने जैसे कार्य से कुछ अधिक है? यह वह कार्य है जिनका हमारे समाज से गहरा संबंध है और जो हमारी आध्यात्मिक शक्तियों के लिए बहुत जरूरी है। संसार में ऊँचा उठने का अर्थ सिर्फ पैसा बनाना नहीं है।

वस्तुत: वही सुनहरा क्षण है जब मन और हृदय पूर्ण रूप से खुले हों तथा उत्पादक शक्तियों की गति से भरपूर हों। क्या तुम्हें नैतिक विस्तार में उल्लास का अनुभव नहीं होता है? क्या तुममें ऐसी जीवन-शक्ति नहीं है कि मानो तुम्हारे अंदर का देवदूत बाहर आने के लिए संघर्ष कर रहा हो, जिससे कि वह तुम्हारे नित्य जीवन का निर्माण कर सके? कितना शानदार अवसर आज संसार के नौजवानों की प्रतीक्षा कर रहा है। बड़े-बड़े काम सम्मुख हैं। उनमें अपनी आत्मा का विनियोग करो। यह करते हुए तुम्हारा दृष्टिकोण बौद्धिक तथा नैतिक हो। एक सांस भी जो तुम लो, वह इसके लिए हो।

जो व्यक्ति यह समझते हैं कि हमारी शक्तियां सीमित हैं, जिनके मन में यह बात जम गई है कि हम अपनी परिस्थितियों से घिरे हुए हैं,

उससे निकल ही नहीं सकते हैं, हम उनके शिकार हैं, बस वे दुःखी मनुष्य हैं। अगर आप प्राथमिकता तय करके काम करते हैं तो आप सफल हो सकते हैं। लेकिन प्राथमिकता तय नहीं करेंगे तो सफलता तो दूर की बात रही जो कार्य आप कर रहे हैं उसमें भी मन नहीं लगेगा। अपने लक्ष्य पर हमेशा स्थिर रहना चाहिए। अपने पेशे या व्यवसाय में बार-बार बदलाव सफलता के लिए बेहद घातक है। मान लीजिए एक नवयुवक ने पांच-छह साल तक मेवे का कारोबार किया है। इतने समय के बाद वह महसूस करता है कि उसके लिए परचून का कारोबार ज्यादा उपयुक्त है और वह मेवे के कारोबार को छोड़ कर परचून के व्यापार में लग जाता है यानी वह अपने पांच-छह साल के तजुर्बे को बेकार कर देता है। इस प्रकार वह अपने व्यवसायों को बदलते रह कर अपने जीवन का बड़ा हिस्सा यूं ही गंवा देता है। वह कई व्यवसायों के बारे में थोड़ी-थोड़ी जानकारी तो इकट्ठी कर लेता है, लेकिन पारंगत किसी एक में भी नहीं हो पाता। यदि आदमी बीस व्यवसायों को अपनाने के बावजूद सबमें अधूरा ही ज्ञान रखें तो उसका सफल और सुखी होना असंभव है, संपन्नता का तो प्रश्न ही नहीं उठता।

अनगिनत नौजवान अपने व्यवसाय में निपुणता प्राप्त करने से पहले ही हिम्मत हार बैठते हैं और किसी दूसरे व्यवसाय में किस्मत आजमाने की ओर बढ़ जाते हैं। कितना आसान है अपने व्यवसाय में कांटे और दूसरों के व्यवसाय में गुलाब देखना। मिसाल के तौर पर जब एक युवा व्यवसायी को लगता है कि डॉक्टर का जीवन निश्चय ही ज्यादा आरामदेह है। वह अपने भाग्य को कोसने लगता है कि उसे ऐसा आसान पेशा नहीं मिला या उसका पेशा इतना उबाऊ क्यों है। उसे अपना पेशा ही श्रमसाध्य और कठिन लगता है। वह उन वर्षों के विषय में नहीं सोचता, जब डॉक्टर बनने से पहले उस व्यक्ति ने किस प्रकार अथक अध्ययन के जरिए यह ज्ञान प्राप्त किया था। वह भूल जाता है कि कितने महीनों या सालों के बाद उसने अपने मरीजों का विश्वास जीता होगा। वह भूल जाता है कि शरीर विज्ञान का ज्ञान और अनगिनत दवाओं का नाम याद रख पाना कितना शुष्क और नीरस काम है।

     आत्मविश्वास सफलता का आधार

कुछ लोगों की धारणा है कि यदि वे किसी काम से लंबे समय तक चिपके रहे तो कामयाब हो जाएंगे, लेकिन हमेशा ऐसा नहीं होता। बिना किसी ठीक-ठीक योजना के काम करना भी इतना ही मूर्खतापूर्ण है जितना कि दिशासूचक यंत्र के बिना समंदर में उतरना। दक्षिण के घास के मैदानों में एक फूल उगता है, जो हमेशा एक ही तरफ झुका रहता है। यदि कोई मुसाफिर रास्ता भटक जाए और उसके पास दिशासूचक भी न हो, तब भी वह केवल इस पौधे के सहारे अपनी स्थिति के बारे में जान सकता है। इसकी वजह यह है कि चाहे कितना भी तूफान आए या बर्फ पड़े, इसकी पत्तियां हमेशा उत्तर दिशा की ओर रहती हैं। इसी तरह कई लोगों के लक्षण भी बेहद स्थिर रहते हैं। उनके सामने चाहे कितनी भी कठिनाइयां आएं वे हमेशा एक ही दिशा में बढ़ते रहते हैं। उन्हें देखकर आप पूरे विश्वास से बता सकते हैं कि वे अंतत: कहां जाकर निकलेंगे। वे सामने की हवाओं और लहरों के कारण धीमे तो हो सकते हैं, लेकिन उनकी बढ़ने की दिशा हमेशा तट की ओर ही रहती है। वे सीधे बंदरगाह पर जाकर ही लंगर डालते हैं। आप निश्चय के साथ जानते हैं कि वे चाहे कुछ भी गंवा दें, लेकिन अपना दिशासूचक यंत्र कभी नहीं खोएंगे। ऐसे आदमी को कुछ भी झेलना पड़े, चाहे उसकी पतवार बह जाए, उसका मस्तूल गिर पड़े और भले ही जीवन के तूफान से वह बुरी तरह पिटता रहे, लेकिन उसके दिशासूचक यंत्र की सुई हमेशा उसकी आशाओं के ध्रुव तारे की ओर रहेगी। चाहे कुछ भी हो, पर उसका जीवन निरुद्देश्य नहीं हो सकता।

निर्णय लेने की कला

निर्णय लेना भी एक कला है। अगर आप निर्णय लेने में देरी करते हैं या फिर निर्णय लेकर उस काम को पूरा नहीं करते, तो समझ लीजिए कि आप चूक गए और वह अवसर आपके हाथ से निकल गया। कई बार आपके जीवन में ऐसे क्षण आते हैं, जब आपको दो कार्यों में से एक को चुनना पड़ता है, दो वस्तुओं में से एक को ज्यादा महत्त्व देना होता है या दो रास्तों में से एक को अपनाना पड़ता है। ऐसे क्षण सभी के

जीवन में आते हैं। बहुत से लोग ऐसे अवसर पर किंकर्तव्यविमूढ़ होकर बैठे रहते हैं। वे कोई फैसला नहीं ले पाते। लक्ष्य को भी भूल जाते हैं और समय भी गुजर जाता

एक बार आगे बढ़ने का निर्णय लें, तो तब तक निरन्तर आगे बढ़ते रहो, जब तक अपनी मंजिल पर नहीं पहुँच जाओ

— शेख़ सादी

है। डॉक्टर जॉनसन का कहना है कि जितना समय आप इस फैसले में लगाते हैं कि अपने बच्चे को कौन-सी पुस्तक पढ़ने को दें, उतने समय में तो बहुत से बच्चे दोनों पुस्तकों को पढ़ लेते हैं। दुविधा की स्थिति अधिक देर तक रहती है, तो सदैव दुःखदायी होती है। जो लोग सदैव परिस्थितियों के दास बनकर स्वयं को परिस्थितियों के हवाले कर देते हैं, उनके आचरण पर कोई भी विश्वास नहीं कर सकता। ऐसे व्यक्ति की नाव का पार होना कठिन है। वे तो बस धारा के साथ बहते चले जाते हैं। उन्हें लहरें भी बहा ले जा सकती हैं। कोई नहीं कह सकता कि उनका भविष्य क्या होगा।

बहुत से लोग दुविधा के कारण अपने संकल्प से हट जाते हैं और अपने तय मार्ग से भटक जाते हैं। कोलंबस ने भले ही उस धरती को नहीं ढूंढ़ा, जिसे वह ढूंढ़ना चाहता था, परंतु उसके संकल्प और प्रबल इच्छा शक्ति तथा निर्णय लेने की शक्ति के कारण उसे एक महान उपलब्धि प्राप्त हुई। उसका ध्येय बढ़ते जाना था। अपने साथी नाविकों के विद्रोह की भी उसने परवाह नहीं की थी। उसने जो सपना देखा था, उसे पूरा कर दिखाया।

मनुष्य का कोई-न-कोई उद्देश्य होना चाहिए। कोई-न-कोई लक्ष्य और ध्येय होना चाहिए, उसे बिना पतवार की नांव नहीं बन जाना चाहिए, जो मंझधार में लहरों के साथ बहती चली जाती है। जिसका उद्देश्य, गंतव्य और लक्ष्य नहीं होता इसलिए यह समझना जरूरी है कि जब आप किसी भी कार्य को करें, तो उसमें किसी प्रकार का संशय न रखें। होता यह है कि जब आप के मन में संशय पैदा होता है, तो वह काम आसानी से नहीं होता इसलिए पूरे विश्वास के साथ काम को करिए और आगे बढ़िए।

आत्मविश्वास सफलता का आधार

प्रसन्न रहना सीखिए

जब आप कोई काम करना चाहते हैं, तो उसे प्रसन्नता के साथ करते रहना चाहिए, तभी आपको सफलता मिलेगी, लेकिन जब आप किसी काम को खिन्न मन से करते हैं, तो उस काम में भी खिन्नता आती है। जो व्यक्ति सदा प्रसन्न रहता है

> मुस्कुराहट, सुख और प्रसन्नता ऐसे इत्र हैं, जिन्हें आप दूसरों पर जितना छिड़केंगे, उतनी ही अधिक खुशबू आपको मिलेगी।
> – चाणक्य

और बड़ी-से-बड़ी विपत्ति में भी नहीं घबराता, जिसके चेहरे पर सदा मुस्कान छाई रहती है, ऐसे व्यक्ति से मिलकर सभी प्रसन्न होते हैं।

लेकिन अक्सर यह देखा गया है कि बहुत से व्यक्ति संसार की हर चीज से उदासीन रहते हैं। उन्हें किसी भी सांसारिक चीज से कोई लगाव नहीं रहता। वे उदासीन व्यक्ति किसी भी चीज में रुचि नहीं लेते। ऐसे लोग आलसी और निकम्मे हो जाते हैं। आत्मविश्वास नाम की कोई चीज उनके पास नहीं होती। ये अपना विश्वास खो चुके होते हैं। इन्हें न स्वयं पर भरोसा होता है और न दूसरों पर। न इनके पास आनंद है, न प्रसन्नता, न सुख वैभव और न किसी प्रकार का आदर्श।

ऐसे लोग जहां भी जाएंगे, दुःख, क्लेश, पीड़ा और दरिद्रता ही लेकर जाएंगे।

जो व्यक्ति सदा प्रसन्न रहता है और बड़ी-से-बड़ी विपत्ति में भी नहीं घबराता और चेहरे पर सदा मुस्कान सजाए रखता है, कैसी भी परिस्थिति हो वह दुःखी और निराश नहीं होता, ऐसे लोगों से मिलकर सब प्रसन्न होते हैं।

ऐसे बहुत से लोग समाज में हैं, जो उदासी, निराशा और दुःखों के सागर में डूबे एक जगह पर ही पड़े रहते हैं। वे हरेक से अपने दुःख, दुर्भाग्य, कष्ट और गरीबी का रोना रोते हैं। उन्हें आप यही कहते सुनेंगे कि वह बड़े बदनसीब हैं, बहुत दुःखी हैं, परेशान हैं, उनके मुकद्दर में दुःख ही दुःख है। सुख नाम की कोई चीज नहीं, परमात्मा ही उनसे रूठा है।

सबसे भयंकर रोग उदासी है। जो दुनिया में कुछ करके दिखा सकने योग्य हैं, वे भी मनोविकारों के कारण कुछ नहीं कर पाते। ऐसे लोगों में अधिकांश ऐसे होते हैं, जो कभी-कभी अति आशावादी बन जाते हैं, तो कभी उनके ऊपर निराशा का ऐसा दौरा पड़ता है कि वह इतने घोर निराशावादी बन जाते हैं कि सभी आशाओं को छोड़ बैठते हैं। जब भी आपका मन परेशान हो और किसी भी प्रकार से निर्णय शक्ति काम न करे, तब शांत मन से सोचिए, मन में उत्साह भरिए। बहुत से लोग ऐसी ही डांवाडोल स्थिति में कई महत्त्वपूर्ण निर्णय लेते हैं, जबकि संदेह या भय उनके मन में बराबर बना रहता है। इसलिए वे सफल नहीं हो पाते।

आपको यदि कभी चिंता महसूस हो रही हो तो सोचना शुरू करें कि आत्मा निर्दोष है, उसमें अपार सुख, शांति और आनंद है, दु:ख और चिंता उसमें नहीं रह सकती। ऐसा सोचने पर आप पाएंगे कि मन से सब बुरे विचार दूर होते चले जा रहे हैं। शक्ति पुन: जाग्रत होती जा रही है। उदासी, दु:ख और चिंता से दूर रहने के लिए आप हमेशा सुखद स्वप्न की कामना करें। सद्विचार मन में बनाएं, अच्छी कल्पनाएं करते रहें।

अहंकार या घमंड मनुष्य को ओछा बनाता है। ऊँचाइयों पर नहीं चढ़ने देता क्योंकि जहां अहंकार की भावना प्रबल है वहां क्रोध भी होता है। क्रोध से बुद्धि का नाश होता है। एक ही व्यक्ति सारे समाज को बदल सकता है। जो व्यक्ति नम्र होता है वह सर्वथा प्रशंसा पाता है। आप धनवान हैं तो अहंकार सारी लोकप्रियता को छीन लेगा। मधुर वाणी उस मधु के समान है, जो आत्मा को मधुर लगती है और हड्डियों को स्वस्थ रखती है। जिससे मन और तन दोनों स्वस्थ्य रहते हैं। उदाहरण के तौर पर अगर आप कोई भी काम सुंदरता के साथ करते हैं और मन को गलत रास्तों पर नहीं ले जाते हैं तो आप हमेशा सफल रहेंगे।

आपके मन में असीम शक्ति छुपी है। आप जब तक इस शक्ति को नहीं पहचानते तभी तक आप निर्बल और अकर्मण्य हैं। इस शक्ति को पहचानकर जब आप भगवान के निकट हो जाएंगे, तो आप न तो अकर्मण्य ही रहेंगे और न निर्बल रहेंगे। आपके मन में जैसे विचार होते हैं, आप वैसे ही होते हैं। विचारों की शक्ति से जीवन प्रभावित होता है।

 आत्मविश्वास सफलता का आधार

आप गरीब हैं, इसका कारण क्या है? प्रथम प्रमुख कारण है कि आपके विचार गरीब हैं। आप मन में

गरीबी के विचार रखते हैं, तो आप धनवान कैसे हो सकते हैं? गरीबी के विचार ने आपके मन में जड़ें जमा ली हैं तो आप नि:संदेह गरीब ही रहेंगे।

यह निर्धनता मानव की स्वाभाविक दशा है। मानव की रचना बेबसी, गरीबी और कमजोरी के लिए नहीं हुई है। यह तो परमात्मा की सर्वश्रेष्ठ रचना है। मनुष्य के भीतर तो एक दिव्य शक्ति है, वह तो जैसा चाहे वैसा बन सकता है। वह जब अपनी मानसिक शक्तियों से अनजान रहता है और दरिद्रता की दासता को स्वीकार कर लेता है, तो गरीब और कंगाल ही बना रहता है। यदि मानव का मन गरीबी को अस्वीकार कर दे और अपनी स्थिति को बदल देने के लिए तत्पर हो जाए, तो वह परिस्थितियों को बदल सकता है। मन कमजोर होने के कारण कोई व्यक्ति स्वयं को दीन, हीन, पिछड़ा, कमजोर और भाग्यहीन मानता है, वह ऐसा ही रहता है।

जो व्यक्ति स्वयं मन को कमजोर बनाता है, उसकी मानसिक शक्तियों का विकास नहीं हो सकता। यदि आप दृढ़ इच्छा शक्ति के साथ प्रण करके उठ जाएं, मानसिक शक्तियों को पहचानकर उनका रुख मोड़ दें, तो आप उथल-पुथल मचाने में समर्थ हैं। आवश्यकता है तो केवल मन की शक्ति को पहचानने और उसे बढ़ाने की। वास्तव में मनुष्य अपनी हीन भावना के कारण ही निर्धन रहता है। हीन ग्रंथियों का विकार ही उसे निर्धनता से चिपटाए रखता है। जो स्वयं को प्रत्येक समय निर्धन ही कहता है और निर्धन ही समझता रहता है, तो वह कैसे धनवान बन सकता है?

12

सोच का दायरा बढ़ाएं

'जब भी अवसर मिले तो अपनी सोच का दायरा अवश्य बढ़ाएं। अगर आपकी सोच का दायरा नहीं बढ़ेगा, तो आपको मिले अवसर का भरपूर उपयोग नहीं हो पाएगा'

अगर आप कोई भी काम करने की योजना बना रहे हैं, तो उस योजना का इतना विस्तार से अध्ययन करना चाहिए कि उसमें किसी प्रकार की विफलता की गुंजाइश न हो। होता यह है कि इंसान कई बार बिना सोचे-समझे किसी काम की शुरुआत कर देता है, इसलिए उसकी सोच सीमित रह जाती है और उसका काम विफल होता दिखने लगता है। किसी ने खूब कहा है कि, 'विफलता नहीं, बल्कि दोयम दर्जे का लक्ष्य एक अपराध है।' मतलब साफ है कि जो व्यक्ति लक्ष्य अपना रहा है वह बहुत दूरगामी नहीं होता है। ऐसी स्थिति में व्यक्ति का काम अधूरा होता है या फिर उस काम में उसका मन नहीं लगता और वह फ्लॉप हो जाता है। अगर सोच का दायरा बड़ा है, तो काम भी बड़ा होता है और उसमें मन लगता है। उदाहरण के तौर पर कोई व्यक्ति अपना व्यवसाय शुरू करता है, तो उसमें उसे यह पता होना चाहिए कि उसे इस काम में कितना लाभ होगा और कितना नुकसान? जो लाभ मिल रहा है, उससे उसे काम को आगे बढ़ाना है

आत्मविश्वास सफलता का आधार

या फिर घर का खर्च चलाना है। चीजें निर्धारित करनी पड़ेंगी। अगर आपने निर्धारित करके लक्ष्य नहीं चुना है, तो आपको नुकसान उठाना पड़ेगा। जैसे एक व्यक्ति ने एक फैक्टरी की शुरुआत की और उसने लक्ष्य तय किया कि उसमें से होने वाले लाभ का केवल दस फीसदी हिस्सा ही वह अपने ऊपर खर्च करेगा बाकी का हिस्सा वह फैक्टरी को आगे बढ़ाने में लगाएगा। उसकी इस सोच के कारण उसकी फैक्टरी एक साल के अंदर काफी तरक्की कर गई। जहां केवल 10 मजदूर काम कर रहे थे, वहीं उनकी संख्या बढ़कर 25 हो गई। यानी एक साल में उसने लक्ष्य को हासिल करने के लिए दिन-रात एक कर दिया। वहीं दूसरी तरफ एक व्यक्ति जिससे फैक्टरी तो शुरू कर दी लेकिन उससे होने वाली आय से वह अपना पूरा खर्च चलाने लगा। एक साल के बाद फैक्टरी की ग्रोथ जहां की तहां थी। किसी प्रकार का ग्रोथ नहीं हुआ। लक्ष्य से वह पिछड़ने लगा।

कोई भी काम करने से पहले उसमें समय और धन का निवेश सोचकर ही काम शुरू करें तो सफलता आपके कदम चूमेगी। दूसरी बात यह है कि कोई भी काम छोटा या बड़ा नहीं होता। अगर कोई व्यक्ति एक छोटा-सा रोजगार शुरू करता है, तो वह दूसरों की नजरों में छोटा हो सकता है, लेकिन रोजगार करने वाले की नजरों में वह बड़ा रोजगार है और उसको वही काम करने में मजा आ रहा है क्योंकि वह अपने छोटे से काम में खुश है और उसी काम को आगे बढ़ाना चाहता है। एक बात हम सबको समझने की जरूरत है कि-

- कोई व्यक्ति जन्म से ही जीनियस नहीं होता। अभ्यास और मेहनत करके जीनियस बना जा सकता है।
- हर किसी के अंदर काबिलियत का भंडार होता है। जरूरत है कि उस भंडार का सही तरीके से इस्तेमाल किया जाए।
- जो अपने दिमाग का अच्छे तरीके से इस्तेमाल कर सकते हैं, वे जीनियस बन जाते हैं।
- अपनी कोशिश को जुनून की हद तक ले जाएं। आपको तब जाकर सफलता मिलेगी।
- आपका व्यक्तित्व ही आपकी प्रतिभा की पहचान है।

- खुद के बारे में भला सोचना जरूरी है। जब आप खुद के बारे में अच्छा सोचेंगे तब आपको अच्छा परिणाम मिलेगा।
- नकारात्मक विचारों को पूरी तरह से त्याग दें।
- किसी भी उम्र में आप अपनी प्रतिभा को सामने ला सकते हैं। इसके लिए कोई सीमा निर्धारित नहीं है।
- दूसरों की बुरी बातों पर ध्यान न देकर अपने द्वारा की गई कोशिश पर ध्यान दें।
- आप साहस दिखाएं, क्योंकि कुछ भी असंभव नहीं है। संसार में सब कुछ संभव है।

आदमी जो कुछ भी करता है उसका सर्वप्रथम विचार एक संवेग के रूप में उभरता है। यह संवेग ही एक इच्छा बनता है जिसमें कल्पना और विश्वास का पुट अदम्यता भरता है। यह अदम्यता इच्छा को दृढ़ता प्रदान करती है और अवचेतन में उसकी उपस्थिति दर्ज कराती है। जब कोई विचार आपके अवचेतन में वास करने लगता है, तभी उसका मूर्त रूप प्राप्त करने की ललक आपके मन में उभरती है। यह पूरी प्रक्रिया स्वत: चलती है। उसमें चेतन का काम उस इच्छा को जीवित रखना मात्र है।

प्रत्येक मनुष्य को चाहिए कि वह अपने काम-धंधे को उसी दृष्टि से देखे, जैसे एक कलाकार अपने सर्वोत्तम चित्र को देखता है। कलाकार अपनी सर्वोत्तम कलाकृति को ही अपनी प्रतिमूर्ति समझता है। उसे उसके विषय में चर्चा करते हुए बड़ा ही गर्व होता है। उसे उससे इतनी संतुष्टि मिलती है कि जितनी अन्य किसी भी बात से नहीं।

जब किसी लक्ष्य की प्राप्ति हेतु शक्ति जागृत होती है, तब लक्ष्य के लिए मन में दृढ़ संकल्प उठता है, तब मनुष्य सर्वथा नवीन बन जाता है। वह प्रत्येक वस्तु में एक दिव्य ज्योति के दर्शन करता है। संदेह, भय, उदासीनता, दुष्ट लालसाएं आदि जो कल तक उसके पग रोक रही थीं, जो उसके विगत जीवन को व्यर्थ बना रही थीं वे सभी मानो जादू से नष्ट हो जाती हैं। उद्देश्य जब प्राणों में जीवन का संचार करता है, तब हर काम में कुरूपता की जगह सुंदरता आ जाती है। अस्त-व्यस्त मनुष्य भी नियम और क्रम से चलने लगता है और

आत्मविश्वास सफलता का आधार

विचार और कर्म में समन्वय आ जाता है। उसकी तन्द्रा टूट जाती है और वह कर्मठ बन जाता है।

अरस्तू ने कहा है, 'यदि आप चाहते हैं कि सब कुछ वैसा ही हो, जैसा आप चाहते हैं, तो अपनी सोच को बदल दो। सब कुछ बदल जाएगा।' एक बड़े ही जानकार और पहुंचे हुए संत को पराजित करने के उद्देश्य से एक व्यक्ति उनके पास पहुंचा। उस व्यक्ति ने अपने हाथ में एक पक्षी को कैद करके रखा था। उस व्यक्ति ने मन-ही-मन सोच रखा था कि वह संत से पूछेगा कि उसके हाथ में बंद पक्षी जीवित है य मर चुका है? यदि संत जिंदा बताएंगे तो पक्षी का गला घोंट देगा। मरा हुआ बताने पर पक्षी को अपनी कैद से छोड़ देगा वह उड़ जाएगा। संत उस व्यक्ति की चालाकी समझ गए। उन्होंने उस व्यक्ति से कहा, तुम जैसा चाहोगे, वैसा ही होगा। हमारी सोच भी ठीक इसी तरह से होती है। हम जैसा सोचते हैं वैसे ही बन जाते हैं। हम अपनी सोच से जीवन में जीत भी हासिल कर सकते हैं और हार भी। विलियम शेक्सपीयर कहते हैं, 'हमारे संशय ही हमें सबसे अधिक धोखा देते हैं। इन्हीं के कारण हमारे अधिकार से वे वस्तुएं निकल जाती हैं, जिन्हें हम सफलतापूर्वक प्राप्त कर सकते थे, किन्तु संशयवृत्ति के कारण सफलता में संदेह से हम उन वस्तुओं को प्राप्त करने का प्रयास ही नहीं करते।' क्या आपने कभी सोचा है कि आपके पास सफलता, उपलब्धि, दौलत, खुशी यह सब चीजें क्यों नहीं हैं? नहीं सोचा इसलिए तो यह सब चीजें आपके पास नहीं हैं। यदि आपने इस बारे में सोचा होता, तो शायद आपके पास भी यह सब चीजें होतीं। दुनिया में अधिकतर लोग दूसरों की सफलता के बारे में अधिक और अपनी सफलता के बारे में कम सोचते हैं। जिसकी वजह से वे असफल रह जाते हैं। दूसरों की सफलता के बारे में जानना व समझना अच्छी बात है, पर अपने बारे में अपनी काबिलियत के बारे में न जानना बुरी बात है। अधिकतकर लोग यह समझते हैं कि उनके पास वह खूबियां, काबिलियत और हुनर नहीं हैं, जिनकी वजह से सफलता पाई जा सकती है। सफलता पाने की सोचने के बजाय खुद को असफल मान लेते हैं। खुद को पहले से ही असफल मान लेने की वजह से वे असफल हो जाते हैं इसलिए कहा गया है-जो जैसा सोचता है, वैसा ही

बन जाता है। जो सोचो वो पाओ। विश्वास कीजिए, आप वह सब चीजें पा सकते हैं, जो आप पाना चाहते हैं। उस ऊँचाई तक पहुंच सकते हैं जहां आप पहुंचना चाहते हैं। उस उपलब्धि को पा सकते हैं जिसे आप पाना चाहते हैं। इन सब चीज़ों को पाने के लिए अपनी सोच को सकारात्मक बनाना होगा। जब आप इन सब चीज़ों को पाने के लिए अपनी सोच बना लेंगे। तब इन सब चीजों को आप जरूर हासिल कर लेंगे।

निराशा पैदा न होने दें

किसी नेसच ही कहा है कि कुछ लोग घोर निराशावादी होते हैं और सदा अपने दुर्भाग्य पर आंसू बहाते हैं, कुछ सदा अपनी असफलताओं का रोना रोते रहते हैं और भाग्य अथवा भगवान को दोषी ठहराते हैं। वे नहीं जानते हैं कि ये निराशा-भरे विचार और रोना-धोना ही उनके शत्रु हैं और इन्हीं के कारण ये असफलताएं और दु:ख बार-बार उनकी ओर लौट आते हैं।

> हमेशा प्रकाश को अपने सामने रखिये, पीछे रखेंगे, तो वह अंधकार ही देगा
>
> — अज्ञात

अत: अपने मन से ऐसे बुरे विचारों को बिल्कुल निकाल दें। रोने-धोने की बीमारी से छुटकारा पाइए। आप यही सोचें कि ऊँचे, पवित्र और उत्तम विचारों से ही आत्मा को सुख, शांति और आनंद प्राप्त होता है। आप जिस विषय में निपुण होना चाहते हैं, उसके लिए पूरी शक्ति और मन से तब तक लगे रहें, जब तक आपको सफलता के दर्शन नहीं होने लगें। मनुष्य की शक्तियां क्रियाशील होती हैं। यदि इन शक्तियों का प्रयोग करना मनुष्य जानता है, तो बड़ी-से-बड़ी विपत्ति में भी अपने आदर्श पर अडिग रह सकता है। अत: किसी भी कार्य को करने से पूर्व मन की समस्त शक्तियों को उसी ओर लगा दें और इच्छा को दृढ़ रखें, क्योंकि दृढ़ इच्छाएं ही पूर्ण होती हैं। आपके जीवन का जो उद्देश्य है, उस पर दृढ़ रहिए और अपनी शक्तियों को उस पर केंद्रित रखिए। बराबर यही विचार रखिए कि जो आप बनना चाहते हैं

 आत्मविश्वास सफलता का आधार

उस मार्ग पर, बराबर आपकी प्रगति हो रही है, आप आगे बढ़ रहे हैं। अपनी सफलता का अनुभव करते रहें। कोई भी कार्य किया तो बाद में जाता है लेकिन उसको करने का विचार पहले मन में पैदा होता है। कारीगर भी कुछ बनाता है, तो पहले उसका विचार करता है। उस वस्तु की कल्पना करता है। कल्पनाओं की सृष्टि भी व्यर्थ नहीं होती है। पहले कल्पनाएं ही आती हैं। उन्हें साकार रूप बाद में दिया जाता है।

जिस व्यक्ति के अंदर दृढ़ इच्छाशक्ति होती है, वही अपने अंदर ऊँचा उठने की शक्ति को महसूस करता है। उसे इस बात का विश्वास हो जाता है कि उसका कार्य क्षेत्र विस्तृत होने लगा है और वह अपने कार्यों से दुनिया में अपने महत्त्व को सिद्ध करने में समर्थ है।

निराश मत होइए और यह मत सोचिए कि कुछ और बनेंगे। विश्वास कीजिए कि धनवान बनना चाहते हैं, तो धनवान ही बनेंगे जिसकी आपको पूरी आशा है। आप जब भी भाग्य को कोसते हैं। जब भी स्वयं को असमर्थ, अशक्त और दूसरों की अपेक्षा कहीं निर्बल व बुद्धिहीन समझते हैं। तब-तब अपने सिर पर कठिनाइयों का बोझ तो लादते ही हैं, असफलताओं को भी अपनी ओर खींचते हैं, क्योंकि आपकी हीन भावनाओं से उन तत्त्वों को बल मिलता है, जो आपकी सुख शांति को नष्ट करते हैं। आपके उत्साह को समाप्त करने वाले ये विचार आपके आस-पास वायुमंडल को दूषित विचारों से भर देते हैं, वातावरण में उन विचारों की तरंगे फैलती हैं और वह दूषित हो जाते हैं। तब आपके मन में भी कुविचार जड़ें जमा लेंगे।

कुछ लोग योग्य भी होते हैं, उनकी प्रवृत्ति भी निश्चयात्मक होती है, परंतु वे ऐसे वातावरण में रहते हैं, जहां घोर निराशावादी लोग रहते हैं और जो कभी आशा की बातें नहीं करते, प्रगति पर विश्वास नहीं रखते, जो न स्वयं बढ़ रहे हैं और न दूसरों को आगे बढ़ा सकते हैं। अपने साथ-साथ दूसरों को भी अयोग्य समझते हैं तथा निरुत्साहित करते हैं। ऐसे वातावरण में रहने वाला व्यक्ति दूसरों की बातों पर चलने लगता है और परिणाम यह होता है कि स्वयं को वह दीन-हीन और असमर्थ मान लेता है। उसके अंदर हीन भावनाएं प्रबल होती चली जाती हैं। उसे अपनी आत्मा की शक्ति पर विश्वास नहीं रह जाता। आपकी आत्मा एक अद्भुत शक्ति का भंडार है। इस शक्ति पर विश्वास

रखिए। इस शक्ति को देखा तो नहीं जा सकता, परंतु महसूस किया जा सकता है। आत्मिक शक्ति ही निश्चय की जननी है। यही शक्ति तो निश्चय और निर्णय शक्ति की भी स्रोत है। निश्चय ही कार्य रूप में परिणत होता है।

आशावादी बनें

यदि आप आशावादी हैं और प्रत्येक वस्तु को आशावादी दृष्टिकोण से देखते हैं, तो उसका उज्ज्वल पक्ष देखते हैं, डार्क साइड नहीं देखते। यह मानते हैं कि जहां सत्य है, वहीं विजय है, तब आप अपना ही नहीं विश्व-भर का सुधार कर सकते हैं। यह आशावाद एक अमृत है। इस अमृत से जीवन मिलता है। तब आप सफलता की सीढ़ियां चढ़ते हैं। अगर आप ऐसा नहीं सोचते हैं, तो आप असफलता को निमंत्रण देने के सिवाय कुछ नहीं कर रहे हैं। अगर आपको सफल होना है, तो आप हमेशा सकारात्मक दृष्टिकोण अपनाएं और हर काम को आशावादी तरीके से करें। इसके लिए आपको अपनी आत्मा पर भी भरोसा करना पड़ेगा।

संसार में ऐसा कोई भी व्यक्ति नहीं है, जिसे आत्मा पर भरोसा हो, मन में अपनी योग्यता और क्षमता पर भरोसा हो, उद्देश्य पूर्ण करने के लिए मन, वचन और कर्म से लगा हो, सदैव सफलता की आशा रखता हो, फिर भी उसे असफलताओं का मुंह देखना पड़ा हो। मन में आत्मप्रेरणा से ही अभिलाषाओं का जन्म होता है। ऐसे बहुत से लोग होते हैं, जिनकी प्रबल विचार शक्ति दूसरों को प्रभावित कर देती है। उन्हीं से प्रेरणा पाकर दूसरे लोगों में नवजीवन का संचार होता है। संसार ऐसे मनुष्यों के लिए रास्ता छोड़ता चला जाता है। वह बढ़ते चले जाते हैं, दूसरों को भी प्रोत्साहन और प्रेरणा देते चलते हैं। संसार में ऐसे लोग ही शासन करते हैं। अपनी उत्पादन शक्ति को बढ़ाइए। अपने विश्वास को दृढ़ कीजिए। आशा का दामन न छोड़िए। यही तो सफलता का मूल मंत्र है। इसी से आपका जीवन सुख और आनंद से भर जाएगा।

किसी ने सच कहा है कि सफलता का जन्म केवल साहस से होता है। यदि साहस नहीं है, तो कुछ भी नहीं है। विश्व प्रसिद्ध साहित्यकार शेक्सपीयर के अनुसार ख्याति के उच्च शिखर पर वही

पहुंचता है, जो निर्भीक होता है। कायर लोग कभी प्रगति नहीं कर सकते। सदा साहसी व्यक्ति ही आगे बढ़ता है जो सदा कायरता पूर्ण बातें किया करते हैं, किसी भी कार्य के करने का उनमें साहस नहीं होता है, किंतु उनमें शारीरिक शक्ति है, उस समय वह शक्ति भी व्यर्थ है। कायर की शारीरिक शक्ति भी क्षीण होती चली जाती है। ऐसी शारीरिक शक्ति किस काम की जिससे कोई काम न लिया जाए। शक्ति तो होती ही है कार्य के लिए। उत्पादन के लिए ही तो कार्य शक्ति दी जाती है और जो शक्ति व्यर्थ पड़ी रहती है, उसमें जंग लग जाता है जिस प्रकार पड़ी हुई लोहे की वस्तु में जंग लग जाता है। साहसी व्यक्ति अपनी शक्तियों को जंग नहीं लगने देते हैं।

सफलताओं के लिए आत्मविश्वास की दृढ़ता का होना अनिवार्य है। आत्मविश्वास एक प्रबल शक्ति है। इस प्रबल शक्ति के सामने दूसरी शक्तियां कमज़ोर हो जाती हैं या यों कहा जा सकता है कि यदि इस शक्ति की कमी है, तो अन्य शक्तियां अधूरी हैं। मनुष्य ने सदियों की साधना और संघर्ष के बाद आधुनिक सभ्यता का विकास किया है। इसमें आत्मविश्वास की बहुत बड़ी भूमिका रही है। सभी आविष्कारकों को आत्मविश्वास होता है। बिना आत्मविश्वास के कोई भी कार्य नहीं हो सकता। प्रगति के लिए अनिवार्य नहीं है कि सारे साधन पहले से ही मौजूद हों। साधन जुटाए जा सकते हैं या अपने आप जुटते चले जाते हैं। कुछ लोगों को शिकायत होती है कि वे बिना धन के शिक्षा पूरी नहीं कर सकते। यह शिकायत निर्मूल है। जिन्हें पढ़ना होता है वे पढ़ सकते हैं। उन्हें धन के लिए रोने की आवश्यकता नहीं। विद्या धन की प्राप्ति के लिए किसी पूंजी की आवश्यकता नहीं हुआ करती। बहुत से महापुरुष हुए हैं, जो ट्यूशन पढ़ाकर या मजदूरी करके पढ़ते रहे हैं।

बहुत से नौजवान कुछ-न-कुछ बनने का सपना आँखों में लिए आगे बढ़ने का प्रयास करते हैं, परंतु कोई-न-कोई कठिनाई सामने आते ही घबराकर पीछे हट जाते हैं। वे वकील, डॉक्टर, इंजीनियर, उद्योगपति या व्यापारी बनने का सपना देखते थे, परंतु आत्मविश्वास न होने के कारण मामूली से कष्टों से ही उनके निश्चय डगमगा जाते हैं और उनके सपने अधूरे रह जाते हैं। वे आगे नहीं बढ़ पाते हैं।

ऐसे भी लोग हैं, जो बड़ी-बड़ी कठिनाइयों से नहीं घबराए। जो पूरी शक्ति और उत्साह से अपने काम में लगे रहते हैं और हर बाधा को पार करते चले जाते हैं। संकटों को ही उनके आगे झुकना पड़ता है, वे नहीं झुकते। वे मानते हैं कि उनके उद्देश्य उनके शरीर के अंग हैं। वे एकाग्रचित्त होकर अपने उद्देश्य में लगे रहते हैं। ऐसे लोग आत्मविश्वास से भरे होते हैं। आत्मविश्वासी लोगों के साथ रहने, उठने, बैठने वाले लोग भी आत्मविश्वासी हो जाते हैं। बाधाओं और राहों के कांटों के भय से कभी आप अपना धैर्य न खोइए, आत्मविश्वास को स्थिर रखिए, क्योंकि शंका और भय आपको आगे नहीं बढ़ने देते। इन्हीं के कारण आप दूसरों के विश्वास पात्र भी नहीं बन पाते हैं।

संसार में ऐसा कोई व्यक्ति नहीं हुआ है जिसने स्वयं को महत्त्वहीन, अयोग्य और बेकार समझते हुए कभी कोई प्रगति की हो और वह महान बना हो। आप स्वयं को जितना भी योग्य समझेंगे उतना ही महत्त्वपूर्ण कार्य कर पाएंगे। वैसे ही चेहरे पर भाव रहेंगे, वैसी ही चाल-ढाल होगी और आचरण रहेगा। मनुष्य ने बड़े-बड़े काम आत्मविश्वास के सहारे किए हैं क्योंकि प्रत्येक कार्य में आत्मविश्वास और अपने आप में श्रद्धा अनिवार्य है। इन्हीं के सहयोग से मनुष्य बड़ी-बड़ी विपत्तियों का सामना कर सकता है। बड़ी अद्भुत शक्ति है इस आत्मविश्वास में। अनेक कठिनाइयों, रुकावटों और प्रतिकूल परिस्थितियों के बावजूद उन्होंने अपना रास्ता नहीं छोड़ा और वे इस विश्वास को साथ लिए आगे बढ़ते रहे कि उन्हें सफलता प्राप्त होगी इसलिए उन्हें सफलता मिली। संसार उनके परिश्रम के परिणामस्वरूप मिले फल को खाता है। बहुत से लोग सदा असफल, निर्धन, हीन और दबे ही रहते हैं। उन्हें न तो समाज का सम्मान मिलता है और न ही कोई सुख-सुविधा। वे अभावों का जीवन ही जीते रहते हैं और एक दिन अभावों में ही मर जाते हैं। इसके कई कारणों में प्रमुख कारण यही है कि उन्होंने स्वयं को नहीं पहचाना। उन्होंने अपने अंदर मौजूद गुणों के बीज को नहीं देखा, जिसको विकसित करके वे भी ऊँचे उठ सकते हैं।

13

ऊँचा सोचिए, ऊँचाइयों पर चढ़िए

अगर आप ऊँचाइयों पर चढ़ना चाहते हैं, तो ऊँचा सोचना भी, होगा। अगर आप ऊँचा नहीं सोचते हैं, तो फिर ऊँचाइयों पर चढ़ने के बारे में भी मत सोचिए, क्योंकि आपके मन का एक अंश भी यदि संदेह, भय और चिंता से ग्रस्त है तो किसी विशाल सफलता को प्राप्त करना आपके लिए असंभव है। वे अपनी सफलता की भावना का दरवाजा ही

> जिस दिन से हम श्रेष्ठ व उच्च विचार रखना प्रारम्भ कर देते हैं, उस दिन से हम कभी अकेले नहीं रहते।
> – सुकरात

बंद कर लेते हैं। दबा-कुचला, दीन-हीन, भयभीत, निराशावादी मन कभी उन्नतिशील नहीं हो सकता। जो मन डरता है, संशय करता है वह अपनी शाक्तियों को क्षीण कर लेता है, वह रचनात्मक नहीं रहता।

संसार में बहुत से लोग ऐसे हुए हैं, जिन्होंने कोई संकल्प या प्रण लेकर उसे पूरा करने में अपना संपूर्ण जीवन लगा दिया और उसे पूरा करके ही छोड़ा। ऐसे भी लोग दुनिया में हुए जिन्होंने अपने संकल्प और प्रण के लिए निश्चय किया, किंतु ऐसे वीर पुरुष कम ही होते हैं।

बहुत कम व्यक्ति ऐसे दिखाई पड़ते हैं, जो विश्वासपूर्वक यह कहते हों कि जो वे करना चाहते हैं, उसे अवश्य ही पूरा कर सकते हैं। जिनमें अपने संकल्प और लक्ष्य को पूर्ण करने का साहस और अपनी शक्ति पर विश्वास होता है वही लोग सफलता के दावेदार होते हैं।

उत्साह से भरे निश्चय और अपने निर्णय को मन में दोहराते रहने से प्रण को पूरा करने की शक्ति प्राप्त होती है। कभी भी अपनी सफलता के बारे में संदेह करके यह न कहें कि कभी-न-कभी सफलता मिल ही जाएगी, बल्कि यह कहें कि सफलता तो मिलेगी ही, वह तो निश्चित है। आप सफल व्यक्ति हैं, सफलता पर आपका पूरा अधिकार है। आप सुखी और प्रसन्न हैं, आपका कर्तव्य है कि आप दूसरों को भी सुख, प्रसन्नता और प्यार दें। सफलता की बातें करना आपकी आदत होनी चाहिए। मन की भावनाओं में असीम शक्ति होती है।

जैसा आप सोचते हैं आप वैसे ही बनते हैं। अत: सदैव यही मानिए कि जैसा मुझे होना चाहिए, मैं वैसा ही हूँ। मुझमें कोई अपूर्णता और असमर्थता नहीं है।

कुछ लोग काम को लेकर रोते-झींकते रहते हैं। वे किसी काम को करने से पूर्व ही घबराने और झींकने लगते हैं। उनमें जरा भी आत्मविश्वास नहीं होता, वे सदा ही अपनी सफलता को लेकर आशंकित रहते हैं। ऐसे निराशावादी लोग कार्यों को केवल निबटाते हैं; जीवन में कभी प्रसन्नता या उत्साह से किसी कार्य को नहीं करते इसीलिए सफलता हमेशा उनसे कोसों दूर रहती है।

कोई एक भी क्षण ऐसा नहीं है, जो भाग्य निर्माण के लिए अवसर न पैदा करता हो, लेकिन यदि कोई व्यक्ति अवसर के उस क्षण को न पहचान सके, ग्रहण न कर सके और वह गुजर जाए तो फिर वह दुबारा हाथ नहीं आता। समय कभी ठहरता नहीं है, वह तो गतिशील रहता है। अगर अवसर का एक क्षण आपके हाथ आ गया और आपने उसे यूँ ही जाने दिया तो समझ लीजिए कि आपको असफलता के सिवाय कुछ नहीं मिलेगा। अवसर को ही थामकर एंटोनियों ने अपने जीवन की धारा ही बदल दी थी।

जार्ज कैरो ने एंटोनियों के बारे में लिखा है कि किसी नगर के एक संभ्रात व्यक्ति के घर पर एंटोनियो बर्तन मांजने का काम करता था। एंटोनियो बहुत ही परिश्रमी था और कभी अपने खाली समय को बेकार नहीं गंवाता था। जब भी कभी उसे बर्तन मांजने के काम से अवकाश

   आत्मविश्वास सफलता का आधार

मिलता वह पत्थर की मूर्तियां बनाने वाले एक मूर्तिकार की दुकान पर चला जाता, जो उसके मालिक फैलेरा के घर के पास ही थी। पत्थरों को कांट-छांट कर मूर्तियां बनाते मूर्तिकारों को वह बड़े ही ध्यान से देखा करता था। एंटोनियो, पढ़ा-लिखा नहीं था। फिर भी वह मूर्ति काटने की कला को बड़े ही बारीक ढंग से देखता था और जब भी उसे अवसर मिलता पत्थर काटने का काम वह खुद भी करने लगता। जब भी वह पत्थर काटता तो उसमें पूर्ण रूप से गुम हो जाता था। धीरे-धीरे वह एक कुशल कारीगर बन गया। दूसरी ओर वह अपना बर्तन मांजने का प्रमुख काम भी करता रहा। एक दिन उस धनी व्यक्ति ने अपने घर पर शहर के गणमान्य व्यक्तियों को खाने पर आमंत्रित किया। घर के बड़े हॉल को नए ढंग से सजाया-संवारा जा रहा था। दावत का इंतज़ाम इसी हॉल में किया जा रहा था। एक बड़ी-सी मेज हॉल के मध्य में रखी गई थी जिसे दावत के लिए विशेष तरीके से सजाया जा रहा था। मेज को आकर्षक तरीके से सजाने की जिम्मेदारी मुख्य बैरे की थी। सब कुछ सुनिश्चित ढंग से ठीक-ठाक चल रहा था। एंटोनियो भी सजावट के काम में हाथ बंटा रहा था और दावत की मेज को सजाते हुए वह मुख्य बैरे की ओर भी देखता जा रहा था, परंतु मेज के बीचो-बीच मुख्य सजावट को तैयार करते समय मुख्य बैरे से कुछ गलती हो गई जिस कारण वह जो बनाना चाहता था, वह नहीं बन सका। उधर अतिथियों के आने का समय भी हो रहा था। मुख्य बैरा जितनी बार उस चीज को बनाने का प्रयास करता वह और बिगड़ जाती, भद्दी लगने लगती। वह काफी परेशान दिख रहा था। तभी एंटोनियो उसके पास आकर बोला, मास्टर यदि अनुमति हो तो मैं कोई मदद करूँ? बैरा परेशान तो था ही एक नजर एंटोनियो पर डालता हुआ बेमन से बोला, ठीक है करो, क्या कर सकते हो?

एंटोनियो ने तुरंत जमा हुआ मक्खन मंगवाया। जमे हुए मक्खन से एंटोनियों ने शेर की एक ऐसी आकर्षक मूर्ति बना दी कि सब आश्चर्यचकित रह गये। आमंत्रित व्यक्तियों के आने का समय हो रहा था। घर का स्वामी फैलेरा इस घटना से अनभिज्ञ हॉल और दावत की मेज की सजावट से बड़ा प्रसन्न और संतुष्ट दिख रहा था। उसे क्या पता था कि किसके

भाग्योदय का समय आ गया है। दावत में सम्मिलित एक मूर्तिकला विशेषज्ञ भी था। जिसकी नजर बार-बार दावत की मेज पर बनी शेर की मूर्ति पर ठहर रही थी, जो कि बड़ी ही आकर्षक और सजीव जान पड़ती थी। उससे चुप न रहा गया और उसने पूछ लिया कि वह मूर्ति किसने बनाई है। मुख्य बैरे ने एंटोनियो को बुला कर उसके सामने उपस्थित कर दिया। मूर्ति विशेषज्ञ ने सभी उपस्थित अभ्यागतों का ध्यान उस शेर की मूर्ति की ओर आकर्षित करते हुए बताया कि यह मूर्तिकला का श्रेष्ठ नमूना है। मुझे इसमें कोई संदेह नहीं है कि यदि इस व्यक्ति को विधिवत मूर्तिकला की शिक्षा मिले तो एक दिन अवश्य ही यह व्यक्ति श्रेष्ठ मूर्तिकार बन सकता है।

मूर्तिकला विशेषज्ञ की बात से प्रभावित होकर एंटोनियो के स्वामी फैलेरा ने तत्काल यह घोषणा की कि मूर्तिकला के अध्ययन के लिए एंटोनियो को वह स्वयं अपने खर्च पर जहां भी आवश्यकता होगी भेजेगा। अवसर कब और किन हालत में आ उपस्थित होगा, उस बर्तन मांजने वाले एंटोनियो को क्या पता था। हाँ, उसने जो इतने दिन मेहनत की थी। अवसर उपस्थित देखकर उसने बिना किसी हिचकिचाहट के उससे लाभ उठाया। यदि वह अवसर को छोड़ देता तो सारी जिंदगी बर्तन मांजने का काम ही करता रहता। आज वही बर्तन मांजने वाला एंटोनियो संसार के शीर्षस्थ मूर्तिकारों में गिना जाता है और सारा विश्व उसे मूर्तिकार कैनोबा के नाम से जानता है। वह समय ही तो था जिसका लाभ एंटोनियो ने उठाया था।

   आत्मविश्वास सफलता का आधार

14

नई चीज तलाशें

'अवसर मिले तो आप उस दौरान नई सोच को भी तलाशें ताकि आपके काम का दायरा और बढ़ सके और आप अपने काम को और विस्तार दे सकें'

अगर आप मिले अवसर के दौरान नई चीज तलाशने का काम नहीं कर पाते हैं, तो वह भी आपके लिए बहुत हितकर नहीं होगा। नेपोलियन ने अपने जीवन में 25 हजार से ज्यादा लोगों की जीवनियों का गहरा विश्लेषण किया और पाया कि चालीस साल से

> 'अंत' का निर्णय ही प्रारंभिक अवस्थाओं का 'आरंभ' है।
>
> – महात्मा गांधी

पूर्व सफलता वाले लोग विरले ही होते हैं। नेपोलियन का निष्कर्ष यही है कि चालीस साल के पूर्व आदमी अपनी ऊर्जा का ह्रास यौन भाव की शारीरिक आपूर्ति में ही करता रहता है। थोड़ा वयस्क होने पर उन क्रियाशील लोगों की समझ में आता है कि यौन भाव की तीव्रता कैसी असहाय करने वाली होती है और उसको सृजनात्मक कल्पनाशीलता में भी बदला जा सकता है। तभी उन्हें मालूम पड़ता है उनके शरीर में एक ज्वालामुखी छिपा है, बजाय उसकी शक्ति एक क्षणिक उन्माद में करने के यदि उसको क्रमबद्ध रूप में प्रयुक्त किया जाए, तो यह शक्ति चमत्कार पैदा कर सकती है। अपनी इस यौन शक्ति को जागृत और जीवंत रखने के लिए ही अमेरिका में खूबसूरत सचिव का चलन प्रारंभ हुआ।

नई चीज़ की तलाश से आपके अंदर उत्साह बढ़ता है। आप कल्पना करते हैं कि कैसे उस नई चीज को गहराई से समझें और उस पर कार्य करें। एक व्यक्ति जो कि हर समय कुछ नया करना चाहता है, जब भी वह किसी होटल में खाने के लिए जाता है, तो वहां के शेफ को बुलाकर कहता कि जो तुमने खाना बनाया है उसमें इस तरह का प्रयोग करो। जब वह शेफ व्यक्ति के कहे मुताबिक कार्य करता, तो खाना और टेस्टी हो जाता है और नया प्रयोग एक नए प्रकार के व्यंजन भी बना देता। जिससे पता चलता है कि उस होटल में तरह-तरह के पकवान हैं। कहने का तात्पर्य यह है कि जब आप नए प्रयोग करेंगे, नई चीज तलाशेंगे, तो उसमें से नया कुछ जरूर होगा, जो आपको आगे तक ले जाएगा। उदाहरण के तौर पर हम जब भी कोई नई पुस्तक या पत्रिका खरीदने के लिए जाते हैं, तो उसमें पढ़ने का उत्साह दिखता है। कुछ दिन बाद उसी पत्रिका या पुस्तक को पढ़ने में अरुचि पैदा हो जाती है। फिर हम नई पत्रिका की तरफ अपना ध्यान आकर्षित करते हैं। इससे यह पता चलता है कि नए प्रयोग से हमारा दिमाग बिल्कुल खुला रहता है। यह सच है कि अपना हरेक काम पूर्ण लगन, परिश्रम के साथ अगर किया जाए, तो उसमें जरूर सफलता मिलती है। 'महात्मा बुद्ध' के कथनानुसार मनुष्य को कोई काम करना हो, तो जरूरी है कि वह उस पर टूट पड़े। छोटे-छोटे कामों की उपेक्षा न करें। उनको समय पर ठीक ढंग से करें। उनकी उपेक्षा के कारण आपका जीवन अव्यवस्थित हो जाता है।

आप खुद देखें कि आप काम समय पर नहीं करते हैं। न करने का आप पर क्या परिणाम पड़ता है? समय पर खाना न खाने से आप बीमार पड़ सकते हैं। समय पर सोने की आदत न होने से आपकी शारीरिक शक्ति की क्षमता में कमी आ सकती है। छोटी-सी बात का पालन न करने से आपके आगे के सारे काम बिगड़ सकते हैं। छोटे-छोटे कामों को पूरा करने की आदत डालिए। इनका अपना महत्त्व है। किसी भी काम में आलस्य करना या विलंब करना अपनी हानि करना है। इस प्रकार के कामों द्वारा स्वयं अपनी प्रगति का मार्ग अवरुद्ध करते हैं। हमारे अनेक बने-बनाए काम भी अक्सर रुक और बिगड़ जाते हैं।

आत्मविश्वास सफलता का आधार

छोटे-छोटे कामों को वक्त पर पूरा न करना अपने आप में एक समस्या बन जाती है। इस बात को खुद ही आपने अपने जीवन में महसूस किया होगा।

हम हीन तभी होते हैं, जब अपने आपको निश्चय से डगमगा लेते हैं या हमारा निश्चय कमजोर पड़ जाता है। ऐसा करने से सफलता हमारे पास से कोसों दूर भाग जाती है। एक बार जो निश्चय आप कर लें, उस पर एकदम अडिग रहें। जरा भी न हिलें। आपके निश्चय

> 'महात्मा बुद्ध' के कथनानुसार मनुष्य को कोई काम करना हो, तो जरूरी है कि वह उस पर टूट पड़े। छोटे-छोटे कामों की उपेक्षा न करें। उनको समय पर ठीक ढंग से करें। उनकी उपेक्षा के कारण आपका जीवन अव्यवस्थित हो जाता है।

की परीक्षा लेने के लिए एक-से-एक बाधाएं आएंगी। एक-से-एक समस्याएं और मुसीबतें खड़ी होंगी। आप डगमगा गए तो गए। आपका निश्चय जरा भी न डोले। सफलता आपके पास आने से पहले आपकी हर तरह से परीक्षा लेती है कि आप उसके योग्य हैं या नहीं? जब वह खूब परख लेती है। तब आपके पास आती है।

सफल होने की सोचें

जो सफल नहीं हैं, उन्होंने कभी सफल होने के लिए सोचा ही नहीं है। सफल होना चाहते हैं, तो सफल होने की सोच बनाएं। खुद को सफलता के लिए समर्पित कर दें। आप वह सब कुछ प्राप्त कर लेंगे, जो प्राप्त करना चाहते हैं। उसके लिए योजना बनानी है, उसके लिए काम करना है, उसी के लिए जीना है। अपना मन, शक्ति, ऊर्जा हृदय तथा आत्मा सब कुछ उसके लिए लगा देना है। फिर देखें सफलता अपने आप आपके गले में जय माला डालेगी। जो सफल हैं वे हमेशा सफलता की सोचते हैं। उनके सम्मुख एक ही उद्देश्य, एक ही भावना, एक ही जोश होता है। उनकी प्रबल इच्छा होती है, सफलता हासिल करना। सफल होने की प्रबल इच्छा जगाएं। प्रबल इच्छा होने से मंजिल मिलने में कोई कठिनाई नहीं होती। महाभारत काल में एकलव्य ने

सफल होने की सोची। उसने सोचा कि एक दिन मैं सर्वश्रेष्ठ धनुषध री बन कर दिखाऊंगा। उसने ऐसा करके दिखा दिया।

इन बातों पर गौर करें

-   एक बड़ी सोच आपको दुनिया की हर वह वस्तु हासिल करा सकती, जिसे आप हासिल करना चाहते हैं।
-   जीत का बीज बोते हैं, जीते मिलेगी। हार का बीज बोते हैं, हार मिलेगी।
-   भय से व्यक्ति खुद को अपाहिज समझने लगता है। जिसकी वजह से वह सफलता हासिल नहीं कर पाता।
-   मस्तिष्क में जब तक आप सकारात्मक सोच नहीं रखेंगे, तब तक मस्तिष्क में उसे पाने की ललक नहीं होगी।
-   अधिकतर लोगों की आदत होती है कि वे स्वयं को काबिल नहीं मानते, जिसकी वजह से सफलता उनसे दूर रहती है।
-   जब तक आप में किसी लक्ष्य को पाने की प्रबल इच्छा नहीं होती, तब तक आप उसे प्राप्त नहीं कर सकते हैं।
-   अपनी सोच को बड़ा बनाने के लिए कल्पना करना होगा कि आप वही हैं, जो आप बनना चाहते हैं।
-   खुद को सफलता के लिए समर्पित कर दें। आप वह सब कुछ प्राप्त कर लेंगे, जो प्राप्त करना चाहते हैं।
-   चिंता मन में वहम पैदा करती है। यह वहम व्यक्ति के अंदर निराशा, हताशा और दुःख को जन्म देते हैं।
-   अपने अंदर बैठे मिस्टर निगेटिव के चेलों हताशा, निराशा, कुंठा, असफलता, क्रोध तथा दो खास चेले चिंता व तनाव से बचना चाहते हैं, तो मिस्टर पॉजिटिव का दामन कस कर पकड़कर रखिए।
-   आशावादी हमेशा गिलास को भरा देखते हैं, जबकि निराशावादी हमेशा गिलास को खाली देखते हैं।
-   सोच एक ऐसा शस्त्र है, जिसके द्वारा आप लक्ष्य को हासिल कर सकते हैं या स्वयं को खत्म कर सकते हैं।

आत्मविश्वास सफलता का आधार

15

गुण-अवगुण की पहचान करें

'जब आपको अवसर मिले तो उस दौरान गुण और अवगुण की पहचान करो। अगर आपने यह पहचानने में भूल कर दी, तो आपसे सफलता दूर चली जाएगी'

जो अवसर आपको मिला है उसके गुण-अवगुण की पहचान करके ही आगे काम करें। एक और महत्त्वपूर्ण बात है कि गुण और अवगुण की पहचान भी

> आपका व्यक्तित्व आपके गुणों का दर्पण है, इसलिये अपने व्यक्तित्व को हमेशा निहारते रहिये।
>
> – सामदेव

आप अपने अंदर ही करें। कहने का अर्थ यह है कि आपकी क्या रुचि है उसी के अनुरूप कार्य करें, तब जाकर सफलता मिलेगी, क्योंकि जब तक आप अपनी प्रतिभा को पहचान नहीं पाएंगे, तब तक आप उसे सामने नहीं ला सकते हैं। भारत के सबसे बेहतरीन क्रिकेटर सौरभ गांगुली बचपन में फुटबॉल खेला करते थे। फुटबॉल में उन्हें रुचि थी, लेकिन उन्हें इस बात का अहसास हुआ कि वह फुटबाल से अच्छा क्रिकेट खेल सकते हैं इसलिए उन्होंने फुटबाल छोड़कर क्रिकेट खेलना शुरू किया और इसका लाभ उन्हें मिला। यदि वे अपनी प्रतिभा को नहीं पहचान पाते, तो शायद आज वे क्रिकेट के इतने बेहतरीन खिलाड़ी नहीं बन पाते। जो लोग अपनी प्रतिभा को पहचान कर कार्य करते हैं, वे सफल बन जाते हैं। अपने अंदर की प्रतिभा को आप स्वयं ही समझ पाएंगे। इसे दूसरा कोई नहीं जान पाता और न ही आप इस बारे में कुछ बता सकते हैं।

किसी भी क्षेत्र में अपनी पहचान बनाने के लिए अपने अंदर झांककर यह देखना होगा कि आप किस क्षेत्र में अपनी पहचान बना सकते हैं। यदि आप सोचते हैं कि मैं फुटबॉल, क्रिकेट, किसी और क्षेत्र में भी एक साथ पहचान बनाऊं, तो यह करना मुश्किल है। जब तक आप किसी एक लक्ष्य पर ध्यान नहीं देंगे, तब तक आप सफलता नहीं पा सकते। किसी एक लक्ष्य पर अपना पूरा ध्यान देकर ही आप इसे निखार सकते हैं।

जब कोई विपत्ति आती है, तब आप उसको पहचान नहीं पाते। गुण-अवगुण की पहचान इसी समय होती है। उदाहरण के तौर पर जब विपत्ति आए तो उससे सीख लें ताकि आगे आपको किसी प्रकार की दिक्कत न हो। विपत्तियों का मोल आंकने के लिए 'स्वेट मार्डेन' ने बड़ा ही आसान-सा रास्ता बताया है। एक ही पेड़ से दो बीज लीजिए। एक बीज को निर्जन पर्वत पर और दूसरे को घने जंगल में बो दीजिए। अब उन्हें बढ़ते हुए देखिए, जो पेड़ पहाड़ पर अकेला खड़ा है, वह हर तूफान का सामना करने के लिए विवश है। इस विपत्ति से अपनी रक्षा के लिए वह पेड़ अपनी जड़ों को जितना मुमकिन हो पाता है, उतना हर दिशा में फैलाने लगता है। उसकी जड़ें गहरी होती हैं। इस प्रकार उखड़ने से बचने के लिए वह अपनी जड़ों के सहारे मिट्टी और चट्टानों को कसकर पकड़ लेता है। प्रत्येक जड़ इस प्रकार आगे बढ़ती है कि विशाल वृक्ष को और स्थिरता मिल जाए। मानो उन्हें पता हो कि आने वाली मुठभेड़ें कितनी भयानक होंगी। कई बार लगता है कि वर्षों से इस पौधे में कोई वृद्धि नहीं हुई है, लेकिन वास्तव में उस समय वह अपनी जड़ों को चट्टानों के इर्द-गिर्द लपेटने में व्यस्त होता है। इसके बाद वह गर्व से सीना ताने तेजी के साथ आकाश की ओर बढ़ने लगता है। तूफानों को चुनौती देता हुआ। तब इसकी शाखाओं के साथ हवा के झोंके उसे कमजोर करने के बजाय उसके रेशों को और अधि

> **जिन गुणों को आप दूसरों में देखकर खुश होते हैं, यदि वही गुण आपके पास हों, तो दूसरे लोग भी आपको देखकर खुश होंगे।**
>
> – ऋग्वेद

क मजबूती ही देते हैं। दूसरी ओर घने जंगल में बोया बीज बिल्कुल भिन्न प्रकार से बढ़ता है, यह तेजी से बढ़ता है, परन्तु उसका तना कमजोर होता है। अपने पड़ोसी वृक्षों की सुरक्षा पंक्ति से घिरे इस पौधे को कभी आंधी-तूफान का मुकाबला नहीं करना पड़ता इसलिए इसकी जड़ें भी इधर-उधर फैलने के बजाय सीधी होती हैं और थोड़ी ही मिट्टी पकड़ पाती हैं। इस प्रकार न केवल इसका तना कमजोर और कम लचीला होता है, बल्कि इसकी जड़ों की पकड़ भी कमज़ोर होती है।

बिल्कुल एक जैसे दो लड़कों को लीजिए। एक लड़के को शहर की ऐशो-आराम की जिंदगी से दूर देहात में रखिए, जहां केवल एक छोटा-सा स्कूल और कुछ किताबें ही उसे मिल सकें। सारी धन संपत्ति और सहारों को हटा दीजिए। अब यदि उसमें वाकई संभावना है, तो वह आगे बढ़ जाएगा। वह सफलता का पथ पकड़ लेगा। हर बाधा पर विजय प्राप्त करते हुए वह अगली चुनौतियों के लिए शक्ति अर्जित करता जाएगा। यदि वह गिरता है तो अधिक दृढ़ संकल्प के साथ फिर उठ खड़ा होता है। बाधाएं और विरोध जीवन की व्यायामशाला के वे उपकरण हैं जिनसे व्यक्ति का व्यक्तित्व निखरता है। जो उसकी विपन्नता का मजाक उड़ाते हैं, वह उन्हें अपना सम्मान करने पर विवश करता है। दूसरे लड़के को एक सुविधा संपन्न परिवार में रख दीजिए। उसे फ्रांसीसी और जर्मन शिक्षिकाएं उपलब्ध करा दीजिए। उसे महान शिक्षकों की देख-रेख में हार्वर्ड में शिक्षा दिलाइए। उसे पैसा खर्च करने की पूरी छूट दे दीजिए। जहां चाहे घूमने और मनचाहे शौक पूरे करने की छूट दीजिए।

अब दूसरे दृश्य पर आइए। दोनों लड़के आमने-सामने हैं। शहरी लड़का अपने देहाती भाई को देखकर शर्मिंदा है। देहाती लड़के के साधारण, तार-तार कपड़े, सख्त हाथ, रूखा चेहरा और बेढब आदतें उसे शहरी लड़के के सुरुचिपूर्ण कपड़ों और आदतों के सामने फीका कर देती हैं। गरीब लड़का अपने दुर्भाग्य को कोसता है। वह पश्चाताप करता है कि उसे जीवन में कोई अवसर नहीं मिला और शहरी लड़के से ईर्ष्या करने लगता है। वह सोचता है कि यह प्रकृति की क्रूर इच्छा है कि उन दोनों के बीच इतना भेद पैदा हो गया। कुछ साल बाद वे दोबारा मिलते

हैं। अब वे वयस्क हो चुके हैं। अब वे कितना बदल चुके हैं। जैसे तजुर्बेकार कारीगर देखते ही मजबूत पहाड़ी पेड़ और कमज़ोर जंगली लकड़ी में फर्क कर लेता है, ठीक वैसे ही उनका फर्क भी साफ देखा जा सकता है। एक के चेहरे का आत्मविश्वास साफ बता देता है कि वह अपने बल और श्रम के सहारे यहां तक पहुंचा है, जबकि दूसरा अपने परिवार की संपन्नता और प्रभाव के सहारे यहां तक पहुंचा है।

मानसिक दृढ़ता हमेशा सम्मान पाती है। यह वह गुण है, जो उपलब्धि यां देता है और उपलब्धियों को सभी सम्मान देते हैं। अपने हालात का रोना रोने वाले कभी सफल नहीं होते, यदि वे अपनी सोच को बदल दें, तो दुनिया का नक्शा बदल सकते हैं। गरीबी का बहाना कभी न बनाएं। अपनी सोच में गरीबी को हावी न होने दें। निराशावादी भावनाओं को मुक्त कर साहस और आत्मविश्वास के साथ मन में आशा बनाए रखें। अपनी उन्नति के बारे में सोचें और कहें कि मैं गरीब नहीं हूं। मैं अपनी स्थिति को सुध र लूंगा। इसी तरह बुद्धि न होने का बहाना भी लोग बनाते हैं। मैं वह काम नहीं कर सकता, क्योंकि मेरी उम्र अधिक हो चुकी है या उस काम को करने के लिहाज से मैं फिट नहीं हूं। बहुत से ऐसे बहाने होते हैं जिनको इंसान नहीं करना चाहता। कहने का तात्पर्य यह है कि कोई काम करने के लिए उम्र, अनुभव और बुद्धि बाधा नहीं होती। लक्ष्य प्राप्त करने के लिए संकल्प की जरूरत होती है।

स्वामी रामतीर्थ कहते हैं, बुद्धिमान व्यक्ति को जितने अवसर मिलते हैं, उनसे अधिक वह खुद बनाते हैं।

एक दिन 'ऑस्काइन' एक कोर्ट में गए। वहां एक मुकदमे की सुनवाई चल रही थी। दोनों ओर के वकील आपस में बहस कर रहे थे। ऑस्काइन बड़े ध्यान से उन दोनों वकीलों की बहस को सुन रहे थे। उनकी बहस सुनकर उन्हें लगा इससे अच्छी बहस तो वे खुद कर सकते हैं। बस, उसी क्षण उन्होंने वकालत पढ़ने का निर्णय लिया और एक दिन ब्रिटेन के प्रसिद्ध वकील बन गए। जॉन गूह अपने जवानी के दिनों में नगर की गलियों में गीत गा कर भीख मांगा करते थे। एक दिन भीख मांगते-मांगते वे ऐसी जगह पहुंच गए, जहां एक व्यक्ति भीड़ में खड़ा होकर भाषण दे रहा था। हजारों की संख्या में लोग खड़े होकर

आत्मविश्वास सफलता का आधार

उसकी बातें सुन रहे थे। जॉन गूह भी वहां खड़े होकर उस व्यक्ति का भाषण सुनने लगे। भाषण सुनकर उन्हें लगा कि मैं तो इससे अच्छा भाषण दे सकता हूं। उस दिन से उन्होंने भीख मांगने का काम छोड़ दिया और भाषण देकर जन-जागरण का काम करने लगे।

सफलता आपकी मुट्ठी में है। इसके लिए ज़रूरी है, किसी भी काम की शुरुआत पूरी योजना के साथ करें। प्रत्येक 10 में से 9 व्यक्ति इस प्रकार के होते हैं, जो बहुत योजनाएं बनाते हैं। विशाल पैमाने पर सोचते हैं, पर करते कुछ नहीं। ऐसी बात नहीं कि उनमें कार्य की क्षमता न हो या वह इस योग्य न हों। बस उनकी एक सबसे बड़ी दुर्बलता यह होती है कि वे योजना को कार्य रूप में नहीं ढालते हैं। यही कारण है कि असफल लोगों की संख्या अधिक है। सिर्फ कार्यों की बड़ी-बड़ी योजनाएं बनाने से सफलता नहीं मिलती। उसे अमल में भी लाना जरूरी है। बड़े-बड़े आइडियाज़ मन में लाकर उनकी योजना बनाएं और उन्हें छोटे दायरे से निकालकर विशाल दुनिया में ले जाएं। किसी कार्य की बड़ी योजना नहीं बनाई जाए तो बड़ी सफलता नहीं मिल सकती। सफलता की ऊँचाइयों को छूना है, तो बड़ी-बड़ी योजनाओं के बारे में सोचें। जितनी बड़ी योजना के बारे में आप सोचते हैं, आपको सफलता भी उतनी ही बड़ी मिलती है।

'जार्ज पुलमैन' चालीस डॉलर प्रतिवर्ष के साधारण वेतन पर एक स्टोर में क्लर्क का काम करते थे। यह वेतन उनके लिए सिर्फ भोजन की व्यवस्था कराता था। इसके बावजूद जार्ज पुलमैन अपने दिमाग में बड़ी-बड़ी योजनाएं बनाते थे। कुछ सालों बाद उन्होंने क्लर्क की नौकरी छोड़ दी और शिकागो आकर इमारत संबंधी कार्यों को देखने लगे। इस काम को करते-करते उन्हें थोड़ा अनुभव हो गया। इसके बाद वे शहर के नालियों को खोदने के लिए छोटे-छोटे ठेके लेने लगे। इस बीच उन्होंने महसूस किया कि शिकागो शहर को आठ फुट उठाना जरूरी है। नहीं तो यह कभी भी डूब सकता है। इस बारे में उन्होंने शहर के महापौर को जानकारी दी और शहर को आठ फुट किस तरह से उठाया जाए इसके बारे में भी पूरी जानकारी दी। महापौर को जार्ज पुलमैन की योजना पसंद आयी। पुलमैन द्वारा योजना को अमल में लाया गया। इसी तरह शिकागो

एंड एल्टन नामक रेलवे कंपनी जो कि रेल के डिब्बे बनाया करती थी। पुलमैन ने इस कंपनी को डिब्बे सुधारने के बारे में अपना आइडिया बताया। कंपनी ने पुलमैन द्वारा बताए गए आइडिया पर ध्यान दिया। कंपनी को यह आइडिया पसंद ही नहीं आया, बल्कि उस पर तुरंत अमल भी किया। यह डिब्बे आज भी पुलमैन कार के नाम से प्रसिद्ध हैं। याद रखें आपकी योजनाएं जितनी बड़ी होंगी, आपकी उपलब्धियां भी उतनी ही बड़ी होंगी। 'रदर फोर्ट' की दक्षिण अफ्रीका में हीरो की खदान थी। लंबे समय से उनके खदान में काम चल रहा था, परन्तु कोई परिणाम नहीं निकल रहा था। जब स्थिति काफी गंभीर हो गई, तो उन्होंने परेशान होकर खदान बंद करने की सोची। मजदूरों ने उनसे कहा, कुछ समय तक आप और देख लें। आपको लाभ न मिला, तो हम उन दिनों का मेहनताना नहीं लेंगे, पर रदर फोर्ट ने पहले से ही मैदान छोड़ने का मन बना लिया था। मजदूरों द्वारा सहयोग मिलने के बावजूद उन्होंने सहयोग लेने से मना कर दिया। जब काम रोक कर रदर फोर्ट वहां से जाने लगे, तो मजदूरों में से एक व्यक्ति मजदूर केपलिन ने कहा कि जब आप जा ही रहे हैं, तो हमें काम करने की अनुमति दें। हम अपना काम शुरू रखें। रदर फोर्ट ने कहा कि अब मैं यहां की जिम्मेदारी तुम लोगों को देकर जा रहा हूं। तुम लोगों की मर्जी जो जी में आए करो। रदर फोर्ट के वहां से जाने के बाद मजदूरों ने जब अपना काम शुरू किया तो हीरे के खान में हीरों की बरसात होने लगी। बेहिसाब हीरे वहां से निकले। वहां के सारे मजदूर करोड़पति हो गए इसलिए कभी भी मैदान छोड़ कर न जाएं। असफलता से घबराने के बजाय उससे सीखने की कोशिश करें। 'रॉल्फ वाल्डो एमर्सन' कहते हैं कि सफलता और असफलता के बीच की रेखा इतनी पतली होती है कि हमें अहसास ही नहीं हो पाता कि हम कब इसे पार कर गए। कई बार हम सफलता के ठीक ऊपर खड़े होते हैं और जान नहीं पाते।

      आत्मविश्वास सफलता का आधार

16

आलस को छोड़ें

'आलस को छोड़कर मिले अवसर से और उसका भरपूर उपयोग करें। अगर आप आलस करेंगे, तो शायद अवसर आपसे दूर चला जाएगा और आप केवल देखते ही रह जाएंगे।'

मनुष्य सभी प्राणियों में श्रेष्ठ है इसलिए कहा गया है कि वह जो कुछ भी करेगा, वह अच्छा ही करेगा, लेकिन वही मनुष्य अक्सर भूल जाते हैं कि जो समय उसके हाथ से निकलकर जा रहा है वह दुबारा लौट कर नहीं आएगा इसलिए जरूरी है कि वह प्राथमिकता तय करके आगे बढ़ने का संकल्प लें। इसके लिए मानसिक शक्तियों को मजबूत करने की जरूरत है।

> जीवन का एक भी क्षण करोड़ों स्वर्ण मुद्रायें देकर भी वापस नहीं मिलता
> – चाणक्य

आपके मन में जैसे विचार होते हैं, आप वैसे ही होते हैं। विचारों की शक्ति से जीवन प्रभावित होता है। आप गरीब हैं, इसका कारण क्या है। प्रथम प्रमुख कारण है कि आपके विचार गरीब हैं। यदि आप मन में विचार गरीबी के रखते हैं, तो आप धनवान कैसे हो सकते हैं? गरीबी के विचार ने ही आपके मन में जड़ें जमा ली हैं, तो आप निःसंदेह गरीब ही रहेंगे। यह निर्धनता मानव की स्वभाविक दशा नहीं है। मानव की रचना बेबसी, गरीबी और कमज़ोरी के लिए नहीं हुई है। मनुष्य तो परमात्मा की सर्वश्रेष्ठ रचना है। मनुष्य के भीतर तो एक दिव्य शक्ति है। वह तो जैसा चाहे वैसा बन सकता है।

यदि आपका मन निर्बल है, कमजोर है और संशयात्मक है या आपके विचारों में स्थिरता नहीं है, तो आप किसी भी कार्य को सफलतापूर्वक नहीं कर सकते। विचार छोटे हैं, तो काम भी छोटे ही करेंगे। विचार बड़े हैं, तो काम भी बड़े ही करेंगे। मान लिया, आप दो वक्त की रोटी की ही चिंता करते हैं, तो वही मिलती रहेगी। साइकिल में ही संतुष्ट हैं, तो वही बनी रहेगी। कार की इच्छा और आवश्यकता का अनुभव करते हैं, तो वह प्राप्त कर लेंगे। मन की इच्छाओं को दबाने वाला व्यक्ति भी मन को कमजोर करता है। जो व्यक्ति स्वयं मन को कमज़ोर बनाता है उसकी मानसिक शक्तियों का विकास नहीं हो सकता। मन को तो वश में करना ही चाहिए। किसी के पास एक घोड़ा है। वह उसे अशक्त बनाता जाता है, दुर्बल और हीन बनाता जाता है, तो वह घोड़ा उसके किस काम आएगा, बल्कि कमजोर होते-होते एक दिन वह समाप्त हो जाएगा। दूसरा व्यक्ति अपने घोड़े को खूब दाना-पानी देता है, शक्तिशाली बनाता है और उसे साधकर लगाम वश में रखकर उससे खूब काम लेता है, इच्छानुसार चलाता है। मन की स्थिति भी ठीक यही है। इसे कमज़ोर न करें। इसे शक्तिशाली बनाकर वश में करें। आपका मन शक्तिशाली हो जाता है और आपके वश में हो गया है, तो फिर आप क्या नहीं कर सकते? फिर आप जो काम हाथ में लेंगे वह पूरा हो जाएगा। जो भी बनना चाहेंगे, बन जाएंगे।

यदि आप दृढ़ इच्छाशक्ति के साथ प्रण करके उठ जाएं, मानसिक शक्तियों को पहचानकर उनका रुख मोड़ दें, तो आप उथल-पुथल मचाने में समर्थ हैं। आवश्यकता तो मन की शक्ति को पहचानने और बढ़ाने की है। वास्तव में मनुष्य अपनी हीन भावना के कारण ही निर्धन रहता है। हीन ग्रंथियों के विकास ही उसे निर्धनता से चिपकाए रखता हैं, जो स्वयं को प्रत्येक समय निर्धन कहता है या समझता है वह कैसे ध नवान बन सकता है?

उत्साह से भरे निश्चय और अपने निर्णय को मन में दोहराते रहने से प्रण को पूरा करने की शक्ति प्राप्त होती है। व्यक्ति कोई भी महान कार्य तभी कर सकता है, जब वह उसके लिए संकल्प करता है, प्रण करता है और उसे पूरा करने का पूरा-पूरा प्रयास करता है जो अपने निश्चय को

बार-बार दोहराता है उसकी छिपी हुई शक्ति जागृत हो उठती है, तब उसका निर्णय भी नहीं बदलता और आत्मविश्वास भी पैदा होता है।

अपनी सफलता के बारे में संदेह करके कभी यह न कहें कि कभी-न-कभी तो सफलता मिल ही जाएगी, बल्कि यह कहें कि सफलता तो मिलेगी ही, वह तो निश्चित है। आप सफल व्यक्ति हैं, सफलता पर आपका पूरा अधिकार है। आप सुखी और प्रसन्न हैं, सुख और प्रसन्नता पर आपका पूरा अधिकार है। आपका कर्तव्य है कि आप दूसरों को भी सुख, प्रसन्नता और प्यार दें। सफलता की बातें करना आपकी आदत होनी चाहिए।

किसी भी महान उद्देश्य की प्राप्ति के लिए दृढ़ निश्चय एवं अटल संकल्प की बहुत आवश्यकता होती है। इन्हीं के सहारे व्यक्ति आत्मशिक्षण एवं आत्मसंस्कार प्राप्त कर अनेक बाधाओं को पार कर जाता है। तब उसे ऐसा लगता है, मानो उसके भीतर की प्रबल इच्छा-शक्ति किसी शोले की तरह भड़क उठी हो। तब वह अपने को पहले से अधिकाधिक सुधारता हुआ, कठिनाइयों को दूर करता हुआ, आवश्यक साधनों को जुटाता हुआ तथा निराशा के स्थान पर आशा एवं उत्साह को जगाता हुआ आगे बढ़ता चला जाता है। वे सभी महान व्यक्ति, जो अपने अन्य साथियों की अपेक्षा अधिक ऊँचे उठे, केवल अपनी इच्छा-शक्ति और अपनी सामर्थ्य के कारण। अन्य बातें जो उनमें भी वैसी ही थीं, जैसी उनके साथियों में थीं। जूलियस सीज़र के बारे में कहा जाता है कि उसने जितनी विजय प्राप्त की, उतनी सैनिक योग्यता उसमें नहीं थी लेकिन उसमें क्रियाशीलता थी, उसमें दृढ़ निश्चय तथा प्रबल इच्छा-शक्ति थी। याद रखिए किंतु, परंतु, शंका, संदेह का आपके जीवन में कोई स्थान नहीं है। आवश्यकता है तो केवल दृढ़ निश्चय की। हर उस शब्द के लिए आपको कान खुले रखने हैं, जो आपके लक्ष्य की प्राप्ति के मार्ग में सहायक हो। आपके अपने हृदय की उस प्रत्येक भावना और अनुभूति को ग्रहण करने के लिए खुले रखने हैं, जो आपके जीवन को प्रेरणा प्रदान कर सके व सफल बना सके। ऐसे व्यक्ति को दुनिया की कोई भी ताकत सफल होने से नहीं रोक सकती। परिस्थिति का पंजा दृढ़ इच्छाशक्ति वाले मनुष्य को अपनी मुट्ठी में नहीं दबोच

सकता। ऐसे व्यक्तियों के लिए संसार स्वयं रास्ता छोड़ देता है। दृढ़ इच्छाशक्ति के बल पर ही 'किट्टो' बाइबिल का एक महान पंडित बन गया। वही किट्टो जो गरीब, गूंगा एवं बहरा था। उसने अपनी पत्रिका में एक बार लिखा है कि असंभव शब्द पर मुझे तनिक भी विश्वास नहीं है। मैं नहीं मानता कि कोई काम ऐसा भी हो सकता है, जिसे न किया जा सके। प्राकृतिक योग्यता अथवा जन्मजात प्रतिभा केवल कहानियां हैं, लेकिन यदि चाहे तो हर व्यक्ति अवसर का लाभ उठा सकता है तथा परिश्रम करके जो चाहे प्राप्त कर सकता है।

लिंकन का उदाहरण किसी भी व्यक्ति के लिए एक आदर्श है। वह गरीबी में पैदा हुआ, गुंडागर्दी में पला और हर प्रकार से निरुत्साहित होने के बावजूद भी ऊँचा उठा और अमेरिका की राष्ट्रीय एकता और स्वाधीनता का सेनानी बन बैठा। उसकी प्रबल इच्छाशक्ति ने उसके मार्ग को प्रशस्त कर दिया। जिस समय उसके मित्रों ने उसे विधायक के लिए मनोनीत किया, तो उसके शत्रुओं ने उसका बड़ा मजाक उड़ाया। चुनाव प्रचार के दौरान वह जो कोट पहनता था, वह इतना छोटा था कि उसे पहनकर बैठने में भी उसे कठिनाई होती थी। उसकी पतलून घुटनों तक पहुंचती थी, उसके सिर पर तिनकों से बना छोटा टोप था और पैरों में टूटे-फटे बूट, लेकिन उस समय भी उसने अपना साहस नहीं छोड़ा और जब वह विधानसभा का सदस्य चुना गया, तो उसने अपने सूट के लिए कपड़ा उधार लिया ताकि विधानसभा सदस्य के रूप में सम्मानित दिख सके। ऐसे अनेक व्यक्ति हुए हैं जिन्होंने सूखी रोटी और पानी पीकर जीवन का निर्वाह किया। झाड़ियां जलाकर उनके प्रकाश में पुस्तकें पढ़ीं और ज्ञान प्राप्त किया। जिन्होंने भूसे की कोठरियों में सोकर रात गुजारी, जिन्होंने पेट भरने के लिए बैरे का काम किया, परंतु उन्होंने अपनी दृढ़ इच्छाशक्ति के बल पर अपने जीवन को बदल डाला और संसार में यश प्राप्त किया। जो विजय का मूल्य चुकाने के लिए तैयार है तथा जिसे पराजय का भय नहीं होता वह अवश्य ही विजयी होता है। इतिहास में अनेकों ऐसे उदाहरण भरे पड़े हैं।

'जॉन लीडन' एक गडरिये का बेटा था। उसका बचपन गरीबी और उत्साहहीनता के वातावरण में बीता, लेकिन ज्ञान प्राप्त करने की उसकी

               आत्मविश्वास सफलता का आधार

इच्छाशक्ति इतनी प्रबल थी कि पढ़ने के लिए वह छह मील तक नंगे पांव जाता था। स्कूल की शिक्षा उसने यहीं तक पाई, लेकिन उसने इससे भी अधिक शिक्षा प्राप्त की क्योंकि दृढ़ इच्छाशक्ति उसमें थी, जिसके लिए उसने समस्त बाधाओं का सामना किया और अंत में उसने पुस्तकों की एक ऐसी दुकान खोज निकाली जहां उसे अनेक बहुमूल्य पुस्तकें पढ़ने का अवसर प्राप्त हुआ।

'सिडनी स्मिथ का' कहना है कि पृथ्वी पर कोई भी व्यक्ति महान नहीं हो सकता जितना बेव्सटर। 'कार्लाइल' ने भी बेव्सटर के बारे में लिखा है कि उसे देखते ही मन में इच्छा होती है कि भले ही सारे संसार का विरोध क्यों न सहना पड़े, पर मैं इसका समर्थन नहीं करूंगा। इसलिए अवसर पर कुछ न छोड़िए। योजना बनाइए, सतर्कतापूर्वक विस्तृत विवरण प्राप्त कीजिए, हर साधन, उद्देश्य और उपाय का निरीक्षण-परीक्षण कीजिए तथा निश्चयपूर्वक तैयार की गई रूपरेखा से तनिक भी इधर-उधर हुए बिना काम करते जाइए। इससे आपको उस समय भी लाभ होता रहेगा, जब दूसरों को नुकसान हो रहा होगा। सफलता का मूल आधार सूक्ष्म यथार्थता, काम करने का सही ढंग तथा काम करने की शक्ति इन तीन बातों पर आधारित है। लोग सफलता को भाग्य के नाम से पुकारते हैं, जबकि सफलता का अर्थ उचित निर्णय, अवसर से भरपूर लाभ उठाने की योग्यता एवं सतर्कता है। अक्सर लोग किसी को सफल होते देखकर कहा करते हैं कि वह कितना सौभाग्यशाली है, लेकिन यदि उस सफल व्यक्ति के जीवन-चरित्र का सूक्ष्म रूप से निरीक्षण किया जाए, तो अत्यधिक सफलता के कारण होंगे, उसका स्वस्थ्य शरीर, कठोर परिश्रम करने का स्वभाव, उसकी कार्यशक्ति, उसका दृढ़ निश्चय, उसका साहस, उसका आत्मवशीकरण, उसकी निष्ठा, उसकी वफादारी, ईमानदारी, उत्साह, उद्देश्य और सबसे ऊपर, हां की विजय और ना कहने की ताकत। किसी व्यक्ति ने ठीक ही कहा है कि मेहनती, साहसी, पराक्रमी व दृढ़ इच्छाशक्ति वाले व्यक्ति को कोई नहीं हरा सकता, बल्कि उसके शत्रु उसका विरोध करने से पहले ही उसके आगे झुक जाते हैं क्योंकि वह दूसरे लोगों द्वारा आलोचना किए जाने से पहले ही अपने काम को पूरा कर डालता है।

जैनेन्द्र कुमार का कहना है कि हममें से प्रत्येक व्यक्ति के पास वह अद्भुत शक्ति है, जिसकी हम कल्पना भी नहीं करते। यदि हम अपने हृदय का ऐसा एक्सरे कराएं जिसमें भीतर की छिपी शक्तियों का पता लग सके, तो अपनी महान शक्तियों को देखकर हम आश्चर्यचकित रह जाएंगे। अंदर की छिपी उन अद्भुत शक्तियों को देखकर मनुष्य यही कहेगा कि ये असाधारण विशेषताएं तो किसी दूसरे व्यक्ति की हैं, जो सफलता के उच्च शिखर पर पहुंच चुका है। मेरे जैसे साधारण मनुष्य, जो जीवन में एक असफल व्यक्ति हो, ये विशेषताएं नहीं हो सकतीं। स्वयं से अनभिज्ञ होने के कारण ही वह ऐसा कहने पर विवश होगा। जबकि वह एक्स-रे उसका अपना ही है। लोगों को अपने अंदर छिपी हुई शक्तियों और महानताओं की जानकारी नहीं होती और न ही उन्हें जानने की वे चेष्टा करते हैं इसलिए उनको उनकी छिपी हुई प्रतिभा की जानकारी कराना बड़ा कठिन कार्य है। बहुत कम लोग जानते हैं कि उनके पास जो शक्ति है वह कितनी असीम है। असीम शक्तियों की पहचान कर पाना बड़ा कठिन है।

> 'उत्साह, जीवन के लक्ष्यों को प्राप्त करने की ऊर्जा देता है। उत्साही के लिये सभी कुछ संभव है।
> - महर्षि वाल्मिकी

'इमर्सन' ने आत्मविश्वास पर एक लेख लिखा। जिसमें उसने उदाहरण देकर बताया है कि हम स्वयं अपनी सफलता की सीमाएं बनाते हैं। एक उदाहरण के माध्यम से उसने बताया कि कोई शराबी नशे के कारण अधमरी हालत में नाली से उठकर 'ड्यूक' के घर चला गया। वहां उस शराबी व्यक्ति को नहलाकर साफ-सुथरे कपड़े पहना दिए गए और ड्यूक के बिस्तर पर ही सुला दिया गया। उसके जागने पर सभी ने उससे इस तरह का व्यवहार किया मानो जैसे वह ड्यूक ही हो और सचमुच उसे इस बात का विश्वास हो गया कि वह ड्यूक ही है। मनुष्य भी उस शराबी की तरह अपने मूल रूप को भुलाकर भटकता रहता है। अचानक किसी घटना विशेष से जब वह अपने आपको जान लेता है तो फिर उसका जीवन एक ड्यूक की भांति उन्नत हो जाता है। आलस्य ऐसा कीड़ा है जो धीरे-धीरे इंसान को खा जाता है। कई विद्यार्थी साल-भर अच्छे से पढ़ाई करते हैं, लेकिन परीक्षा के नजदीक आते ही ओवर कॉफिडेंस में

आत्मविश्वास सफलता का आधार

आकर अपनी पढ़ाई में ढिलाई करने लगते हैं। इसका परिणाम उन्हें खराब रिजल्ट के रूप में भुगतना पड़ता है। इसलिए कभी भी ओवर कॉन्फिडेंस में आकर किसी काम में ढिलाई न बरतें।

मिस्टर ग्रे के पंद्रह साल के बेटे ने जब पिता से स्कूल न जाने की प्रार्थना की तो पिता ने आश्चर्य के साथ कारण पूछा। चार्ल्स ने जवाब दिया, 'पिताजी, पढ़ाई से मेरा मन ऊब चुका है। यूं पढ़ाई में मुझे कोई लाभ भी दिखाई नहीं देता।' पिता ने स्तब्ध होकर पूछा, 'क्या तुम्हें लगता है कि तुम काफी सयाने हो गए हो?' उसने कहा, 'पिताजी जितना कुछ जार्ज लाइमैन को आता है, उतना मैं भी जानता हूं। तीन महीने हो गए उसे स्कूल छोड़े और अब वह स्कूल जाएगा भी नहीं क्योंकि उसके पिता के पास दौलत है। पिता बोला, यह बात है तो स्कूल जाने की कोई जरूरत नहीं है। पिता की आज्ञा लेकर जैसे ही चार्ल्स खुशी-खुशी धन्यवाद कहकर द्वार की ओर बढ़ा कि मिस्टर ग्रे ने टोकते हुए कहा, 'रुकना जरा। मैंने तुम्हें ऐसी कोई बात नहीं कही कि तुम धन्यवाद कहो। तुम्हारा पढ़ाई में मन नहीं है, तो मत स्कूल जाओ, लेकिन एक बात गांठ बांध लो कि अगर तुम स्कूल नहीं जाओगे, तो तुम्हें काम पर जाना होगा। मैं तुम्हें आलस्य में बैठे देखना सहन नहीं कर सकता हूं।'

अगले दिन ग्रे एक जेलखाने का निरीक्षण करने गए और पुत्र चार्ल्स को भी साथ लेते गए। वहां ग्रे का एक सहपाठी भी बंदी था जिससे मिलने की उन्हें इच्छा थी। वह कैदी जब सामने आया तो ग्रे बोला- 'मिस्टर हार्मन! तुमसे मिलकर मुझे बहुत खुशी है, 'मगर ऐसी जगह और इस हालत में देखकर बहुत दुःख हो रहा है।' मगर आपको मुझसे बढ़कर दुःख नहीं होगा।' बंदी हार्मन ने कहा और चार्ल्स पर नजर पड़ते ही पूछा- 'मेरा ख्याल है ये आपके बेटे हैं।' हां, यह मेरा बड़ा बेटा चार्ल्स है। इस समय यह उसी उम्र में है, जब हम स्कूल जाया करते थे। क्या तुम्हें वह दिन याद नहीं है?' 'काश! मैं उन दिनों को भूल पाता।' कुछ सोचते हुए बंदी ने कहा, 'कभी-कभी लगता है, यह सब सपना है कि जागने पर सपना ही निकलेगा।' ग्रे ने पूछा, 'लेकिन तुम यहां, यह कैसे हुआ? जब पिछली बार मैं तुमसे मिला था, तुम्हारी स्थिति मुझसे अच्छी थी।'

जवाब में बंदी ने बताया कि मेरी कहानी तो कुछ शब्दों में ही खत्म हो जाती है। आलस्य और कमजोर स्वास्थ्य ने मुझे कहीं का न छोड़ा। पढ़ना-लिखना मुझे पसंद न था। मेरे विचार में अमीर बाप के बेटे को पढ़ने-लिखने की कोई जरूरत नहीं थी। पिता की मृत्यु के बाद अपार संपत्ति मेरे हाथ आई, जिसका एक पैसा भी मेरी कमाई का न था। भला मैं उसकी कदर-कीमत क्या जान सकता था। मुझे पता भी न चला और समस्त संपत्ति मेरे हाथों लुटती चली गई। एक सुबह जागने पर मुझे पता चला कि मैं एक दरिद्र क्लर्क से ज्यादा कुछ नहीं रह गया हूं। मुझे ईमानदारी से पैसा कमाना आता ही नहीं था, लेकिन रुपये की जरूरत तो थी ही। मैंने बिना मेहनत के रुपया कमाना चाहा।' बस आगे, बताने की जरूरत नहीं कि क्या हुआ। हार्मन को वापस काम पर जेल में बुला लिया गया और ग्रे ने जेलर से पूछा आपके यहां कितने ऐसे बंदी हैं, जिन्हें किसी उपयोगी कारोबार या व्यवसास की शिक्षा दी गई है। जबाव मिला, दस में से एक भी नहीं। इसके बाद चार्ल्स को लेकर मिस्टर ग्रे गाड़ी में सवार होकर घर को चल पड़े।

रास्ते में उन्होंने कहा, 'चार्ल्स! मैंने तुम्हें कहा था कि दूसरे लड़कों की तरह तुम्हें भी काम करना चाहिए, तो तुम्हें सुनकर आश्चर्य हुआ था। जेलखाने में हार्मन की जिंदगी तुम्हारे लिए एक अच्छा सबक है। विश्व मुझे अमीर समझता है और यह बात है भी सच। मुझमें इतनी शक्ति है कि तुम्हें बुद्धिमान और नेक बनाने वाला वातावरण दे सकूं, लेकिन मैं ऐसा धनवान नहीं हूं और न ही बनूंगा कि तुम्हें आलस्य में जीवन गुजारने दूं।'' सुनकर चार्ल्स की आँखें खुलीं और उसने निर्णय सुनाया, 'पिताजी मैं सोमवार से स्कूल जाऊंगा।

'जॉन एडम्स' भी एक ऐसा ही लड़का था, जो पढ़ने से कतराता था। उसने अपने पिता से प्रार्थना की कि लैटिन की पढ़ाई से उसे मुक्त किया जाए। पिता ने उसकी बात मानते हुए कहा कि मगर इसकी जगह तुम्हें दलदली जमीन में खाइयां खोदनी होंगी क्योंकि उस ज़मीन में से पानी का निकालना बहुत ज़रूरी है। वह पिता के स्वभाव को पूरी तरह समझता था। उसने पिता का दिया हुआ बेलचा उठाया और दिन-भर दलदली ध रती में खाई खोदने में लगा रहा। खाई खोदने के दौरान सोचने-विचारने

        आत्मविश्वास सफलता का आधार

का यह परिणाम निकला कि शाम होते ही उसने पिता से प्रार्थना की कि उसे कल पुन: लैटिन शिक्षा पाने की आज्ञा दी जाए। पिता को कहां एतराज़ था। जॉन ने अध्ययन में और अन्य कामों में इतना मन लगाया कि अमेरिकन क्रांति के दौरान वह उच्च नेता बना और वाशिंगटन के बाद संयुक्त राष्ट्र का प्रेजिडेंट बन गया।

17

दूसरों का अनुसरण करें

'जब आपको अवसर मिला है, तो उस क्षेत्र के सफल लोगों की सफलता को भी देखें और उनका अनुसरण करें। तभी आप सफल हो सकते हैं'

इस वाक्य को पढ़कर यह कतई नहीं सोचना चाहिए कि जो कुछ दूसरा कर रहा है वही काम हमें करना है। दूसरों का अनुसरण करने का मतलब है कि दूसरा जो सफल हुआ है या फिर असफल हुआ है वह क्यों हुआ? उसने कौन-सा ऐसा काम किया है जिससे कि उसे सफलता मिली और उसने कौन-सा ऐसा काम नहीं किया जिससे वह असफल हो गया। सफल व्यक्तियों का अनुसरण करने के लिए सफल व्यक्ति के जीवन से जुड़े पहलुओं का अध्ययन करना चाहिए। उसकी योग्यता की परख करनी चाहिए। वह सफल क्यों है और उसने इतना बड़ा साम्राज्य खड़ा किया तो कैसे किया? इस पहलू पर गंभीरता से विचार करना चाहिए। तभी जाकर आप भी कुछ करने योग्य हो सकते हैं। उदाहरण के तौर पर अगर किसी व्यक्ति के अंदर विश्वास नहीं है कि वह यह काम कर सकता है, तो उसे वह काम नहीं करना चाहिए। महात्मा गांधी ने विश्वास को परिभाषित करते हुए लिखा है, 'विश्वास मस्तिष्क का प्रमुख भाग है। जब विश्वास में विचारों का कंपन मिलता है, तो हमारा अवचेतन उसे तुरंत ग्रहण कर उसका एक अमूर्त समरूप बनाता है और

आत्मविश्वास सफलता का आधार

उसे अनंत मेधा के साथ जोड़ देता है, जैसा कि प्रार्थना करने के समय होता है।' विश्वास, प्रेम और मौन भाव सबसे शक्तिमान और प्रमुख धनात्मक भावावेश हैं। जब यह तीनों जुड़ जाते हैं, तो वे हमारे विचार-स्पंदन को इस प्रकार रंगीन बना देते हैं कि वह तुरंत अवचेतन तक पहुंचता है तथा वही उसका अमूर्त समरूप मेधा से तुरंत एक प्रतिभाव या रिस्पांस ग्रहण करता है। आत्मविश्वास पैदा करने का जो फॉर्मूला है, उसके अनुसार अपना स्पष्ट लक्ष्य प्राप्त करने की क्षमता होनी चाहिए इसलिए किसी भी व्यक्ति को लगातार उसको प्राप्त करने के लिए चेष्टारत रहना चाहिए। व्यक्ति के दिमाग में जो ज्यादा प्रभावी विचार होते हैं, वही व्यक्ति को बाहरी उपलब्धि के रूप में अपना स्वरूप प्रदान करते हैं।

दूसरों का अनुसरण करने का तात्पर्य यह भी है कि आप अपने अंदर विश्वास के साथ-साथ धैर्य और लगन को भी प्रमुखता से स्थान दें। अब्राहम लिंकन का ही उदाहरण लें। चालीस साल से ज्यादा की उम्र तक वह हर काम में असफल रहे। वह कोई बेकार या फालतू इंसान नहीं थे, पर तब तक वह सफल नहीं

> यदि उचित अवसर और साधनों का विचार रखकर कार्य करो और समुचित प्रयास करो, तो कौन सी बात है जो असंभव है।
>
> – तिरुवल्लुवर

हुए, जब तक कि उनको एक महान अनुभव नहीं हुआ और जिसने उनकी सोती मेधा को जागृत न कर दिया फिर वह न सिर्फ अमेरिका वरन् समूचे विश्व के एक महान व्यक्ति बन गए। उनका वह अनुभव शोक एवं प्रेम की भावनाओं से एक साथ ओत-प्रोत था। उसकी प्राप्ति उन्हें ऐनी रुटलेज के माध्यम से हुई, जो एक मात्र महिला थी जिनसे उन्होंने सच्चा प्यार किया था। यह एक सत्य है कि प्रेम और विश्वास के संवेगों की मन में स्थिति लगभग एक प्रकार की ही होती है। इसी प्रकार प्रेम को भी एक अमूर्त आध्यात्मिक बाना पहनाया जा सकता है। यदि आप सफल होना चाहते हैं, तो उन व्यक्तियों की उपलब्धियों में झांक कर देखें, जिनको आत्मविश्वास से बहुत कुछ प्राप्त हुआ। इस

संदर्भ में सबसे पहला नाम 'दी नजरीन' का आता है। ईसाईयत एक मात्र ऐसी शक्ति है, जो सर्वाधिक मनुष्यों को प्रभावित करती है और इस ईसाईयत का मूल आधार ही विश्वास है। उसकी चाहे कितनी कुत्सित व्याख्याएं की गई हों और कितना ही रूढ़िवादिता या दृढ़वादिता से इस शक्ति को जोड़ा गया हो, उसका मूल आधार विश्वास या भरोसा ही है। गांधी जी ने अपने विश्वास के दम पर ही उस समय की सर्वाधिक शक्तिशाली राजनैतिक सत्ता को पराजित कर दिया था।

एक पुरानी कहानी है, किसी मामूली पढ़े-लिखे आदमी के पिता के पास एक जलयान था। जब पिता की मृत्यु हो गई, तो वह जलयान उसे मिल गया। उस व्यक्ति को न जलयान के संबंध में कुछ जानकारी थी, न समुद्र के संबंध में लेकिन जलयान का स्वामी बनते ही उसने निश्चय किया कि वही अपने जलयान का कप्तान होगा और दूर-दूर तक समुद्र की यात्रा करेगा।

अपने विचारों और चरित्र में सुधार के लिए आपको भी प्रयास करना पड़ेगा। स्पष्ट रूप से निश्चित कर लेना होगा कि जो कुछ आप करना चाहते हैं, उसे किस प्रकार कर सकते हैं। योजना निर्धारित करने के बाद आपको अपने लक्ष्य की पूर्ति के लिए, अपनी कल्पना को साकार रूप देने के लिए निरंतर कड़ा प्रयास करना पड़ेगा।

एक महान विचारक ने कहा है कि आपका प्रत्येक विचार आपके भविष्य का निर्माता है फिर भले ही वह विचार शुभ हो या अशुभ।

अगर अच्छी तरह विचार किया जाए, तो मन को वश में करने का ही दूसरा नाम आत्मसंयम है। जिसने अपने मन को वश में कर लिया, उसने जीवन को वश में कर लिया। उसे अपने उद्देश्य की सफलता में रत्ती-भर भी संदेह नहीं रहता। अगर बच्चों में अपने मन को वश में रखने की आदत पड़ जाए, तो उनके जीवन में दुःख, कठिनाई और असफलता आ ही नहीं सकती और अगर आ भी जाती है, तो वे अपने आपको उससे बचाने में समर्थ हो जाते हैं। जिन बच्चों को बचपन में ही मन को वश में करना नहीं सिखाया जाता, वे जीवन की सर्वोत्तम शिक्षा से वंचित रह जाते हैं।

एक अमेरिकन आलोचक ने लिखा है कि यह कृत्रिमता का युग है। ऊपरी चमक-दमक ही इसकी विशेषता है। कितने खेद की बात

 आत्मविश्वास सफलता का आधार

है कि हमारे देवता कृत्रिम हैं, नायक बनावटी, राजनीतिज्ञ नकली, ज्ञानी-विज्ञानी और स्कूल सबके सब दिखावटी ही हैं। युगों पुरानी यह बात क्या आज के संदर्भ में पूरी तरह फिट नहीं बैठती। सुकरात ने उल्लेख किया है कि जो दिखावे की वस्तुओं पर शीघ्रता से कोई मत निश्चित कर लेते हैं, वास्तविकता से कम परिचित हो पाते हैं। ऐसी ही एक कहानी 'ऐरन बेरे' की है। यह व्यक्ति दिखने में अत्यंत सदाचारी और भला प्रतीत होता था, ज्वर में तड़पते हुए उसने देश के उत्तरी वनों में आर्नल्ड के साथ यात्रा की और उसका यह असर पड़ा कि ऐरन बेरे अपने युग का महान षडयंत्रकारी, युद्ध-पिपासु और राजनीतिज्ञ बन गया। कहते हैं वकील लोगों के लिए सबसे बड़ी कठिनाई की बात यह होती है कि जब तक उनके अपने मन में अपने मुवक्किल के सच्चे होने का विश्वास न हो, वह ज्यूरी को अभियोग के सत्यपक्ष का विश्वास ही नहीं दिला सकते। सच तो किसी-न-किसी तरीके से साफ जाहिर हो जाता है जैसे कि नजर से, आवाज से, सोचे-बिन-सोचे कहे वाक्यों या शब्दों से भी। 'इमर्सन' के कथनानुसार, हम अपने जीवन के विशाल भंडार में व्यर्थ और बेकार सामग्री एकत्र नहीं कर सकते हैं, इसमें जो भी सड़ा-गला या खराब पुराना है, वह सतह पर आकर रहेगा ही और सदा हमारे विरुद्ध साक्षी देगा।

विश्व के अधिकतर महापुरुषों की कामयाबी का रहस्य यही है कि उन्होंने संकल्प के साथ अपने काम को पूरा किया। 'रुज़वेल्ट' एक बार जो संकल्प कर लेता था, उसको पूरा करके ही दम लेता था। संकल्प और अवसर का उपयोग बड़े महत्त्व के कदम हैं। एडमंड बर्क के अनुसार, हमारा प्रतिद्वंद्वी ही हमारे लिए वास्तविक सहायक है। हम जो भी संघर्ष कठिनाइयों के साथ करते हैं, वह हमें हमारे उद्देश्य से परिचित कराता है। वह हमें विवश कर देता है कि हम अपने ध्येय पर हरेक संबंध और हरेक कोण से चिंतन करें। उसकी सहायता से हम केवल ऊपरी धरातल को नहीं, बल्कि गहराई को भी छू पाने के योग्य हो जाएंगे। कूपर इंस्टीट्यूट के संस्थापक ने शिलान्यास के अवसर पर शिला पर यह शब्द अंकित करवाए कि इस संस्था के निर्माण से मैं इस लक्ष्य

की पूर्ति करना चाहूंगा कि हमारे युवकों के सामने समस्त वैज्ञानिक भंडार खुलकर आ जाएं। युवक वर्ग सृष्टि का सौंदर्य निहारें, और साथ ही सृष्टि से प्यार करना भी सीखें।

सही अवसर पर लाभ उठाने का गुण हमारे अंदर होना जरूरी है। अगर हम मुसीबत को खींचकर छाती से लगाते हैं, तो स्वाभाविक है कि दुर्बल और भावनाओं का प्रवाह हमारी ओर बहने लगेगा और वह हमारे अस्तित्व को अपने भंवर में फंसाकर आखिर हमें डुबो देगा।

बहुत साल पहले की बात है कि बोस्टन की गलियों में एक निर्बल और अंधा फेरी वाला सुई-धागा, बटन और सीने-पिरोने की वस्तुएं गठरी में बांधकर घर-घर बेचा करता था। डॉक्टर सैवेज को सदा उस पर दया आती थी। एक बार साहस बटोरकर उन्होंने उस अंधे व्यक्ति का हाल पूछा और यह सुनकर उन्हें बड़ी हैरानी हुई कि वह अंधा अपनी स्थिति से पूर्ण संतुष्ट था।

उसने कहा, मेरी पत्नी बड़ी वफ़ादार है और अपनी जरूरतों को पूरा करने के लिए मेरा काम ठीक-ठाक चल रहा है। वैसे भी मैं भाग्य को कोसने लगूं, तो अपने को छोटा समझने के अतिरिक्त और क्या पा लूंगा? जे. कुक अपनी इक्यावन साल की उम्र तक लखपति बना रहा, मगर बावनवें साल में वह एक-एक पैसे को मोहताज हो गया। तब उसने नए सिरे से श्रम किया और फिर बड़ी भारी धनराशि अर्जित कर ली। तीन हजार लोगों का ऋण उसने कौड़ी-कौड़ी अदा कर दिया और सभी वचन निभाए। एक बार एक जान-पहचान वाले सज्जन ने पूछा कि दोबारा इतनी दौलत कैसे पैदा की? तो उन्होंने जवाब दिया कि सीधी-सी बात है। माता-पिता से जो स्वभाव मुझे पैतृक रूप से मिला था, मैंने उसमें कोई परिवर्तन नहीं आने दिया। होश संभालने से लेकर आज तक मैं आशापूर्ण स्वभाव वाला रहा हूं, मैंने किसी कष्ट, क्लेश को अपने समीप नहीं आने दिया, मुझे विश्वास रहा है कि हमारा देश दौलत से भरा पड़ा है और इस दौलत को प्राप्त करने के लिए केवल इतना पर्याप्त है कि परिश्रम किया जाए और अवसर का लाभ उठाया जाए। हमेशा अवसर पर नजर जमाए रहो, यह मेरी सफलता का रहस्य है।

                                आत्मविश्वास सफलता का आधार

मान लीजिए एक बार यात्रा करते वक्त आपके कोट की बाहरी जेब कट जाए और अच्छी-खासी रकम कोई मार दे, तो क्या आप दुबारा उस जेब में रकम रखेंगे? नहीं। आप इस घटना से एक सबक सीख लेंगे। ठीक इसी तरह जब आपके जीवन में किसी गलती के कारण कोई हानि हो जाती है, तो आपको उससे अवश्य सीखना चाहिए। जो अपने ही जीवन की पाठशाला से कोई सबक नहीं सीखते हैं, जीवन-भर दुःखी रहते हैं। 'लार्ड ऐवल' को एक सौदा करने जाना था, वक्त ठीक दस बजे का था। आलस्य से वह साढ़े दस बजे गए। व्यापारी तब तक वहां से जा चुका था। हां, उनके नाम एक कागज जरूर छोड़ गया था कि जो व्यक्ति वक्त का पाबंद नहीं है, उससे क्या सौदा किया जाए। क्या वह कभी अपने वायदे के अनुसार वक्त पर माल भेज सकता है? लार्ड ऐवल ने जब इस पत्र को पढ़ा तो उन पर घड़ों पानी पड़ गया। दस लाख का उनका सौदा खत्म हो गया। तब लार्ड ऐवल ने एक सबक सीखा। भविष्य में वह सदा समय के पक्के रहे। आप खुद देखें कि आप क्या गलती कर रहे हैं और दूसरों की गलतियों से भी सबक सीखें। जीवन की पाठशाला ही आपको सब सिखा सकती है। आप अपनी उन्नति की बाधाओं को हटा सकते हैं। यह केवल एक व्यर्थ धारणा है कि लोग जन्मजात गुणों के कारण किसी क्षेत्र में उन्नति करते हैं।

हर एक व्यक्ति की उन्नति इस बात पर निर्भर करती हैं कि वह कितना परिश्रमी है और कितनी लगन के साथ किसी काम को करता है। हरेक मनुष्य में यह गुण उसके जीवनकाल में ही आता है। वह मनुष्य स्वयं को इस योग्य बना लेता है। हम कहां गड़बड़ा गए हैं, इस बात का हमेशा ख्याल रखना चाहिए।

17

जिंदगी को खुशनुमा बनाएं

'जो जीवन मिला है हम उसे कैसे जी रहे हैं? हम उस जीवन में क्या कर रहे हैं? अगर हम उस जीवन को ही नहीं समझ सकते तो जिंदगी कैसे जीएंगे'

कहा जाता है कि जिंदगी अनमोल है, लेकिन कई बार हम जीवन को ही नज़रअंदाज करते हैं और बस इतना सोचते हैं कि हमें इतना धन मिल जाए ताकि जीवन का गुजारा हो सके। हम कभी आगे बढ़ने की नहीं सोचते। मैं बहुत से ऐसे लोगों को जानता हूं जो अपनी पैतृक संपत्ति के सहारे ही अपने जीवन को जी रहे हैं। कुछ करना उनके लिए बड़ा बोझ मालूम पड़ता है। वह कहते भी हैं कि हमें कुछ करने की क्या जरूरत है। भगवान ने हमको इतना दिया है कि हमारा गुजारा हो जाएगा, लेकिन क्या सिर्फ हम अपनी पैतृक संपत्ति के जरिए ही जीवन जीना चाहते हैं या फिर उस संपत्ति में कुछ बढ़ावा भी करना चाहते हैं। एक पिता ने मरते समय अपने बेटे को यह सलाह दी कि बेटा मेरा जीवन तो खत्म होने वाला है। मुझसे एक वादा करो कि जो कुछ मैं तुम्हारे लिए छोड़कर जा रहा हूं, अगर तुम उसमें कुछ बढ़ोत्तरी नहीं कर सकते हो, तो कमी भी मत करना। इस मूल मंत्र को बेटे ने अपने जीवन में उतारा और जो पैतृक संपत्ति थी उसमें कुछ-न-कुछ जोड़ता गया। कहने का आशय यह है कि जो जीवन मिला है उसमें कुछ किया जाए। बिना कुछ किए आप अपने जीवन को खुशनुमा नहीं बना सकते।

     आत्मविश्वास सफलता का आधार

दुनिया में हर आदमी खुशी की तलाश में है और इसे हासिल करने का एक ही रास्ता है। अपने विचारों को नियंत्रित करके खुशी हासिल करना। खुशी हमारी बाहरी परिस्थितियों पर निर्भर नहीं करती। यह तो हमारी अंदरूनी परिस्थितियों पर निर्भर करती है। अक्सर लोग सोचते हैं कि उनका मस्तिष्क उनके वश में नहीं है, जिसकी वजह से वे अपने मन को खुश नहीं रख पाते। आपके दिल में खुशियों का महासागर हिलोरे ले रहा है। जरूरत है तो सिर्फ उसे महसूस करने की। जब आप महसूस करेंगे तो खुशियों के उस महासागर की लहरों का मधुर संगीत आप सुन सकेंगे। एक ऐसा संगीत जिसकी लय आपकी जिंदगी को उत्साह, उमंग, उम्मीद और ऊर्जा से भर देगी। इसलिए हमेशा सकारात्मक सोच के साथ आगे बढ़ें। जीवन सुधर जाएगा। अगर आप किसी भी चीज को नकारात्मक भाव से देखते हैं, तो आपके लिए जीवन बड़ा मुश्किल हो जाएगा और आप हर पहलू को गलत नजरिए से देखेंगे। जर्मनी के डा. रिचर्ड सेम्युल गेल ने 300 स्वस्थ लोगों के भावनात्मक स्तर की जांच-पड़ताल के लिए उनके नाक में सर्दी जुकाम पैदा करने वाले राइनो वायरस की फुहार छोड़ी। परिणाम यह रहा कि जिन लोगों में सकारात्मक सोच थी, उन्हें सर्दी जुकाम कम हुआ। नकारात्मक सोच वाले इससे अधिक प्रभावित हुए।

कई बार यह होता है कि समस्याएं आने पर इंसान पीछे हटने लगता है। ऐसे लोग सफलता की दौड़ में पीछे रह जाते हैं। एक बार एक व्यक्ति आराम से जा रहा था। अचानक वह अपने सामने बंदरों का झुंड देखकर डर गया और वहां से भागने लगा। बंदर भी उसके पीछे भागने लगे। तभी वहां से एक बुजुर्ग गुजर रहे थे। उस व्यक्ति के पीछे बंदरों को भागते देखकर समझ गए कि माजरा क्या है? उन्होंने उस व्यक्ति से चिल्लाकर कहा- 'वहीं रुक जाओ, डर कर मत भागो, पलट कर खड़े हो जाओ। बंदरों से डटकर मुकाबला करो।' बुजुर्ग की बात सुनकर उस व्यक्ति ने वैसा ही किया। पलट कर खड़ा हो गया। जैसे वह व्यक्ति पलट कर खड़ा हुआ, बंदर उसे देखकर भाग गए। कहने का तात्पर्य यह है कि अगर आप समस्या से डरकर भागेंगे तो वह समस्या आपका उतना ही पीछा करेगी। और यदि आप उसका डटकर सामना करेंगे तो समस्या स्वयं भाग जाएगी।

विलियम एवार्ड का कहना है कि जब अन्य लोग सो रहे हों तो आप अध्ययन कीजिए। जब अन्य लोग घूम फिर रहे हों तो आप काम कीजिए। जब अन्य लोग खेल रहे हों तब आप तैयारी कीजिए और जब अन्य लोग मात्र इच्छा कर रहे हों, तब आप सपने देखिए। किसी विद्वान ने कहा है कि हम अपने यथार्थ में नहीं, स्वप्न में जीते हैं। यदि स्वप्न की ज्योति बुझ जाए, तो हम भी पर्वतों की भांति जड़ हो जाएं।

डा. एम.के. मजूमदार लिखते हैं कि किसी भी बात का सकारात्मक पहलू समस्या का समाधान है। उन्होंने अपनी पुस्तक 'जो सोचें सो कैसे पाएं' में जिंदगी को खुशनुमा बनाने के जो उपाय बताए हैं वह कुछ इस प्रकार हैं।

–	सोच का स्वास्थ्य से भी गहरा संबंध है। जो अपने स्वास्थ्य के प्रति निराशावादी सोच रखते हैं, वे तनाव, क्रोध, डिप्रेशन की स्थिति में अधिक रहते हैं इसलिए निराशावादी लोग बार-बार बीमार पड़ते हैं।

> चित्त के प्रसन्न रहने से सब दुःख नष्ट हो जाते हैं। जिसे प्रसन्नता प्राप्त हो जाती है, उसकी बुद्धि तुरन्त स्थिर हो जाती है।
> – श्रीमद्भगवदगीता

–	जो व्यक्ति शारीरिक व मानसिक रूप से जितना मजबूत होगा, उसका प्रभा मंडल उतना ही स्पष्ट होगा। आप कल्पना करें कि आपके अंदर भी वही प्रभा मंडल है। आपके अंदर भी वही गुण उत्पन्न होने लगेंगे।

–	लोग हीनभावना का शिकार हो जाते हैं, वे असफल लोगों की जमात से नहीं निकल पाते।

–	कोई पैदाइशी खूबसूरत या सफल नहीं होता, इसके लिए हर संभव कोशिश करनी पड़ती है।

–	जिनके पास जीवन का कोई मकसद नहीं होता, वे सिर्फ टाइम पास करते नजर आते हैं।

–	सकारात्मक सोच तैयार करने के लिए अपनी डायरी में रोजाना एक अच्छी बात नोट करें, जिसे पढ़कर आपको प्रेरणा मिलेगी।

	आत्मविश्वास सफलता का आधार

जो आपके अंदर एक प्रकार की ऊर्जा उत्पन्न करेगी।

- आपकी शख्सियत को सबसे ज्यादा नुकसान पहुंचाने वाली चीज है, आपके अंदर बैठा इडियट जो आपको निराशा, असफलता के दलदल में ले जाकर पटक देता है। इसे सबसे पहले खत्म करें।

- यदि आप सोचते हैं कि आप परफेक्ट हैं, तो आप परफेक्ट हैं। यदि सोचते हैं कि परफेक्ट नहीं हैं तो आप परफेक्ट नहीं हैं। परफेक्ट क्यों नहीं हैं, इस बारे में खुद को टटोले।

- दुनिया में ऐसा कोई शख़्स नहीं है जिसमें कोई कमी न हो। हर किसी में कोई-न-कोई कमजोरी रहती है। जो अपनी कमियों पर ध्यान देते हैं वे सफलता की ऊँचाइयों को छूते हैं।

- कुछ लोगों का स्वभाव काफी उतावले किस्म का होता है। किसी चीज को पाने के लिए स्थिर नहीं रहते हैं। ऐसे में उन्हें सफलता नहीं मिलती है। फिर अपनी किस्मत का रोना रोते रहते हैं।

- नकारात्मक सोचने वालों के बीच जो रहता है, उसकी सोच भी उनके जैसी नकारात्मक हो जाती है। ऐसे माहौल से बचना चाहिए।

- सफलता पाने का भी लेवल होता है। उस लेवल तक, जब तक आप नहीं पहुंचेगे तब तक सफलता आपके हाथ नहीं लग सकती। सफलता के स्तर तक पहुंचने के लिए लगातार प्रयास जारी रखें।

- सोच आपकी दोस्त भी हो सकती है दुश्मन भी। यह आपके ऊपर निर्भर है, आप उसे किस रूप में लेते हैं।

कई बार हम अपनी जिंदगी को इसलिए बोझिल बना लेते हैं और इस बात को लेकर परेशान रहते हैं कि हमें अवसर तो मिला नहीं इसलिए हम क्या करें? ऐसे लोगों के जीवन से खुशी गायब हो जाती है। तिरुवल्लुवर कहते हैं कि बुद्धिमान व्यक्ति को जितने अवसर मिलते हैं, उससे अधिक वह खुद बनाते हैं। जिनको काम नहीं करना होता है, उनके पास बहाने बहुत होते हैं। बहाने बनाने के लिए कुछ

नहीं करना होता है। जो व्यक्ति बहाने बनाता है, वह कुछ हासिल नहीं कर पाता, लेकिन आंतरिक शक्ति के बल पर आप सफलता प्राप्त कर सकते हैं। जीवन में आप जो चाहते हैं उसे पाने के लिए योजना की आवश्यकता होती है। शेख सादी कहते हैं कि यदि आप अपने भावी जीवन के लिए योजना नहीं बनाते हैं, तो समझिए आपने असफल होने की योजना बना ली है। जिस तरह से किसी भवन, पुल, सड़क के निर्माण के लिए प्लान बनाकर ब्लू प्रिंट निकाला जाता है। ठीक उसी तरह जीवन के लिए बनाए गए प्लान का ब्लू प्रिंट निकाल कर काम करना जरूरी है। आप क्या करना चाहते हैं? उसके लिए क्या-क्या कदम उठाएंगे, इन सब बातों के लिए आपके पास ब्लू प्रिंट होना चाहिए। तभी जाकर आपका जीवन भी सुखमय होगा और आप कुछ बेहतर भी कर सकते हैं।

आत्मविश्वास सफलता का आधार

19

सूक्तियों में छिपे हैं सफलता के गुण

'कई बार सूक्तियां आपको सफलता के पायदान तक ले जाती हैं। इन सूक्तियों को पढ़कर आप स्वतः अनुमान लगा सकते हैं कि सूक्तियों में भी सफल होने के गुण हैं'

सूक्तियां जिन्हें हम कई बार पढ़कर नज़रअंदाज कर देते हैं, लेकिन सच्चाई यह है कि इन सूक्तियों में बहुत सी ऐसी बातें छिपी हैं जिनको अगर हम सही तरीके से पढ़कर आगे बढ़ें, तो हमें सफल होने से कोई नहीं रोक सकता। इन सूक्तियों में इंसान के आचरण से लेकर तमाम तरह की बातें होती हैं, जो कि हमें सफलता की राह पर ले जाती हैं इसलिए सफल होने और जीवन में सुसंस्कृत होने का आचरण अपनाने के लिए इन सूक्तियों पर भी गौर करने की जरूरत है।

सुकरात का कथन है कि, **'विश्व के सर्वोत्कृष्ट कथनों और विचारों का ज्ञान ही संस्कृति है।'** अगर आप इस मूल भावना को समझ लें, तो आपको अपनी संस्कृति से लेकर उन सारी चीजों का ज्ञान हो जाएगा जो इंसान की मूलभूत जरूरतें हैं और लोगों के सामने उन्हें कैसे प्रस्तुत किया जाएगा, चाणक्य ने कहा है कि, **'संसार रूपी कटु वृक्ष के केवल दो फल ही अमृत के समान हैं, पहला सुभाषितों का रसास्वाद और दूसरा अच्छे लोगों की संगति।'** अगर आप अच्छे लोगों की संगति में हैं, तो आपको उसी तरह का ज्ञान होगा और आगे बढ़ने के अवसर भी उसी तरह से मिलेंगे। रहीम ने कहा कि, **'सही मायने में बुद्धिपूर्ण विचार हजारों दिमागों में आते रहे हैं, लेकिन**

उनको अपना बनाने के लिए हमको ही उन पर गहराइयों से तब तक विचार करना चाहिए, जब तक कि वे हमारी अनुभूति में जड़ न जमा लें।' आशय यह है कि अगर हम अपने विचार से कुछ करते हैं, तो सफलता पाने में किसी प्रकार की दिक्कत नहीं होगी। हज़रत मुहम्मद का कहना है कि, **'मैं उक्तियों से घृणा करता हूं, वह कहो जो तुम जानते हो।'** बात बिल्कुल सही है कि आप जो जानते हैं उस पर भरोसा करें, लेकिन जो जानते हैं वह सही दिशा में है या नहीं, इस बात पर भी गौर करने की जरूरत है। अगर आप ऐसा नहीं सोच पाते या कर पाते हैं तो आपको फिर ज्ञानी लोगों के बीच में रहना पड़ेगा और उक्तियों के बारे में सही तरीके से कल्पना करनी पड़ेगी।

आचार्य तुलसी ने कहा है कि, **'स्वप्न वही देखना चाहिए जो पूरा हो सके'।** क्योंकि हम स्वप्न देखते हैं, उसका पूरा होना तो दूर उसके पास तक भटक नहीं पाते। अगर इंसान अपनी क्षमता, अपने व्यक्तित्व को सही तरीके से पहचान कर आगे बढ़े तो उसका कोई भी काम नहीं रुकेगा। भगवान ने हर इंसान को एक जैसा बनाया है लेकिन सबको शक्तियां अलग-अलग दी हैं। कहते हैं न कि पूत के पांव पालने में दिखाई पड़ने लगते हैं। अगर माता-पिता अपने पूत के पांव यानी उसकी क्षमताओं को पहचानकर उसका सही तरीके से मार्गदर्शन करें और उसकी क्षमताओं के अनुसार ही उसे आगे बढ़ने के लिए प्रेरित करें, तो उसका भविष्य उज्ज्वल हो सकता है। अक्सर देखने में यह आया है कि बेटे की इच्छा डॉक्टर बनने की है, तो मां-बाप उसे इंजीनियर बनाना चाहते हैं। होता यह है कि बेटा न तो ठीक से डॉक्टर बन पाता है और न ही इंजीनियर इसलिए प्रतिभा को पहचान कर उसे आगे बढ़ने का मौका देना चाहिए और सपना वही पालना चाहिए, जो बेटा पूरा कर सके। बुद्ध का एक कथन है कि ज्यादा इच्छा ही सब दु:खों का मूल है। बात सही है। कोई भी व्यक्ति इतनी इच्छाएं पाल लेता है कि वह दु:खों का कारण बन जाती हैं। एक समय आता है कि उसके पास सिवाय पछताने के कुछ नहीं रहता। वेदव्यास इसलिए लिखते हैं कि मनुष्य की इच्छाओं का पेट आज तक कोई नहीं भर सका है।

आत्मविश्वास सफलता का आधार

भगवतीचरण वर्मा का कथन है कि **'आपका आज का पुरुषार्थ, आपके कल का भाग्य है।'** आज जो आप कर्म कर रहे हैं, उसी से आपको फल मिलने वाला है। हम क्या करते हैं? किसी भी काम को कल पर टालने की आदत से बाज नहीं आते। पता चलता है कि कल और काम बढ़ गया और कल-कल पर टालते रहने से एक दिन ऐसा आ गया कि हम कोई भी काम नहीं कर पाते।

विनोबा जी ने ठीक ही कहा है कि ऐसे देश को छोड़ देना चाहिए जहां न आदर है, न जीविका, न मित्र, न परिवार और न ही ज्ञान की आशा क्योंकि इससे आपके पास जो विकास की शक्ति है, वह धूमिल होती जाएगी और आने वाले समय में पछताने के सिवाय आपके पास कुछ नहीं रह जाएगा। एक कहावत है कि अच्छी योजना बनाकर काम करना बुद्धिमानों का काम है, पर उसको ठीक से पूरा करना धैर्य और परिश्रम का फल। कहने का अर्थ यह है कि जब आप किसी भी काम को योजनाबद्ध तरीके से करते हैं तो उस काम में आपको सफलता भी मिलती है और आप आगे बढ़ने का रास्ता तय करते हैं।

मुक्ता का एक वाक्य है 'लगन और योग्यता एक साथ मिले तो निश्चय ही एक अद्वितीय रचना का जन्म होता है' बात सही है। अगर आपके पास योग्यता है और लगन नहीं है, तो आप किसी भी काम को पूरा नहीं कर पाएंगे। एक बालक जो योग्य होते हुए भी आलसी प्रवत्ति का था। उसकी आलसता का परिणाम हुआ कि वह बहुत आगे नहीं बढ़ पाया। वह हमेशा यह मानकर चलता रहा कि वह तो योग्य है, जब चाहे तब वह सब कुछ पा सकता है। इसी सोच ने उसे और आलसी बना दिया। परिणाम यह हुआ कि उसकी योग्यता धरी-की-धरी रह गई और वह कुछ नहीं कर पाया। जीवन में आपको कई ऐसे उदाहरण देखने या सुनने को मिलेंगे, जिसमें बताया जाता है कि अमुक का बेटा बड़ा योग्य है। लेकिन एक समय के बाद पता चलता है कि वह कुछ नहीं कर पाया। खाली बैठा हुआ है। कारण यही है कि योग्य होने के साथ-साथ उसमें लगन नहीं थी और वह कुछ नहीं कर पाया। इसलिए योग्यता के साथ-साथ लगन का होना बहुत जरूरी है। परिश्रमी व्यक्ति ही सफलता की सीढ़ियां चढ़ता है। इस वाक्य को न जाने कितनी बार जीवन में इंसान

सुनता और पढ़ता है। फिर भी वह परिश्रम करने से घबराता है। उसे लगता है कि आसानी से चीजें उसके हाथ आ जाएंगी। जब होता नहीं, तब वह भाग्य के भरोसे अपने बाकी समय को काटता है और कुछ नहीं करता। भाग्य के भरोसे बैठे रहने पर भाग्य सोया रहता है, पर हिम्मत बांध कर खड़े होने पर भाग्य भी उठ जाता है। इस बात को गांठ बांध लेना चाहिए कि अगर आपके पास हिम्मत है तो आप बहुत कुछ कर सकते हैं इसलिए हिम्मत न हारिए निरंतर प्रयास को करते रहिए।

कुछ प्रमुख सूक्तियां

सर्वोत्तम मनुष्य वे नहीं हैं, जो अवसरों की बाट जोहते हैं। अपितु वे हैं, जो अवसर को अपना दास बना लेते हैं।

- ई.एच. चेपियन

बुद्धिमानों की बुद्धिमता और बरसों का अनुभव सुभाषितों में संग्रह किया जा सकता है।

- आईजक दिसराली

मैं अक्सर खुद को उद्धृत करता हूं इससे मेरे भाषण मसालेदार हो जाते हैं

- राबर्ट हेमिल्टन

पर्याप्त रूप से विकसित किसी भी तकनीकी और जादू में अंतर नहीं किया जा सकता है।

- आर्थर. सी. क्लार्क

सभ्यता की कहानी, सार रूप में इंजीनियरिंग की कहानी है। वह लंबा और विकट संघर्ष जो प्रकृति की शक्तियों को मनुष्य के भले के लिए काम कराने के लिए किया गया।

- एस. डीकैंप

इंजीनियर इतिहास का निर्माता रहा है और आज भी है।

- जेम्स के. फिंक

वैज्ञानिक इस संसार का जैसा है उसी रूप में अध्ययन करते हैं। इंजीनियर वह संसार बनाते हैं, जो कभी था ही नहीं।

- थियोडोर वान कार्मन

आत्मविश्वास सफलता का आधार

मशीनीकरण करने के लिए यह जरूरी है कि लोग भी मशीनों की तरह सोचें।

- सुश्री जैकब

जिसके बारे में आप बात कर रहे हैं यदि आप उसे माप सकते हैं और संख्याओं में व्यक्त कर सकते हैं, तो आप अपनी विजय के बारे में कुछ जानते हैं, लेकिन यदि आप उसे माप नहीं सकते तो आपका ज्ञान बहुत सतही और असंतोषजनक है।

- लार्ड केल्विन

कविता का बाना पहन कर सत्य और भी चमक उठता है।

- अज्ञात

कवि और चित्रकार में भेद है। कवि अपने स्वर में और चित्रकार अपनी रेखा में जीवन के तत्त्व और सौंदर्य का रंग भरता है।

- डा. रामकुमार वर्मा

श्रीकृष्ण ऐसी बात बोले जिसके शब्द और अर्थ परस्पर नपे-तुले रहे और इसके बाद वे चुप हो गए। वस्तुत: बड़े लोगों का यह स्वभाव ही है कि वे मितभाषी हुआ करते हैं

- शिशुपाल वध

जो कोई भी हो, उसे सैकड़ों मित्र बनाने चाहिए। देखो, मित्र चूहे की सहायता से कबूतर जाल से मुक्त हो गए थे।

- पंचतंत्र

दुनिया के अमीर लोग नेटवर्क बनाते हैं और उसकी तलाश करते हैं। बाकी सब काम की तलाश करते हैं।

- कियोसाकी

मानसिक शक्ति का सबसे बड़ा स्रोत है दूसरों के साथ सकारात्मक तरीके से विचारों का आदान-प्रदान करना।

- अज्ञात

जिस तरह रंग सादगी को निखार देता है, उसी तरह सादगी भी रंगों को निखार देती है। सहयोग सफलता का सर्वश्रेष्ठ उपाय है।

- मुक्ता

एकता का किला सबसे सुरक्षित होता है। न वह टूटता है और न उसमें रहने वाला कभी दुःखी होता है।

– अज्ञात

बांटो और राज करो, एक अच्छी कहावत है, लेकिन एक होकर आगे बढ़ो, इससे भी अच्छी कहावत है।

– गोएथे

व्यक्तियों से राष्ट्र नहीं बनता, संस्थाओं से राष्ट्र बनता है।

– डिजरायली

जरूरी नहीं है कि कोई साहस लेकर जन्मा हो, लेकिन हर व्यक्ति एक शक्ति लेकर जन्मता है।

– अज्ञात

बिना साहस के हम कोई दूसरा गुण भी अनवरत धारण नहीं कर सकते। हम कृपालु, दयालु, सत्यवादी, उदार या ईमानदार नहीं बन सकते।

– अज्ञात

बिना निराश हुए ही हार को सह लेना पृथ्वी पर साहस की सबसे बड़ी परीक्षा है।

– आर.जी. इंगरसोल

मुट्ठी-भर संकल्पवान लोग, जिनकी अपने लक्ष्य में दृढ़ आस्था है, इतिहास की धारा को बदल सकते हैं।

– महात्मा गांधी

यह सच है कि पानी में तैरने वाले ही डूबते हैं, किनारे पर खड़े रहने वाले नहीं, मगर ऐसे लोग कभी तैरना भी नहीं सीख पाते।

– वल्लभभाई पटेल

किसी दूसरे को अपना स्वप्न बताने के लिए लोहे का जिगर चाहिए होता है।

– एरमा बाम्बेक

हर व्यक्ति में प्रतिभा होती है, दरअसल उस प्रतिभा को निखारने के लिए गहरे अंधेरे रास्ते में जाने का साहस कम ही लोगों में होता है।

– अज्ञात

 आत्मविश्वास सफलता का आधार

कमाले बुज़दिली है, पस्त होना अपनी आंखों में,
अगर थोड़ी-सी हिम्मत हो तो क्या हो नहीं सकता।

- चकबस्त

अपने को संकट में डालकर कार्य संपन्न करने वालों की विजय होती है, कायरों की नहीं।

- जवाहर लाल नेहरू

वे ही विजयी हो सकते हैं, जिनमें विश्वास है कि वे विजयी होंगे।

- अज्ञात

भय से तब तक ही डरना चाहिए, जब तक भय पास न आया हो। आए हुए भय को देखकर बिना शंका के उस पर प्रहार करना चाहिए।

- पंचतंत्र

भय और घृणा, ये दोनों भाई-बहन लाख बुरे हों पर अपनी मां बर्बरता के प्रति बहुत ही भक्ति रखते हैं। जो कोई इनका सहारा लेना चाहता है, उसे ये सबसे पहले अपनी मां के चरणों में डाल जाते हैं।

- बर्ट्रेंड रसेल

डर सदैव अज्ञानता से पैदा होता है।

- इमर्सन

अभय-दान सबसे बड़ा दान है।

- अज्ञात

भय से दु:ख आते हैं, भय से ही मृत्यु होती है और भय से ही बुराइयां उत्पन्न होती हैं।

- विवेकानंद

मैं इसलिए आगे निकल पाया कि मैंने उन लोगों से ज्यादा गलतियां की जिनका मानना था कि गलती करना बुरा है या गलती करने का मतलब था कि वे मूर्ख थे।

- राबर्ट कियोसाकी

सीधे तौर पर अपनी गलतियों को ही हम अनुभव का नाम देते हैं।

- ऑस्कर वाइल्ड

गलती तो हर मनुष्य कर सकता है, पर केवल मूर्ख ही उस पर दृढ़ बने रहते हैं।

- सिसरो

अपनी गलती स्वीकार कर लेने में कोई लज्जा नहीं है। दूसरे शब्दों में, इससे यही प्रमाणित होता है कि कल की अपेक्षा आज आप अधिक समझदार हैं।

- अलेक्जेंडर पोप

दोष निकालना सुगम है, उसे ठीक करना कठिन।

- प्लूटार्क

त्रुटियों के बीच में से ही संपूर्ण सत्य को ढूँढ़ा जा सकता है।

- सिगमंड फ्रायड

गलतियों से भरी जिंदगी न सिर्फ सम्माननीय, बल्कि लाभप्रद है उस जीवन से जिसमें कुछ किया ही नहीं गया।

-अज्ञात

अनुभव प्राप्ति के लिए काफी मूल्य चुकाना पड़ता है, पर उससे जो शिक्षा मिलती है वह और कहीं नहीं मिलती।

- अज्ञात

अनुभव की पाठशाला में जो पाठ सीखते हैं, वे पुस्तकों और विश्वविद्यालयों में नहीं मिलते।

- अज्ञात

असफलता यह बताती है कि सफलता का प्रयत्न पूरे मन से नहीं किया गया।

- श्रीराम शर्मा आचार्य

जीवन के आरंभ में ही कुछ असफलताएं मिल जाने का बहुत अधिक व्यावहारिक महत्त्व है।

- हक्सले

जो कभी भी असफल नहीं हुआ, वह आदमी महान नहीं हो सकता।

- हर्मन मेलविल

असफलता आपको महान कार्यों के लिए तैयार करने की प्रकृति की योजना है।

- नेपोलियन हिल

सफलता की सभी कथाएं बड़ी-बड़ी असफलताओं की कहानियां हैं।

-अज्ञात

           आत्मविश्वास सफलता का आधार

असफलता फिर से अधिक सूझ-बूझ के साथ कार्य करने का एक मौका मात्र है।

- हेनरी फोर्ड

दो ही प्रकार के व्यक्ति वस्तुत: जीवन में असफल होते हैं, एक तो वे जो सोचते हैं, पर उसे कार्य का रूप नहीं देते और दूसरे वे जो कार्य रूप में अंजाम तो दे देते हैं, पर कभी सोचते नहीं हैं।

- थॉमस इलियट

दूसरों को असफल करने के प्रयत्न ही हमें असफल बनाते हैं।

- इमर्सन

किसी दूसरे द्वारा रचित सफलता को अपना मत समझो।

- अज्ञात

जीवन में दो ही व्यक्ति असफल होते हैं, पहले वे जो सोचते हैं पर करते नहीं है, दूसरे वे जो करते हैं, पर सोचते नहीं।

- श्रीराम शर्मा आचार्य

प्रत्येक व्यक्ति को सफलता प्रिय है, लेकिन सफल व्यक्तियों से सभी लोग घृणा करते हैं।

- जान मैकनरो

असफल होने पर आप को निराशा का सामना करना पड़ सकता है, परंतु प्रयास छोड़ देने पर आप की असफलता सुनिश्चित है।

- बेवेरली सिल्स

सफलता का कोई गुप्त रहस्य नहीं होता, क्या आप किसी सफल आदमी को जानते हैं जिसने अपनी सफलता का बयान नहीं किया हो।

- किन हबार्ड

मैं सफलता के लिए इंतजार नहीं कर सकता था, अतएव उसके बगैर ही मैं आगे बढ़ चला।

- जोनाथन विंटर्स

हार का स्वाद मालूम होता है, तो जीत हमेशा मीठी लगती है।

- माल्कम फोर्ब्स

हम सफल होने को पैदा हुए हैं, फेल होने के लिए नहीं।

- हेनरी डेविड

पहाड़ की चोटी पर पहुंचने के कई रास्ते होते हैं, लेकिन व्यू सब जगह से एक-सा दिखता है।

- चीनी कहावत

यहां दो तरह के लोग होते हैं- एक वे जो काम करते हैं और दूसरे वे जो सिर्फ क्रेडिट लेने की सोचते हैं। कोशिश करना कि तुम पहले समूह में रहो, क्योंकि वहां कंपटीशन कम है।

- इंदिरा गांधी

सफलता के लिए कोई लिफ्ट नहीं जाती इसलिए सीढ़ियों से ही जाना पड़ेगा।

- अज्ञात

हम हवा का रुख तो नहीं बदल सकते, लेकिन उसके अनुसार अपनी नौका के पाल की दिशा जरूर बदल सकते हैं।   **- अज्ञात**

सफलता सार्वजनिक उत्सव हैं, जबकि असफलता व्यक्तिगत।

- अज्ञात

मैं नहीं जानता कि सफलता की सीढ़ी क्या है? असफलता की सीढ़ी है, हर किसी को प्रसन्न करने की चाह।

- बिल कोस्बी

सफलता के तीन रहस्य हैं- योग्यता, साहस और कोशिश

- अज्ञात

संसार में प्राय: सभी जन सुखी एवं धनशाली मनुष्यों के शुभेच्छु हुआ करते हैं। विपत्ति में पड़े मनुष्यों के प्रियकारी दुर्लभ होते हैं।

- मृच्छकटिक

मनुष्य के जीवन में दो तरह के दु:ख होते हैं- एक यह कि उसके जीवन की अभिलाषा पूरी नहीं हुई और दूसरा यह कि उसके जीवन की अभिलाषा पूरी हो गई।

- बरनाड शॉ

मेरी हार्दिक इच्छा है कि मेरे पास जो थोड़ा बहुत धन शेष है, वह सार्वजनिक हित के कामों में यथाशीघ्र खर्च हो जाए। मेरे अंतिम समय में एक भी पाई न बचे, मेरे लिए सबसे बड़ा सुख यही है।

- पुरुषोत्तम दास टंडन

आत्मविश्वास सफलता का आधार

तपाया और जलाया हुआ लौहपिंड एक-दूसरे से जुड़ जाता है वैसे ही दुःख से तपते मन आपस में निकट आकर जुड़ जाते हैं।

- लहरीदज्ञक

चाहे राजा हो या किसान, वह सबसे ज्यादा सुखी है, जिसके घर में शांति होती है।

- गेटे

मानव में जो कुछ सर्वोत्तम है, उसका विकास प्रशंसा तथा प्रोत्साहन से किया जा सकता है।

- चार्ल्स शेव

आप हर इंसान का चरित्र बता सकते हैं। यदि आप देखें कि वह प्रशंसा से कैसे प्रभावित होता है।

- सेनेका

मानव प्रकृति में सबसे गहरा नियम प्रशंसा प्राप्त करने की लालसा है

- विलियम जेम्स

अगर किसी युवती के दोष जानने हैं, तो उसकी सखियों में उसकी प्रशंसा करें। - फ्रैंकलिन

चापलूसी करना सरल है, प्रशंसा करना कठिन।

- अज्ञात

मेरी चापलूसी करो और मैं आप पर भरोसा नहीं करूंगा। मेरी आलोचना करो और मैं आपको पसंद नहीं करूंगा। मेरी उपेक्षा करो, मैं आपको माफ नहीं करूंगा। मुझे प्रोत्साहित करो मैं कभी आपको नहीं भुलूंगा।

- विलियम आर्थर
वार्ड

हमारे साथ प्राय: समस्या यही होती है कि हम झूठी प्रशंसा के द्वारा बर्बाद हो जाना पसंद करते हैं, परंतु वास्तविक आलोचना के द्वारा संभल जाना नहीं।

- नार्मन विंसेट पील

धूल भी पैरों से रौंदी जाने पर ऊपर उठती है, तब जो मनुष्य अपमान को सहकर भी स्वस्थ रहे, उससे तो वह पैरों की धूल अच्छी है।

- माघकाव्य

इतिहास साक्षी है कि किसी भी व्यक्ति को केवल उसकी उपलब्धियों के लिए सम्मानित नहीं किया जाता। समाज तो उसी का सम्मान करता है, जिससे उसे कुछ प्राप्त होता है।

-केल्विन कुलिज़

अपमानपूर्वक अमृत पीने से अच्छा है, सम्मानपूर्वक विषपान।

-रहीम

अपमान और दवा की गोलियां निगल जाने के लिए होती हैं, मुंह में रखकर चूसते रहने के लिए नहीं।

- वक्रमुख

गाली सह लेने के असली मायने हैं गाली देने वाले के वश में न होना, गाली देने वाले को असफल बना देना। यह नहीं कि जैसा वह कहे वैसा कहना।

- महात्मा गांधी

मान सहित विष खाय के, शंभु भये जगदीश
बिना मान अमृत पिए, राहु कटायो शीश।

- कबीर

गरीब वह है जिसकी अभिलाषाएं बढ़ी हुई हैं

- डेनियल

गरीबों के बहुत से बच्चे होते हैं, अमीरों के संबंधी।

- एनॉन

पैसे की कमी समस्त बुराइयों की जड़ है।

- अज्ञात

कुबेर भी यदि आय से अधिक व्यय करे, तो निर्धन हो जाता है।

- चाणक्य

निर्धनता से मनुष्य में लज्जा आती है, लज्जा से आदमी तेजहीन हो जाता है, निस्तेज मनुष्य का समाज तिरस्कार करता है, तिरस्कृत मनुष्य में वैराग्य भाव उत्पन्न हो जाते हैं और तब मनुष्य को शोक होने लगता है। जब मनुष्य शोकातुर होता है, तो उसकी बुद्धि क्षीण होने लगती है और बुद्धिहीन मनुष्य का सर्वनाश हो जाता है।

- अज्ञात

 आत्मविश्वास सफलता का आधार

गरीबी देवी का अभिशाप नहीं है बल्कि मानवरचित षडयंत्र है।

- महात्मा गांधी

जब गरीब और अमीर आपस में व्यवसाय करेंगे, तो धीरे-धीरे उनके जीवन स्तर में समानता आएगी।

- एडम स्मिथ

विकास की कोई सीमा नहीं है, क्योंकि मनुष्य की मेधा, कल्पनाशीलता और कौतूहल की भी कोई सीमा नहीं है।

- रोनाल्ड रीगन

थोड़ा बहुत अन्याय किए बिना कोई महान कार्य नहीं किया जा सकता।

- लुइस डी उलोआ

समय को व्यर्थ मत करो, क्योंकि यही वह चीज़ है जिससे जीवन का निर्माण हुआ है।

- बेंजामिन फ्रैंकलिन

समय और समुद्र की लहरें किसी का इंतजार नहीं करतीं।

- अज्ञात

जैसे नदी बह जाती है और लौट कर नहीं आती, उसी तरह रात-दिन मनुष्य की आयु लेकर चले जाते हैं फिर नहीं आते।

-

महाभारत

किसी भी काम के लिए आपको कभी समय नहीं मिलेगा, अगर आप समय पाना चाहते हैं, तो इसे बनाना पड़ेगा।

- अज्ञात

काल करै सो आज कर, आज करै सो अब
पल में परलय होयगा, बहुरि करेगा कब।

-

कबीर

अपने काम पर मैं सदा समय से 15 मिनट पहले पहुंचा हूं और मेरी इसी आदत ने मुझे कामयाब व्यक्ति बना दिया।

- अज्ञात

समयनिष्ठ हो जाने पर समस्या यह हो जाती है कि इसका आनंद आपको अक्सर अकेले उठाना पड़ता है।

- एनॉन

ऐसी घड़ी नहीं बन सकती, जो गुजरे हुए घंटे को फिर से बजा दे।

- प्रेमचंद

बाजार में आपाधापी, मतलब अवसर।

-

अज्ञात

धरती पर कोई निश्चितता नहीं है, बस अवसर है।

- डगलस मैकआर्थर

आशावादी को हर खतरे में अवसर दिखता है और निराशावादी को हर अवसर में खतरा।

- विंस्टन चर्चिल

अवसर के रहने की जगह कठिनाइयों के बीच है।

-अल्बर्ट आइन्स्टाइन

हमारा सामना हर समय बड़े-बड़े अवसरों से होता है, जो चालाकी पूर्वक असाध्य समस्याओं के भेष में छिपे रहते हैं।

- ली लोकोक्का

का बरखा जब कृषि सुखाने, समय चूकि पुनि का पछिताने।

- गोस्वामी तुलसीदास

खुदी को कर बुलंद इतना, कि हर तक़दीर से पहले,

खुदा बंदे से खुद पूछे, बता तेरी रज़ा क्या है।

- डॉ. इक़बाल

कौन कहता कि आसमां में छेद हो नहीं सकता

कोई पत्थर तो तबियत से उछालो यारो।

- अज्ञात

अधिकांश लोग अपनी दुर्बलताओं को नहीं जानते, यह सच है, लेकिन यह भी उतना ही सच है कि अधिकतर लोग अपनी शक्ति को नहीं पहचानते।

- जोनाथन स्विफ्ट

  आत्मविश्वास सफलता का आधार

मनुष्य अपनी दुर्बलता से भली-भांति परिचित रहता है, पर उसे अपने बल से भी अवगत होना चाहिए।

- **जयशंकर प्रसाद**

आत्मविश्वास वीरता का सार है।

-**इमर्सन**

आत्मविश्वास सफलता का मुख्य रहस्य है।

- **इमर्सन**

आत्मविश्वास बढ़ाने की यह रीति है कि वह कार्य करो, जिसको करते हुए डरते हो।

- **डेल कार्नेगी**

मुस्कराओ क्योंकि हर किसी में आत्मविश्वास की कमी होती है और किसी दूसरी चीज की अपेक्षा मुस्कान उनको ज्यादा आश्वस्त करती है।

- **एंड्री मौरोइस**

जो प्रश्न पूछता है वह पांच मिनट के लिए मूर्ख बनता है, लेकिन जो नहीं पूछता वह जीवन-भर मूर्ख बना रहता है।

- **अज्ञात**

अध्ययन किसी को संपूर्ण आदमी बनाता है, वार्तालाप उसे एक तैयार आदमी बनाता है, लेकिन लेखन उसे एक अति शुद्ध आदमी बनाता है।

- **बेकन**

जब कुछ संदेह हो, लिख लो।

- **अज्ञात**

मैं यह जानने के लिए लिखता हूं कि मैं क्या सोचता हूं।

- **ग्राफिटो**

आर्थिक समस्याएं सदा ही केवल परिवर्तन के परिणामस्वरूप पैदा होती हैं।

—

अज्ञात

दुःखी होने पर प्रायः लोग आंसू बहाने के अतिरिक्त कुछ नहीं करते, लेकिन जब वे क्रोधित होते हैं तो परिवर्तन ला देते हैं।

- **माल्कम एक्स**

पहले हर अच्छी बात का मज़ाक बनता है, फिर उसका विरोध होता है और फिर उसे स्वीकार कर लिया जाता है।

- स्वामी विवेकानंद

जीवन में हमारी सबसे बड़ी जरूरत है कोई ऐसा व्यक्ति, जो हमें वह कार्य करने के योग्य बना दे, जिसे हम कर सकते हैं।

–

अज्ञात

नेतृत्व का रहस्य है आगे-आगे सोचने की कला।

- मैरी पार्कर फोलेट

हमारी शक्ति हमारे निर्णय करने की क्षमता में निहित है।

- फुलर

जब कभी भी किसी सफल व्यापार को देखेंगे, तो आप पाएंगे कि किसी ने कभी साहसी निर्णय लिया था।

- अज्ञात

अगर आप निर्णय नहीं ले पाते, आप बॉस या नेता कुछ भी नहीं बन सकते।

- अज्ञात

निर्णय लेने से ऊर्जा उत्पन्न होती है, अनिर्णय से थकान।

- माइक हॉकिन्स

काम करने में ज्यादा ताकत नहीं लगती, लेकिन यह निर्णय करने में ज्यादा ताकत लगती है कि क्या करना चाहिए।

–

अज्ञात

निर्णय के क्षणों में ही आपके भाग्य का निर्माण होता है।

- अज्ञात

किसी विषय से परिचित होने का सर्वोत्तम उपाय है, उस विषय पर एक किताब लिखना।

-डिजरायली

यदि तुम्हारा कोई दुश्मन नहीं है, यह इसका संकेत है कि भाग्य तुमको भूल गया है।

- अज्ञात

      आत्मविश्वास सफलता का आधार

कल्पना ही संसार पर शासन करती है।

— नेपोलियन

जब तक आप ढूढ़ते रहेंगे, समाधान मिलते रहेंगे।

— जॉन बेज

सफलता इस बात पर निर्भर करती है कि आप चौबीस घंटे में कितने प्रयोग कर पाते हैं।

— एडिसन

मैं अपने ट्रेनिंग सत्र के प्रत्येक मिनट से घृणा करता था, परंतु मैं कहता था, भागो मत, अभी तो भुगत लो और फिर पूरी जिंदगी चैंपियन की तरह जियो।

— मुहम्मद अली

कठिन परिश्रम से भविष्य सुधरता है, आलस्य से वर्तमान।

— स्टीवन राइट

खोजना, प्रयोग करना, विकास करना, खतरा उठाना, नियम तोड़ना, गलती करना और मज़े करना सृजन है।

— अज्ञात

खुदा एक दरवाजा बंद करने से पहले दूसरा खोल देता है, उसे प्रयत्न कर देखो।

— शेख़ सादी

निराशा मूर्खता का परिणाम है।

— डिजरायली

मनुष्य के लिए निराशा के समान दूसरा पाप नहीं है इसलिए मनुष्य को पापरूपी निराशा को समूल हटाकर आशावादी बनना चाहिए।

— हितोपदेश

निराशावाद ने आज तक कोई जंग नहीं जीती है।

— ड्वाइन डी. आइजनहॉवर

निराशावादी एक ऐसा इंसान है जिसके पास अगर दो शैतान चुनने का अवसर हो तो वो दोनों को चुनता है।

— ऑस्कर वाइल्ड

निराशा के समान कोई दूसरा पाप नहीं है, आशा सर्वोत्कृष्ट प्रकाश है, तो निराशा घोर अंधकार है।

- रश्मिमाला

हताश न होना सफलता का मूल है और यही परमसुख है। उत्साह मनुष्य को कर्म के लिए प्रेरित करता है और उत्साह ही कर्म को सफल बनाता है।

- वाल्मीकि

चिंता एक प्रकार की कायरता है और वह जीवन को विषमय बना देती है।

- चैनिंग

चिंता ऐसी डाकिनी, काट कलेजा खाय
वैद बेचारा क्या करे, कहां तक दवा लगाय।

- कबीर

जो आत्मशक्ति का अनुसरण करके संघर्ष करता है, उसे महान विजय अवश्य मिलती है।

- भरत परिजात

अगर आप स्वयं धनवान अनुभव करना चाहते हैं, तो वे सब चीज़ें गिन डालो जो तुम्हारे पास हैं और जिनको पैसे से नहीं खरीदा जा सकता।

- अज्ञात

हंसते हुए जो समय आप व्यतीत करते हैं, वह ईश्वर के साथ व्यतीत किया समय है।

- अज्ञात

संपूर्णता की आकांक्षा एक पागलपन है।

- अज्ञात

जो मनुष्य अपने क्रोध को अपने वश में कर लेता है, वह दूसरों के क्रोध से अपने आप बच जाता है।

-
सुकरात

ठोकर लगती है, दर्द होता है, तभी मनुष्य सीख पाता है।

- महात्मा गांधी

 आत्मविश्वास सफलता का आधार

मेहनत करने से दरिद्रता नहीं रहती, धर्म करने से पाप नहीं रहता, मौन रहने से कलह नहीं होता और जागते रहने से भय नहीं होता।

- चाणक्य

वही उन्नति करता है, जो स्वयं अपने को उपदेश देता है।

- स्वामी रामतीर्थ

बाधाएं व्यक्ति की परीक्षा होती हैं। उनसे उत्साह बढ़ना चाहिए, मंद नहीं पड़ना चाहिए।

- यशपाल

कष्ट ही तो वह प्रेरक शक्ति है, जो मनुष्य को कसौटी पर परखती है और आगे बढ़ाती है।

-सावरकर

यदि आपको रास्ते का पता नहीं है तो ज़रा धीरे चलें।

- अज्ञात

जीवन में कोई चीज़ इतनी हानिकारक और खतरनाक नहीं होती जितना डांवाडोल रहना।

- सुभाषचंद्र बोस

जीवन का महत्त्व तभी है जब वह किसी महान ध्येय के लिए समर्पित हो। यह समर्पण ज्ञान और न्यायमुक्त हो।

- इंदिरा गांधी

प्रार्थना करना कुछ शब्दों को दुहराना नहीं है। प्रार्थना का अर्थ है परमात्मा का मनन और अनुभव करना

- स्वामी रामतीर्थ

प्रार्थना की खूबी यह है कि वह सब प्रलोभनों पर विजय दिलाती है।

- बर्नार्ड शॉ

हमें अपनी प्रार्थनाओं से सामान्य मंगलकामना करनी चाहिए, क्योंकि परमेश्वर ही भली-भाँति जानता हैं कि हमारी किसमें भलाई है?

- सुकरात

दुष्टों का बल हिंसा है, राजाएं का बल दंडविधि है, स्त्रियों का बल सेवा है और गुणवानों का बल क्षमा है।

- महात्मा विदुर

बल सब पर विजय प्राप्त करता है, परंतु वह विजय क्षणिक होती है।

- अब्राहम लिंकन

कुश्ती में सामने वाले को पछाड़ने वाला बलशाली नहीं है, बल्कि क्रोध को काबू में रखने वाला बलशाली है।

- हज़रत मुहम्मद

वह व्यक्ति परम सुखी है, जिसे सुबुद्धि प्राप्त है और जिसके पास विवेक का वास है।

- बाइबिल

बुद्धिमान मनुष्य अपने अनुभवों से सीखता है किंतु और अधिक बुद्धिमान दूसरों के अनुभवों से सीखता है।

- चीनी कहावत

परमात्मा की प्राप्ति के इच्छुक ब्रह्मचर्य का पालन करते हैं।

- अथर्ववेद

जिसे हारने का भय हो, वह अवश्य हारेगा।

- नेपोलियन

ईश्वर का भय ही ज्ञान का उदय है।

- बाइबिल

जो दूसरों की भलाई करना चाहता है, उसने करने से पूर्व ही अपना भला कर लिया।

- कन्फ्यूशस

भूख के बिना गुलकंद भी खाओगे तो वह नुकसान करेगा, भूख के वक़्त सूखी रोटी खाओगे तो वह गुलकंद का मज़ा देगी।

- शेख़ सादी

भूखा मनुष्य क्या पाप नहीं करता? दुर्बल (भूख से व्याकुल) मनुष्य निर्दयी हो जाते हैं।

- पंचतंत्र

प्रत्येक मनुष्य वास्तव में ईश्वर है, परंतु मूर्खों जैसा अभिनय कर रहा है।

- इमर्सन

          आत्मविश्वास सफलता का आधार

मनुष्य अपने प्रयत्नों से इस संसार से नहीं छूटता, प्रत्युत् ऐसी अहंकार की बातों से उसका नाश होता हैं।

– गुरु नानकदेव

महापुरुष सदैव सदाचार का विचार करता है, क्षुद्र व्यक्ति सुख का। महापुरुष शास्त्राज्ञा का विचार करता है, क्षद्र व्यक्ति लाभ का।

– कन्फ्यूशस

जो मित्र के दु:ख से दु:खी नहीं हाते, वे सही अर्थों में मित्र नहीं हैं। जो अपने पर्वत के समान महान् दु:ख को भूलकर मित्र के धूल-जैसे दुख को पर्वत के समान मानकर सहायता करता है, वही सच्चा मित्र है।

– जार्ज बर्नार्ड शॉ

मित्रों के बिना कोई भी जीना पसंद नहीं करेगा, चाहे उसके पास शेष सब अच्छी वस्तुएँ क्यों न हों।　　　　　– अस्तू

मूर्खता बहुत से कष्टो का कारण बनती है।

– आचार्य चाणक्य

जहां जाते हुए देवदूत भी भय खाते हैं, मूर्ख उधर ही जाते हैं।

– पोप

मूर्ख लोग सुख में हँसते और दु:ख में बिलखते हैं। ज्ञानी दोनों दशाओं में समभाव धारण करते हैं।　　　　　– बाइबिल

मृत्यु से भयभीत होना कायरों का काम है, क्योंकि असली जीवन तो मृत्यु ही है।　　　　　– सुकरात

युद्ध हमसे हमारी इंसानियत ही छीन लेता है।

– डा. राधाकृष्णन्

राष्ट्रों का विनाश कर देता है और परिवारों का विध्वंस कर देता है।

– मार्टिन लूथर किंग

धार्मिक युद्ध से बढ़कर क्षत्रिय के लिए कुछ भी नहीं है।

– श्रीमद्भगवद्गीता

हे अर्जुन! योग में स्थित हुआ, कर्म संग का त्याग कर और सिद्धि-असिद्धि में सम होकर तू कर्मों को कर। यह क्षमता ही योग कहलाती है।

– श्रीमद्भगवद्गीता

निष्काम काम करने में ही सच्चे धर्म का पालन है। यही वास्तविक योग है।

- श्री गुरुग्रंथ साहिब

जो परमात्मा की स्तुति में रत है, वह सदैव योगी है; वह जीवन रूपी अमृत की धार में योगी मस्त हो जाता है।

- श्री गुरुग्रंथ साहिब

जो आदमी अपनी प्रशंसा के भूखे होते हैं, वे साबित करते हैं कि नर्मे योग्यता नहीं है। जिसमें योग्यता है उसका ध्यान ही उधर नही जाता।

- महात्मा गांधी

राजनीति साधुओं के लिए नहीं है।

- बाल गंगाधर तिलक

राजनीति कुछ व्यक्तियों के लाभार्थ अनेक व्यक्यों का उन्माद है।

- पोप

रोटी के ब्रह्म को पहचानने के बाद ज्ञान के ब्रह्म से साक्षात्कार अधिक आसान हो जाता है।

- डा. राधाकृष्णन्

लक्ष्मी शुभ कार्य से उत्पन्न होती है, चतुरता से बढ़ती है, अत्यंत निपुणता से जड़ बाँधती और संयम से स्थिर रहती है।

- महाभारत

लक्ष्य को ही अपना जीवन-कार्य समझो। हर समय उसका चिंतन करो, उसी का स्वप्न देखो और उसी के सहारे जीवित रहो।

- स्वामी विवेकानंद

जो अपने लिए लिखता है, वह शाश्वत जनता के लिए लिखता है।

- इमर्सन

वह लेखक, जो अपनी ही पुस्तकों के विषय में बोलता है, अनुमानतः उतना ही बुरा है, जितनी वह माता, जो अपने ही बच्चों की बातें करती है।

- डिजरायली

लोभ से बुद्धि नष्ट होती है, बुद्धि नष्ट होने से लज्जा नष्ट होने से धर्म तथा धर्म नष्ट होने से धन और सुख नष्ट हो जाता है।

- स्वामी विवेकानंद

          आत्मविश्वास सफलता का आधार

लोभी पूर्ण संसार पाने पर भी भूखा रहता है, किंतु संतोषी एक रोटी से ही पेट भर लेता है।

- शेख़ सादी

जब कभी कोई मनुष्य किसी वस्तु में सुखान्वेषण की चेष्टा करता है, तब उसे धोखा होता है, वह तुरंत इंद्रियों–द्वारा ठगा जाता है।

- स्वामी रामतीर्थ

मनुष्य के अवगुण और गुण उसकी वाणी से जाने जा सकते हैं।

- शेख़ सादी

जो व्यक्ति वाणी से ईमानदार नहीं, वह सब कामों में बेईमान हो सकता है।

- मनुस्मृति

मनुष्य में जैसे विचार उत्पन्न होते हैं, वैसे ही वह काम कर सकता है।

- महर्षि अरविंद

ज्यों ही आपने अपनी निजी विचारधारा की पकड़ खोई कि आपकी कीमत खत्म हुई।

- जवाहरलाल नेहरू

तुम्हारा विचार तभी तक तुम्हारा है जब तक तुम दूसरों पर प्रकट न करो।

- आचार्य चाणक्य

जो व्यक्ति यह सोचता है कि विज्ञान और धर्म में कोई वास्तविक विरोध नहीं है, उसे या तो विज्ञान का अल्पज्ञान है या वह धर्म से बहुत अनभिज्ञ है।   **- हेनरी**

जो सीखता है, किंतु अपनी विद्या का उपयोग नहीं करता वह पुस्तकों से लदा लद्दू पशु है।

- शेख़ सादी

सुखार्थी को विद्या कहाँ, विद्यार्थी को सुख कहाँ? सुख को चाहे तो विद्या छोड़ दे, विद्या को चाहे तो सुख को छोड़ दे।

- आचार्य चाणक्य

विवाह से अनेक दुष्कृत्यों पर प्रतिबंध लगता है, इसीलिए यौवन में पदार्पण करने वाले सभी तरुणों को विवाह करना चाहिए।

- हज़रत मुहम्मद

कोपाग्नि और दुर्भाव, ईर्ष्या और प्रतिशोध विवेक को टेढ़ा कर देते हैं।

– **टिलटसन**

जिसे अपने में विश्वास नहीं उसे भगवान मे विश्वास नहीं हो सकता।

– **स्वामी विवेकानंद**

मारने में वीरता नहीं पशुता है, किंतु जिसमें स्वयं मरने की शक्ति है वही वीर है। त्याग का आदर्श महान् है और वही जगत् में कुछ कर सकता है, जिसमे त्याग की मात्रा अधिक हो।

– **महावीर स्वामी**

ऐसा व्यवहार दूसरों के साथ न करें, जो स्वयं के लिए प्रतिकूल है।

– **महाभारत**

आत्मसम्मान, आत्मज्ञान, आत्मसंयम ये तीन ही जीवन को परम शाक्ति की ओर ले जाते हैं।

– **टेनीसन**

शत्रु का प्रसन्न होना व रुष्ट होना बराबर है। वह सब प्रकार से हानि पहुँचाता है। पानी चाहे ठंडा हो या गर्म वह अग्नि बुझा ही डालता है।

– **महात्मा विदुर**

जब तक शरीर निरोग है, मन में आए कल्याण-कार्यो को पूरा कर लेना चाहिए। न जाने कब मृत्यु का निमंत्रण आ जाए और अच्छे पुण्यकार्य करने के श्रेय से आत्मा वंचित रह जाय।

– **आचार्य चाणक्य**

तुम्हारा शरीर पवित्रता का मंदिर है।

– **बाइबिल**

दिमाग में बहुत-सी बातें भर लेने या विविध पुस्तकें पढ़कर परीक्षाएँ पास कर लेने में सच्ची शिक्षा नहीं है, प्रत्युत चरित्र-संगठन सच्ची शिक्षा है।

– **महात्मा गांधी**

श्रद्धा का अर्थ अंधविश्वास नहीं है। किसी ग्रंथ में कुछ लिखा हुआ या किसी व्यक्ति का कुछ कहा हुआ अपने अनुभव-बिना सच मानना श्रद्धा नहीं है।

– **स्वामी विवेकानंद**

 आत्मविश्वास सफलता का आधार

जैसा आपका संकल्प होगा, उसको अपने भीतर का सच्चा बल पूरा कर देगा।

— स्वामी रामतीर्थ

जबकि सब कार्यों के मार्ग बंद हो जाते हैं, उस समय संतोष ही सब मार्गों को निस्संदेह अच्छी तरह खोल देता है।

— मुहम्मद-बिन-बशीर

मन में संतोष का होना स्वर्ग की प्राप्ति से बढ़कर है। संतोष ही सबसे बड़ा सुख है।

— महाभारत

'सर्व खल्विदं ब्रह्म' ऐसा अनुभव होना वेदांत की दृष्टि में त्याग और संन्यास है।

— स्वामी रामतीर्थ

संन्यास हृदय की एक दशा का नाम है, किसी ऊपरी नियम का वेशभूषा वगैरह का नहीं।

— श्रीमद्भगवद्गीता

संन्यासी कौन हो सकता है। वह जो इस बात का बिलकुल ध्यान किए बिना कि कल क्या खाऊँगा, क्या पहनूँगा, दुनिया को कतई छोड़ देता है।

— स्वामी रामकृष्ण परमहंस

जो स्वयं संयमित है, नियंत्रित है, उसको व्यर्थ ही और अधिक नियंत्रित नहीं करना चाहिए। परंतु जो अभी अनियंत्रित है, इसी को नियंत्रित करना चाहिए।

— अथर्ववेद

इंद्रियों का विषयों के लिए विक्षिप्त होना, चंचल होना बंधन है और उनको संयम में रखना ही मोक्ष है।

— श्रीमद्भागवत

जिसने स्वयं को वश में कर लिया है, संसार की कोई शक्ति उसकी विजय को पराजय में नहीं बदल सकती।

— महात्मा बुद्ध

संसार में रहो किंतु संसार के माया-मोह से निर्लिप्त रहो, जिस प्रकार कमल पंक में विकसित होते हैं तथापि उसके दल पंक के स्पर्श से परे निर्मल ही रहते हैं।

- स्वामी विवेकानंद

आज मैं किसी संत को पा जाने की आशा नहीं रखता। किंतु यदि मुझे कोई सज्जन भी मिले तो मैं बिलकुल संतुष्ट हो जाऊँगा।

- कन्फ़्यूशस

टूटे सुजन मनाइए, जो टूटे सौ बार,
रहिमन फिरि-फिरि पोहिए, टूटे मुक्ताहार।

- रहीम

तुम एकमात्र सत्य पर आरूढ़ होओ, इस बात से भयभीत मत होओ कि अधिकांश लोग तुम्हारे विरूद्ध हैं।

- स्वामी रामतीर्थ

यदि तुम चाहते हो कि लोग तुम्हारे साथ सच्चाई का व्यवहार करें तो तुम स्वयं सच्चे बनो और दूसरे लोगों के साथ सच्चा व्यवहार करो।

- महर्षि अरविंद

परमेश्वर की दृष्टि में सदाचारी मनुष्य अत्यंत सम्मानीय समझा जाता है।

- कुरान शरीफ़

जब तक दूसरों का क़र्ज़ चुका नहीं दिया जाता, तब तक हम सदाचारी कभी नहीं कहला सकते और हमें स्वर्ग में प्रवेश नहीं मिल सकता।

- हज़रत मुहम्मद

अपने बच्चों को सभ्यता सिखाना मन-भर अनाज दान करने से अधिक अच्छा है।

- हज़रत मुहम्मद

आज की सभ्यता दुःशासन की तरह मन का चीरहरण करना चाहती है। अनुभव करने के पूर्व ही वह सयाना कर देती है। आँखों में उँगली डालकर सुगंध का इशारा उसके लिए ज़्यादा सूक्ष्म है।

- रवींद्रनाथ ठाकुर

　　　　　आत्मविश्वास सफलता का आधार

सभ्यता की वास्तविक परीक्षा देश की जनगणना या नगरों की रूपरेखा अथवा फ़सल से नहीं होती, वरन किस प्रकार के इंसान राष्ट्र पैदा करता है, इससे होती है।   — इमर्सन

समभाव ही समस्त कल्याण का पाया है।

                              — स्वामी विवेकानंद

समता, सुख या ऐशो-आराम से नहीं संयम से प्राप्त होती है।

                          — आचार्य विनोबा भावे

यदि समय हमारे सिर पर परिश्रम के सैकड़ों पर्वत दे, तो भी हमारी भौंह का कोना हमारे माथे के बल को नहीं देखेगा, अर्थात् हमारे माथे पर बल नहीं पड़ेगा।

                            — स्वामी रामतीर्थ

अच्छा सम्मान पाने की राह यह है कि जो तुम प्रतीत होने की कामना करते हो वैसा बनने का प्रयत्न करो।

                                  — सुकरात

डूबने वाले के प्रति सहानुभूति का मतलब उसके साथ डूबना नहीं है, बल्कि खुद तैरकर उसको बचाने का प्रयत्न करना है।

                              — विनोबा भावे

विवेक के साथ और अत्यंत विचारपूर्वक ढंग से लोगों को परमेश्वर की ओर बुलाओ।

                             — कुरान शरीफ़

जो परधर्मावलंबियों से छल करता है, वह मुझे ही झलता है।

                          — हज़रत मुहम्मद

कुछ जीव हैं, जिनसे सावधान रहना चाहिए। वे हैं धनवान आदमी, कुत्ता, सांड और शराबी।

                      — स्वामी रामकृष्ण परमहंस

उस पर भरोसा नहीं करो, जिसने तुम्हें एक बार धोखा दिया है। जिसने तुम्हें एक बार धोखा दिया, वह तुम्हें फिर धोखा देगा।

                                — शेक्सपियर

मानव के सभी गुणों में साहस पहला गुण है, क्योंकि यह सभी गुणों की जिम्मेदारी लेता है।   — चर्चिल

वही सच्चा हिम्मती है, जो कभी निराश नहीं होता।

- कन्फ्यूशस

जो आनंद देता है उसी को मन 'सुंदर' कहता है, और वही साहित्य की सामग्री है।

- रवींद्रनाथ ठाकुर

मैंने चमकीले नयन, सुंदर रूप, खूबसूरत चेहरा देखा, किंतु एक भी ऐसी आत्मा न मिली, जो मेरी आत्मा से बोलती।

- इमर्सन

सुखों के चले जाने पर ही हम उनका महत्त्व समझ पाते हैं, जब हम सुखी होते हैं, तब नहीं।

- अरस्तू

शोक-संताप पैदा करने वाले बहुत पुत्रों से वंश का क्या? संबल देनेवाले एक ही पुत्र श्रेष्ठ है, जिससे वंश विश्राम पाता है।

- आचार्य चाणक्य

लोकसेवक न तो तारीफ़ की परवाह करता है न निंदा से डरता है। जो तारीफ़ से फूल उठता है और निंदा से मुरझा जाता है उससे सच्ची सेवा नहीं बन सकती। सेवक की सच्ची तारीफ़ उसकी अपनी सेवा ही है।

- महात्मा गांधी

स्वतंत्रता का सांसारिक, पाशविक जीवन के अतिरक्त और कोई अर्थ नहीं होता।

- स्वामी

जो दूसरों को स्वतंत्रता से वंचित रखते हैं, वे स्वयं उसके अधिकारी हैं और न्यायकर्त्ता प्रभु के शासन में उसे बहुत दिनों तक नहीं रख सकते।

- अब्राहम लिंकन

तेरा स्वर्ग तेरी माँ के आँचल तले हैं।

- हज़रत मुहम्मद

संपूर्ण स्वर्ग अपने भीतर है, संपूर्ण सुख का स्रोत आपके भीतर है, ऐसी स्थिति में अन्यत्र आनंद को ढूँढ़ना कितना अनुचित और असंगत है।

- स्वामी रामतीर्थ

 आत्मविश्वास सफलता का आधार

स्वर्ग और पृथ्वी सब हमारे ही अंदर हैं, पर अपने अंदर के स्वर्ग से बिलकुल अपरिचित हैं।

- महात्मा गांधी

परतंत्रता में सब कुछ दुःख रूप है और स्वतंत्रता में सब कुछ सुखरूप है। यह संक्षेप में दुःख-सुख का लक्षण जानना चाहिए।

- मनुस्मृति

जब मैं स्वयं पर हँसता हूँ तो मेरे मन का बोझ हलका हो जाता है।

- रवींद्रनाथ ठाकुर

हँसी की सुंदर पृष्ठभूमि पर यौवन के सुमन लिखते हैं। यौवन को तरोताजा रखने के लिए खूब हँसिए।

- जार्ज बर्नाड शॉ

जहाँ सिर्फ़ कायरता और हिंसा के बीच किसी एक के चुनाव की बात हो, वहाँ मैं हिंसा के पक्ष में राय दूँगा।

- महात्मा गांधी

यदि आपका हृदय ईमान से भरा है, तो एक शत्रु क्या, सारा संसार सम्मुख हथियार डाल देगा। यही हृदय का उत्साह है, जिसने विकट हार को पूर्ण विजय में परिवर्तित कर दिया।

- स्वामी रामतीर्थ

इन सूक्तियों को पढ़कर कई बार यह सवाल मन में पैदा होता है कि आखिर इन्हें पढ़कर कैसे सफल हुआ जा सकता है, लेकिन सच्चाई यह है कि सफल होने के लिए इन सूक्तियों को पढ़ने के साथ-साथ एक-एक वाक्य पर गौर करने की ज़रूरत है, तभी जाकर सफलता का परचम लहराया जा सकता है। बिना शब्दों को जाने आप सफल होने की बात तो दूर, सफल होने की शुरुआत भी नहीं कर सकते हैं।